A VIDA E A OBRA DOS ADMINISTRATIVISTAS BRASILEIROS

RAFAEL RAMOS

Coordenador

Prefácio

Carlos Ari Sundfeld

A VIDA E A OBRA DOS ADMINISTRATIVISTAS BRASILEIROS

Belo Horizonte

FÓRUM
CONHECIMENTO

2025

FÓRUM
CONHECIMENTO

Luís Cláudio Rodrigues Ferreira
Presidente e Editor

Coordenação editorial: Leonardo Eustáquio Siqueira Araújo / Thaynara Faleiro Malta
Revisão: Felipe Magalhães
Projeto gráfico: Walter Santos
Capa e Diagramação: Formato Editoração

Rua Paulo Ribeiro Bastos, 211 – Jardim Atlântico – CEP 31710-430
Belo Horizonte – Minas Gerais – Tel.: (31) 99412.0131
www.editoraforum.com.br – editoraforum@editoraforum.com.br

Técnica. Empenho. Zelo. Esses foram alguns dos cuidados aplicados na edição desta obra. No entanto, podem ocorrer erros de impressão, digitação ou mesmo restar alguma dúvida conceitual. Caso se constate algo assim, solicitamos a gentileza de nos comunicar através do *e-mail* editorial@editoraforum.com.br para que possamos esclarecer, no que couber. A sua contribuição é muito importante para mantermos a excelência editorial. A Editora Fórum agradece a sua contribuição.

Dados Internacionais de Catalogação na Publicação (CIP) de acordo com ISBD

V648 A vida e a obra dos administrativistas brasileiros / Rafael Ramos (coord.). Belo Horizonte: Fórum, 2025.
222p. 14,5x21,5cm

ISBN impresso 978-85-450-0984-9
ISBN digital 978-85-450-0983-2

1. Direito administrativo – Biografias. 2. Vida e obra. I. Ramos, Rafael. II. Título.

CDD: 342
CDU: 342

Ficha catalográfica elaborada por Lissandra Ruas Lima – CRB/6 – 2851

Informação bibliográfica deste livro, conforme a NBR 6023:2018 da Associação Brasileira de Normas Técnicas (ABNT):

RAMOS, Rafael (coord.). A vida e a obra dos administrativistas brasileiros. Belo Horizonte: Fórum, 2025. 222p. ISBN 978-85-450-0984-9

SUMÁRIO

PREFÁCIO

É fundamental que administrativistas pensem o Brasil, sua vida jurídica real, seus desafios e seus caminhos. E não há como fazer isso direito sem olhar com sinceridade para as pessoas e para o modo como elas encaram o campo e o dia a dia: na gestão pública, na política, no controle, na magistratura, na advocacia e na literatura. Papéis sociais, formações profissionais, interesses corporativos e visões de mundo podem variar de um grupo a outro, claro, e influir bastante nos relacionamentos e nos enfoques que adotam sobre direito administrativo.

Este livro, mais uma importante iniciativa do dr. Rafael Ramos, nasceu, segundo ele mesmo, inspirada em minha proposta de prestar mais atenção à Ordem dos Administrativistas do Brasil, isto é, às pessoas que, nas várias épocas, tiveram destaque na academia, produzindo artigos e livros sobre o campo, e em outras posições. Na doutrina, há um lado humano do qual não podemos descuidar.

Aqui foram analisadas trajetórias de administrativistas importantes na política em tempos sombrios, com atuações bem diferentes e, em alguma medida, opostas: o gaúcho Cirne Lima e o potiguar Seabra Fagundes, que se opuseram a arroubos autoritários de sua época, e o paulista Hely Lopes Meirelles, que teve posição estratégica no governo paulista durante o regime militar. Há pessoas que, além da academia, estiveram também na advocacia pública em São Paulo: Maria Sylvia Zanella di Pietro e Odete Medauar, ambas professoras de uma universidade estatal. Ainda de São Paulo, José Cretella Júnior, da mesma universidade, e Celso Antônio Bandeira de Mello, de uma família de administrativistas, que foi vice-reitor de sua universidade, esta não estatal. Do Rio de Janeiro, duas personalidades diferentes, por isso complementares: Caio Tácito, com seu poder de síntese, e Diogo Figueiredo Moreira Neto, de estilo mais ensaístico. Com uma história na gestão pública e na advocacia privada, o paranaense Manoel de Oliveira Franco Sobrinho. E o gaúcho Almiro do Couto e Silva, intelectual de formação germanista, contador de boas histórias e dono de uma risada inesquecível.

Salvo Cirne Lima, que já estava retirado quando iniciei na carreira acadêmica, e faleceria pouco depois – mas cuja obra estudei bem cedo pelas mãos de um mestre e amigo, o tributarista Geraldo Ataliba, que tinha fascínio por ele e reeditara seu livro mais famoso – tive a oportunidade de conhecer cada um deles. Descobri Celso Antônio como amigo de infância de Ataliba e filho de Osvaldo Aranha Bandeira de Mello (que foi meu primeiro professor de direito administrativo, homem elegante, responsável direto por minha opção acadêmica precoce), depois, em longa e animada história, compartilhei com ele minha formação (Celso Antônio me deu aulas nos anos finais da graduação e foi meu professor e orientador no mestrado e no doutorado), bem como o exercício da docência na mesma faculdade, até que eu saísse para fundar a FGV Direito SP. Com Hely, convivi entre amenidades ao subirmos e descermos juntos o elevador do edifício onde tivemos escritórios em andares diferentes. De Oliveira Franco, ouvi de longe as conferências em congressos.

Com Seabra Fagundes, estive nas festas – nas quais ele era o mais animado, apesar de já maduro – e em muitas falas importantes, uma delas às vésperas da Constituinte de 1986-1988, em que ele antecipou com rara visão o que estava por vir. Caio Tácito acolheu artigos meus de início de carreira na *Revista de Direito Administrativo*, da FGV, que ele dirigia, e me deu opiniões francas sobre o anteprojeto da pioneira lei paulista de processo administrativo, pelo qual fui responsável, e que seria editada em 1998.

De Cretella, vi palestras. E me emocionei ao vê-lo muitas vezes, já idoso, no parque aqui ao lado de casa, caminhando de mãos trançadas com Agnes, sua esposa de muitos anos – ele falando animado, sem parar, e ela o seguindo generosa com o sorriso nos olhos.

Com Maria Sylvia e Almiro, dividi bancas, projetos acadêmicos e, durante um ano e meio, muitos almoços e a participação na comissão que elaborava o anteprojeto de uma possível lei orgânica da administração federal, que até hoje roda por lá, em intermináveis debates. Com Odete, compartilhei intensa relação acadêmica com os colegas peruanos, bancas acadêmicas e de concurso. Com Diogo, compartilhei seminários na Procuradoria Estadual do Rio de Janeiro e tive dele sempre a mais carinhosa das acolhidas.

Conto tudo isso para destacar aspectos bem humanos da Ordem dos Administrativistas a que também pertenço. Em meu livro *Direito Administrativo para + Céticos* (3. ed., 2025, Malheiros-Juspodivm), desenvolvi ainda mais minhas ideias a respeito dessa Ordem, agora incorporando novos autores e autoras e mais informações sobre contextos e épocas, em um capítulo que me soou natural chamar de "Anatomia Sentimental do Direito Administrativo". A seguir, em novo capítulo ("Direito Administrativo: Odisseia Brasileira"), pude me valer dessa base tão humana para aprofundar a compreensão da singularidade brasileira e das carências da atualidade.

Aprendi com tudo isso que vale a pena ouvir mais (muito mais) o Brasil e as pessoas que o continuam inventando, para assim levar (bem mais) a sério seu peculiar direito administrativo – em vez de, como é comum, vê-lo apenas como uma caixa de ressonância de tendências externas (embora ele também o seja, claro). Descobri tantas riquezas nas múltiplas e contraditórias atuações de administrativistas que me senti transportado para o incrível universo da música brasileira. E resolvi preparar uma *playlist* para acompanhar essa aventura. Compartilho-a aqui com os leitores, no QR Code inserido ali no início deste prefácio (que abre a *playlist* automaticamente, para quem tem o *app* do Spotify).

Ao ler o presente livro, também ele uma anatomia sentimental, com perfis tão interessantes e ricos de pessoas que, no passado ou hoje, fizeram ou vivem nosso mundo jurídico-administrativo – e confesso que o li com as maravilhosas canções da *playlist* tocando sem parar – senti que me transportava no tempo e nas regiões do país, e que ia ouvindo vozes muito diferentes e interessantes, seja as dos biografados, seja as dos autores de cada capítulo.

Percebi logo que o organizador deste livro sentiu o mesmo incômodo que eu quando preparei meu livro, ao pinçar os nomes de administrativistas anteriores à década de 1970 para serem analisados: até então, o nosso campo, reflexo de uma sociedade arcaica, havia sido apenas masculino e, portanto, pobre e incapaz de pensar o Brasil em sua inteireza. No presente livro, esse viés tão negativo foi adequadamente corrigido, abrindo espaço, entre os homens administrativistas que já se foram, também para duas importantes professoras que estão em plena atividade, para felicidade nossa.

Se este livro fosse ampliado, as histórias e os trabalhos das administrativistas Alice Gonzalez Borges, titular da Universidade Católica de Salvador, Bahia, com larga contribuição no desenvolvimento do instituto da licitação, e Lúcia Valle Figueiredo, titular da PUC-SP, onde implantou a pós-graduação em direito urbanístico, ambas já falecidas, poderiam nos contar a odisseia que foi o início da superação, justamente na geração delas, do machismo na academia jurídico-administrativa. Tenho muitas histórias com as duas professoras, especialmente com Lúcia, com quem tive a primeira oportunidade como docente na área a que me dedicaria para sempre.

Com certeza, se o livro fosse adiante também estaria aqui a figura de Dinorá Adelaide Musetti Grotti, com sua importante pesquisa sobre serviços públicos, hoje professora aposentada da PUC-SP – e, como eu, frequentadora assídua dos bons eventos musicais de nossa cidade, nos quais eu e Roberta já a surpreendemos (vejam só!) lendo dissertações ou teses enquanto a música rolava solta.

Para homenagear as professoras que aqui estão, como biografadas ou autoras de capítulos, e também aquelas que convido leitores e leitoras a conhecer melhor, a *playlist* que proponho como trilha sonora deste prefácio, embora irresistivelmente iniciada com Luiz Gonzaga e sua "A Vida do Viajante" – afinal, o que é este livro senão uma generosa viagem pelas regiões e épocas do nosso país, para estar mais perto de suas mulheres e homens administrativistas? – concentrou-se em seguida apenas no poder das vozes femininas, para mostrar bem forte como elas fazem toda a diferença e como elas nos representam. A todos nós.

Carlos Ari Sundfeld
Professor Titular da FGV Direito SP

APRESENTAÇÃO

O direito administrativo brasileiro está assentado sobre normas jurídicas (Constituição, leis, regulamentos etc.), jurisprudência administrativa, decisões judiciais, costume administrativo e pela doutrina. A doutrina é responsável pela formação de conceituações, classificações, teses e teorias presentes em tratados, cursos, manuais, monografias, artigos científicos, pareceres etc.

A doutrina do direito administrativo brasileiro, por sua vez, vem sendo formada, desde a segunda metade do século XIX, através do trabalho de juristas como Visconde do Uruguai (*Ensaio sobre o Direito Administrativo*), Alcides Cruz (*Direito Administrativo Brasileiro*), Miguel Seabra Fagundes (*O Controle dos Atos Administrativos pelo Poder Judiciário*), Ruy Cirne Lima (*Princípios de Direito Administrativo*), Hely Lopes Meirelles (*Direito Administrativo Brasileiro*) e muitos outros.

O presente livro, em vez de se preocupar com teorias e classificações do direito administrativo, tem como foco de análise as pessoas que fazem esse direito. Afinal, como diria Carlos Ari Sundfeld, "interpretações, teses e teorias são criadas pelos publicistas a partir de provocações ou necessidades da Política, da Economia, da vida pessoal ou empresarial. Eles são pessoas concretas, cuja produção evidentemente reflete sua particular visão de mundo".*

Dessa forma, o livro que o leitor tem em mãos objetiva resgatar a vida e a obra desses grandes administrativistas brasileiros, em especial Miguel Seabra Fagundes, Ruy Cirne Lima, Hely Lopes Meirelles, Caio Tácito, José Cretella Junior, Diogo de Figueiredo Moreira Neto, Manoel de Oliveira Franco Sobrinho, Almiro do Couto e Silva, Celso Antônio Bandeira de Mello, Maria Sylvia Zanella di Pietro e Odete Medauar.

A obra, enfim, é, acima de tudo, uma justa e merecida homenagem a esses professores e professoras do direito administrativo que formaram gerações de estudantes e profissionais do direito através dos seus livros.

Por fim, não poderia deixar de agradecer aos professores e às professoras que aceitaram o convite para escrever a respeito das

* SUNDFELD, Carlos Ari. *Direito administrativo para céticos*. 2. ed. São Paulo: Malheiros, 2017. p. 73.

biografias dos juristas que ajudaram a formar a teoria do direito administrativo brasileiro.

Boa leitura!

Rafael Ramos

RUY CIRNE LIMA: O GÊNIO

Juliano Heinen

1 O homem que conseguiu abalar a ditadura apenas sendo quem ele era

– Presidente! Presidente! A revolução
pode estar ameaçada.
Vamos perder a eleição no Rio Grande do Sul!
– Mas quem se anuncia candidato de oposição?
– O Professor Ruy Cirne Lima.
– O Ruy? Mas de que partido ele é?
– De nenhum, Presidente, de nenhum.
– Como assim de nenhum? E qual
a experiência política dele?
– Quase nenhuma, Presidente.
– Então, por que ele ameaçaria a
vitória do nosso candidato?
– Ora, Presidente, porque ele é um consenso.
– Consenso? Consenso de quê?
– De que ele é o melhor.
Silêncio.

Esse texto é fictício, mas o contexto é real e ocorreu no ano de 1966: Ruy Cirne Lima, só pelas suas qualidades pessoais, ameaçou a ditadura que tinha se iniciado em 1964.[1]

E isto não é pouco!

---

1 Veja que Ruy Cirne Lima, até aquele momento, pouco tinha se aproximado da política, quiçá de ações partidárias. Cf.: FELONIUK, Wagner. *1928, uma polêmica do pós-guerra*: Ruy Cirne Lima e Alberto Pasqualini, Estado moderno e novas ideias. Porto Alegre: Instituto Histórico e Geográfico do Rio Grande do Sul, 2021. p. 17–18.

As eleições para governador de cada Estado eram feitas de modo indireto, ou seja, eram os Deputados estaduais quem escolhiam o chefe do Poder Executivo, conforme as regras impostas pelos próprios militares que comandavam a nação – Ato Institucional nº 3. Por meio de uma "manobra" inteligente, o MDB (Movimento Democrático Brasileiro, que fazia oposição ao Governo Militar) convida Ruy Cirne Lima para ser o candidato às eleições daquele ano. Seu nome era um consenso, e mesmo os partidários do regime teriam dificuldade de votar contra o Prof. Ruy. O político Mem de Sá fala, em livro sobre suas memórias, que o simples nome de Ruy Cirne Lima expressava um consenso difícil de ser solapado: "Catedrático da Universidade de Porto Alegre, autor de obras consagradas, tido como um dos maiores nomes do Direito Administrativo, católico fervoroso, diretor de grande companhia de seguros, talento e caráter de escol, figurava entre as mais nobres expressões da cultura e da sociedade rio-grandense".[2]

O autor conta que o governo do Presidente Castelo Branco construiu um plano para desmantelar a candidatura de Ruy, dada como uma vitória certa. Para tanto, resolveram convidá-lo a ser o orador da homenagem que se faria ao jurista Marcello Caetano (1904–1980), à época um expoente do direito administrativo português e nada menos do que o Primeiro-ministro do Governo de Salazar em Portugal.[3] E na cerimônia que ocorreria com todas as pompas no Hotel Copacabana Palace, no Rio de Janeiro, os militares garantiriam que a próxima vaga a Ministro do Supremo Tribunal Federal seria dada ao Prof. Ruy.[4] Os planos só não deram certo por um detalhe: Ruy Cirne Lima declinou o convite, demonstrando sua grandeza de homem público e cidadão, não se curvando aos assédios ignóbeis. Com o plano implodido, o governo militar cogitou convidar o próprio Ruy para ser o seu candidato, mas, segundo se conta, tinham medo que, ao assumir o cargo, ele não cederia aos seus propósitos.

E certamente ele não cederia.

Então, de modo violento e transgredindo todas as regras eleitorais, o governo militar cassou inicialmente os mandatos de três deputados de oposição, a fim de garantir vitória sobre a candidatura de Ruy Cirne Lima. Não foi suficiente. A biografia do Prof. Ruy e sua pessoa falavam

---

[2] SÁ, Mem de. *Tempo de lembrar*. Rio de Janeiro: José Olympio, 1981. p. 249–250.

[3] Governo ditatorial e autocrata que vigorou de 1933 a 1974.

[4] SÁ, Mem de. *op. cit.*, p. 252.

ainda mais alto, inclusive atraindo votos de deputados do partido de situação. Em um segundo vilipêndio à moralidade e à legalidade, cassaram então mais quatro deputados, garantindo a eleição do candidato partidário da ditadura, o qual foi escolhido com o voto de apenas 23 do total dos 55 deputados – conseguindo-se atingir a maioria apenas por conta das referidas cassações, porque agora a Assembleia contava com apenas 48 cadeiras votantes. A oposição, composta por 22 deputados e capitaneada à época pelo Partido Trabalhista Brasileiro (PTB), absteve-se, a fim de deixar o resultado ainda mais emblemático.

Ao final do pleito e antes da votação, Ruy Cirne Lima retira sua candidatura, a fim de não constranger ninguém, sacando de vez e de igual modo sua vida da política. Certamente este é um dos capítulos mais assombrosos da história gaúcha e nacional, resumido com muito acatamento pelo próprio Cirne Lima: "Parece-me inteiramente ocioso este registro, ante o descaso do governo federal pelas regras eleitorais que edita, alterando-as tantas vezes quantas necessárias forem a seus propósitos. Ganhará o governo federal a eleição de 3 de setembro. Entendo que deva ganhá-la sem competição, fora das normas democráticas que tão reiteradamente tem conculcado".[5]

Mas, afinal, quem era este homem que estremeceu a ditadura apenas sendo quem ele era? Bem-vindos, caros leitores, ao universo de um gênio e às lições que da sua biografia poderemos retirar.

2 Considerações introdutórias

O que é um gênio?

Bom, genialidade não é só característica de quem tem uma extraordinária capacidade mental. Também é a habilidade de ver o que ninguém ainda viu. É o adjetivo que se atribui a alguém que deixou algo tão inédito e profundo que, a partir deste todo, mudou o curso dos acontecimentos. Se assim o é, posso dizer que Ruy Cirne Lima é um gênio, porque as bases do direito administrativo brasileiro não foram mais as mesmas a partir do momento em que este intelectual trouxe ao País suas ideias, vertidas em artigos, livros, pareceres e discípulos. Sim, muitos discípulos. Alguns que, pela idade, sequer tiveram a oportunidade de conhecer o "Professor Ruy", mas que souberam aprender

[5] BONES, Elmar. *1966: a conciliação impossível*. Porto Alegre: Carmen Langaro Produção Cultural, 2014. p. 79.

e apreender suas ideias, geração a geração. Sua influência ainda hoje é sentida e determinante: o método, as fontes e as criações, notadamente na sua *alma mater*, a Faculdade de Direito da Universidade Federal do Rio Grande do Sul, antes a Faculdade de Direito de Porto Alegre. Como diz Celso Antonio Bandeira de Mello, Cirne Lima foi um maiores administrativistas brasileiros, e seu livro de maior relevo, *Princípios de Direito Administrativo*, é uma "obra monumental, de valor inestimável".[6]

Então, gostaria de te contar um pouco do muito que foi o Professor Ruy. Para que a conversa seja interessante, vamos voltar ao tempo dele, uma Porto Alegre da primeira metade do Século XX, onde ali reinava um bastião do positivismo de Auguste Comte (1798–1857), cuja carga ideológica foi apropriada nada menos do que pela ditadura Vargas. Além disto, era bastante sentida a influência do direito lusitano no ecossistema acadêmico. Ruy Cirne Lima rompeu com estes dois paradigmas, seja por defender sempre e sempre a humanidade do direito e se pautar por um jusnaturalismo caridoso, seja por especular suas ideias a partir do direito romano antigo e do direito alemão.

Esse influxo contrário ao estado de coisas posto também não é pouca coisa.

Então, como Cirne Lima praticou essa revolução? Como ele enfrentou, na vida pública e acadêmica, ideias enraizadas e movimentos perversos? Penso que seja com a simplicidade, a bondade e a coerência que marcaram a sua vida. E é isto o que eu acho mais extraordinário: Ruy Cirne Lima foi de uma enorme simplicidade sofisticada, foi qualidade e não quantidade, foi menos extensão e mais profundidade. Forneço uma primeira prova disto, a partir de um fato contado em muitas ocasiões: os laços fraternais que demarcaram Ruy foram além-mar. Durante a Segunda Guerra Mundial (1939–1945), Walter Jellinek foi perseguido pelos nazistas e, depois do conflito, contou que somente sobreviveu graças à ajuda que o jurista gaúcho lhe enviara via Cruz Vermelha.[7] Ambos mantiveram laços de amizade sem nunca terem se conhecido.

Na área do direito, Ruy Cirne Lima publicou livros que se tornaram célebres até hoje, e são alicerces à dogmática jurídico-administrativa. Entender a essência do direito administrativo reclama como condição

---

[6] MELLO, Celso Antônio Bandeira de. Prefácio. *In*: LIMA, Ruy Cirne. *Princípios de direito administrativo*. São Paulo: Malheiros Editores, 2007. p. 12.

[7] Quem nos conta esta passagem é Paulo Alberto Pasqualini que, aliás, fez uma belíssima homenagem ao Professor Ruy (Ruy Cirne Lima: Jurista e professor emérito. *Revista da Faculdade de Direito da UFRGS*, n. 23, p. 181, 2003).

de passagem ler, no mínimo, as obras *Princípios do direito administrativo* e *Preparação à dogmática jurídica*. Na vida pública, atuou como advogado, professor e, por uma ocasião, como Secretário de Fazenda do Estado do Rio Grande do Sul.

Enfim, seja bem-vindo à vida de um homem que manteve em si e para si sólidos dois ideais cristãos: *fides* e *humanitas* (o respeito a si e aos outros e a prática daquilo que se diz).

3 Um pouco da longa vida

Ruy Cirne Lima nasceu em 28 de dezembro de 1908. Cursou o ginásio no Colégio Anchieta, o que foi determinante para o resto de sua vida, por tomar em conta o gosto pelos estudos, pela arte e pela filosofia – de matriz claramente aristotélico-tomista. Formou-se em Direito pela então Faculdade de Porto Alegre (hoje a Universidade Federal do Rio Grande do Sul – UFRGS) na famosa "turma de 1928", porque nela se bacharelaram ainda outros expoentes da intelectualidade e política gaúcha e nacional.[8]

Ruy Cirne Lima tinha então dezenove anos.

No mesmo ano de sua formatura, publica seu primeiro livro jurídico: *Introdução ao estudo do direito internacional privado*, preparando-se, pois, para a obtenção da livre-docência em outubro de 1929. Também é desta epoca o livro *Introdução ao direito internacional privado*. Em 1930 casa-se com Maria Velho Cirne Lima, com quem teve um relacionamento de amor pleno e devoção mútua. É neste ano que por um breve período exerce a função de promotor público. No ano de 1932, novamente faz uma incursão doutrinária no âmbito do direito internacional, ao publicar a obra *A regra pacta sunt servanda*, em verdade um ensaio sobre este tema no âmbito daquele ramo jurídico.

Em agosto de 1933 submete-se às provas para professor catedrático de direito administrativo, obtendo a nota 9,99. E a partir de então ele, a faculdade de direito e a comunidade jurídica como um todo jamais seriam os mesmos. No mesmo ano é publicada uma obra icônica que rende um estudo inédito e até hoje por deveras importante na história

---

[8] Vicente Marques Santiago, Elói José da Rocha, Elpídio Ferreira Paes, Eli Costa e Mem de Sá, Alberto Pasqualini. A "turma de 1928" formaria um grande número de juristas (AXT, Gunter. *A Faculdade de Direito de Porto Alegre* (Memória, ensino e espaço político desde 1900). Porto Alegre: Leitura XXI/Paiol, 2014. p. 52–53).

do Direito: *Origens e aspectos do regime de terras no Brasil*, livro que abriria caminho para outro de mesma envergadura: *Terras devolutas – história, doutrina e legislação*, editado em 1935 e publicado também em 1953 com o título *Pequena história territorial do Brasil*. A riqueza de fontes sobre esse assunto nos proporciona uma radiografia de como se construiu o regime jurídico das terras públicas, desde as sesmarias até o início do Século XX. Ao tema da propriedade, o autor adiciona a obra *A propriedade e sua distribuição*, de 1962.

O ano de 1937 é por deveras marcante: vem a público sua obra mais conhecida e citada: *Princípios do direito administrativo* (falaremos mais dela a seguir), porque nela se concentra as principais inventividades jurídicas do autor e a espinha dorsal das suas compreensões no tema. No mesmo ano é publicada a obra *Conceito de funcionário público* – chamo a atenção do leitor para o fato de este ser um assunto ainda sem o devido aprimoramento no direito administrativo da época, notadamente quando se estava a construir as bases dogmáticas de imputação, investidura, relação especial de sujeição etc. Estes conceitos são reconfigurados ao direito nacional a partir das obras de Otto Mayer (1846–1924) e Walter Jellinek (1885–1955), aos quais nutria grande admiração. Os conceitos vertidos serão até hoje essenciais para a dogmática da ideia de impessoalidade, finalidade pública, responsabilidade do servidor etc.

Seus discípulos relatam o fascínio de suas aulas, as quais eram meditadas e aprofundadas, bem como intercaladas por uma e outra baforada provida do seu inseparável charuto. Deixo seu mais dileto discípulo falar por mim: "[...] foi ele a maior expressão da cultura e da inteligência que já exerceu o magistério na Faculdade de Direito de Porto Alegre, vulto inesquecível pelo saber desmedido que o fazia, nos tempos modernos, uma figura comparável aos célebres do Renascimento".[9] Suas aulas são condensadas em uma espécie de "manual didático", intitulado *Introdução ao direito administrativo* (1942). Penso que esta obra será complementada pelo livro *A redação jurídica no direito administrativo*, de 1952, e pela *Sinopse de direito administrativo brasileiro*, de 1965.

Retomando seus estudos de direito romano, que são a base para a noção da "relação de administração", exposta notadamente em

---

[9] Palavras proferidas pelo Professor Almiro do Couto e Silva quando das cerimônias de sepultamento de Ruy Cirne Lima (COUTO E SILVA, Almiro. Um mestre eminente do direito. *Revista da Procuradoria-Geral do Estado do Rio Grande do Sul*, Porto Alegre, ano 14, v. 40, p. 11–12, 1984).

Princípios,[10] Ruy Cirne Lima publica o livro *A noção de direito subjetivo* em 1948: um marco para densificação dogmática do tema também no direito privado, o que viria a ser decantada também por Pontes de Miranda (1892–1979). Em 1950 é editada outra afamada obra: *Preparação à dogmática jurídica*. Dela, enalteço, dentre tantos pontos, pelo menos estes: a diferenciação entre direito privado e direito público; a noção de pessoa jurídica; a delimitação conceitual do direito subjetivo; a exposição sobre o tempo; a teorização do ato de administrar. É um livro de visão ontológica, relacionando direito, lei, Estado, legitimidade, moral – ou seja, um livro que se relaciona ao "mundo da vida". Destaco, ainda, a parte final da obra, que contém um ensaio sobre o tempo. É definitivamente uma das construções mais brilhantes já feitas.[11] Quando o Prof. Ruy defende que a vontade é livre, mas não autônoma, ainda que praticada nas relações de direito administrativo (texto pioneiro de 1950),[12] ele prepara as bases para o que seria os seus dois maiores contributos neste ramo do direito: (1) a nítida separação entre o âmbito das relações privadas e públicas – e tudo o que disto advêm (noção de bens, pessoas, atos etc.); e (2) a criação da ideia de "relação de administração".

Sua vida profissional como advogado concentrou-se muito mais na área consultiva. Seus principais pareceres, por sinal, foram reunidos em um livro, de 1963, que encabeça uma seleção do que há de mais aguçado no enfrentamento dos temas relacionados ao serviço público, bens públicos, regime de pessoal, relações orgânicas da administração pública, entre outros. Em 1967 é publicado o livro "Pareceres de direito privado". A leitura das opiniões jurídicas de Cirne Lima demonstra a sua erudição e o domínio dos "clássicos" do direito romano, alemão, francês, italiano e lusitano[13]. Também dirigiu a Companhia de Seguros Previdência do Sul de 1940 a 1970.

Ruy Cirne Lima teve uma participação ativa na vida pública, tendo sido consultor jurídico do Estado do Rio Grande do Sul e membro de diversas comissões e conselhos relacionados ao direito e à administração

---

10 Falaremos disto no tópico 4, a seguir.

11 BRASIL, Universidade Federal do Rio Grande do Sul. Registro bibliográfico. *Revista da Faculdade de Direito de Porto Alegre*, Porto Alegre, p. 259, 1945.

12 LIMA, Ruy Cirne. Primeira lição de um breve curso de direito administrativo. *Revista da Faculdade de Direito de Porto Alegre*, v. 1, n. 2, p. 48–52, esp., 1950. p. 48.

13 SANSEVERINO, José Sperb. Apresentação de Rui Cirne Lima. *Revista Justiça & História*, v. 3, n. 5, p. 1–3, 2020.

pública,[14] incluindo o cargo de secretário da Fazenda de 1964 a 1965. Foi por duas vezes Provedor da Santa Casa de Misericórdia, quando com seu irmão Heitor montou o curso de Medicina. Lecionou por 42 anos várias disciplinas, entre elas Direito Internacional Privado, Direito Público Internacional, Direito Romano, Direito Administrativo e Ciência da Administração, sendo diretor da faculdade de Direito da UFRGS, de 1967 a 1971.

Em 1975, Ruy Cirne Lima é acometido de um acidente vascular que prejudicará seriamente suas atividades. Ele resistiu bravamente até o ano de 1984, quando então veio a falecer.

Primeira lição: a vida do Prof. Ruy foi plena e repleta de realizações, a qual poderia ser resumida em uma palavra: "dedicação", que é sempre uma ação que se realiza com amor. Amor que teve à família, ao trabalho, aos amigos e a Deus. Para mim, esta é uma das maiores lições que compreendi da biografia ora exposta: devemos fazer as coisas com dedicação, ter amor à família, cultivar a bondade a todos e nos devotar a Deus.

4 Um pouco de poesia não faz mal a ninguém

Em 1922 ocorre a famosa Semana de Arte Moderna, e a partir dela a arte nacional sofreu um distúrbio para nunca mais ser a mesma. No entanto, a província rio-grandense se apropriou timidamente deste novo modo de pensar e de se expressar, dado que o simbolismo francês era uma fortaleza a qualquer mudança.

Não a Ruy Cirne Lima, que se apropriou do gênero do tal Modernismo pioneiramente, passando a estruturar versos de invulgar qualidade na linha desta nova vertente artística.[15]

Precocemente, com dezessete anos, publica seu primeiro livro de poesias, intitulado *Minha Terra* (1926)[16], repetindo o feito nos dois anos seguintes, respectivamente com o poema "Festa Noturna" (1927) e a coletânea *Colônia Z e outros poemas* (1928). A partir de então, a dedicação aos temas jurídicos é mais intensa e certamente impede Cirne

[14] Destaco o convite, de Flores da Cunha (1880–1959), para integrar uma Comissão de Juristas que elaborariam o anteprojeto da futura Constituição do Estado (1934).

[15] MORETTO, Fúlvia. O poeta Ruy Cirne Lima. *In*: NEUBERGER, Letário (Org.) *Centenários*: antologia do Círculo de Pesquisas Literárias (CIPEL). Porto Alegre: Ediplat, 2008.

[16] LIMA, Ruy Cirne. *Minha Terra*. Porto Alegre: Editora Livraria do Globo, 1926.

Lima de se aventurar pela poesia com maior impacto, o que volta a ocorrer apenas em 1937, quando publicou o livro *Festa Noturna* – curiosamente o mesmo ano em que, pela primeira vez, foi editado a sua mais conhecida obra do Direito: *Princípios de direito administrativo* – a seguir abordada com mais afinco.

Veja o que a prestigiada e exigente *Revista de Antropofagia* disse à época, acerca da obra *Colônia Z e outros poemas*[17]: "Acho que Ruy Cirne Lima faz versos como criança faz barquinhos de papel. Distrai, não irrita ninguém e chega mesmo a interessar a gente. A água da chuva leva os barquinhos. Pronto: desapareceram. De vez em quando um deles dá voltas divertidas, a gente torce – afunda! não afunda! –, vai pulando que é uma boniteza. Não sai mais da memória".[18] Esse era o Prof. Ruy: simples e sofisticado, como a afeição.

> *A veneziana deixa entrar o sol*
> *e o vento cheio de perfumes frescos.*
> *As aves acordaram, no quintalejo.*
> *Há revoadas varando o asul.*
> *Há marulhos de arroio nas folhas verdes.*
> *O galo vae cantar.*
> Ruy Cirne Lima

A literatura nunca lhe abandonou, apesar de dar lugar ao protagonismo que o estudo do direito, notadamente, tomou em sua vida. É visto que foi uma ferramenta apropriada para que o Prof. Ruy vertesse um texto técnico de singular qualidade em livros e artigos jurídicos, bem como nos textos que publicava regularmente nos principais jornais rio-grandenses, como o *Correio do Povo* e o *Diário de Notícias*. Estes textos, aliás, constituem um primoroso cabedal de ideias profundas e inovadoras, que revelam o pensamento aguçado do nosso narrado. O autor percorre por inúmeros autores da Grécia e Roma antigas, medievo e Filosofia moderna, mesclando a perspectiva da atualidade com a erudição de quem sabia cortejar o que havia de melhor na literatura e filosofia.

Segunda lição: a vida se torna muito mais interessante, rica e plena quando dialogamos com a literatura e a filosofia, assim como o estudo

---

17 *Idem*. *Colonia Z e outros poemas*. Porto Alegre: Editora Globo, 1928,

18 Seção 3 poetas e 2 prosadores. *Revista de Antropofagia*, São Paulo, ano 1, n. 3, jul. 1928.

do direito se constrói com maior solidez. Ruy Cirne Lima aprofundou muitos temas densos, sem deixar de ser didático, fazendo aproximações e distanciamentos de cada campo com elegância.

5 Um muito ao direito administrativo

Agora, nessa parte, pretendo contar o que existe de diferente, instigante e determinante na obra do publicista gaúcho. Sua influência como jurista é reconhecida até os dias de hoje, e suas obras continuam sendo estudadas e citadas por estudantes, professores e profissionais do Direito em todo o Brasil. Ele deixou um legado importante para o desenvolvimento e a compreensão do direito público no país. Veja que o Prof. Ruy está inserido em um contexto próprio.

A partir do final dos anos 1930, o direito administrativo passa a contar com uma produção doutrinária muito profícua, própria e original, a qual deu cabo de abordar os grandes temas deste ramo do direito. Na nossa ótica, iniciou-se um debate original na construção do direito administrativo nacional.

A primeira originalidade que pretendo trazer à tona, a partir da ótica do autor gaúcho, é a sua compreensão aguçada sobre a "relação jurídico-administrativa".[19] "Relação jurídica" é o poder de um sujeito sobre um objeto exterior. "Poder", então, é a possibilidade de um sujeito determinar as coisas ou outrem dentro dos limites estabelecidos pela lei ou por outro ato – é uma "liberdade externa". Tal poder é determinado por uma "finalidade cogente". Nisto, a relação jurídica que se estrutura com base nesta finalidade é chamada de "relação de administração".[20] É essa relação que dá sustentabilidade ao organismo administrativo. É claro que desta relação de administração podem derivar direitos subjetivos também ao cidadão, como no caso de uma concessão ou na investidura do servidor público. A relação jurídica e seus elementos consectários (pessoas, bens e atos) são adaptados à sistemática normativa que lhe é inerente, ou seja, regida pelas normas de direito público.[21] Então, o direito se manifesta conferindo uma proteção jurídica a uma relação entre duas pessoas, de modo que o direito subjetivo seria uma

---

[19] LIMA, Ruy Cirne. *Princípios de direito administrativo*. São Paulo: Revista dos Tribunais, 1987.

[20] *Idem*. *Sistema de direito administrativo brasileiro*. Porto Alegre: Gráfica Santa Maria, t. 1, 1953. p. 25.

[21] *Idem*. *Princípios de direito administrativo*. São Paulo: Malheiros, 2007. p. 108–109.

garantia concedida pela ordem jurídica, sendo que é possível existir direitos subjetivos públicos, porque o sistema jurídico-normativo pode, assim, reconhecê-*los* dentro da moldura jurídica, dentro da relação Estado e indivíduo. É uma decorrência do Estado de Direito.[22] No momento em que o Estado reconhece a personalidade dos indivíduos, acaba por se limitar. Até porque este mesmo Estado reconhece uma atuação individual e um espaço de liberdade aos cidadãos e, ainda mais, permite que os indivíduos possam exigir do Estado certas prestações.

Para Ruy Cirne Lima, o direito público subjetivo estaria presente quando surge uma obrigação entre o Estado e o cidadão, derivada do Direito e nele prevista. E essas obrigações existem, até porque não se tem sempre uma relação de superioridade do Estado para com o particular – tese que, para Duguit e Mayer, retiraria a existência da figura do direito público subjetivo. Além disso, direitos subjetivos podem advir até mesmo de tratados internacionais firmados pelo País, e que confeririam posições subjetivas até mesmo a estrangeiros.[23]

Mas como chegamos até aqui, e para onde deveríamos ir?

Se a relação jurídico-administrativa[24] é vocacionada a um fim (*more objetiva*), a relação de administração[25] abarca todos os institutos da administração pública: bens, pessoas etc., e é a partir dela que se desvelará o fim. Para Brinz, a pessoa jurídica compõe-se de dois elementos: (a) Patrimônio; (b) Finalidade – e será a administração que conseguirá este fim.[26]

Então, tanto no direito privado como no direito público, administrar é a dinâmica de atingir uma finalidade,[27] sendo que a competência estabelece um rol de funções que se vinculam a uma atividade cogente: administrar. E este mister é vinculado ao fim da administração pública. Logo, administrar pressupõe uma "ação" relacionada a um "fim", a qual possui base em um plano ou ordem pré-estabelecido.[28] Se a pessoa

---

22 *Ibidem*, p. 110.

23 *Ibidem*, p. 119.

24 *Ibidem*, p. 19–33.

25 *Ibidem*.

26 *Ibidem*.

27 No mesmo sentido: BANDEIRA DE MELLO, Celso Antônio. *Natureza e regime jurídico das autarquias*. São Paulo: Revista dos Tribunais, 1968. p. 299.

28 Para Celso Antônio Bandeira de Mello (*ibidem*), o fim da administração pública seria encontrado dentro do *regime jurídico*, enquanto, para Ruy Cirne Lima (*Sistema de direito administrativo brasileiro*), o fim estaria ligado a valores metajurídicos, ou seja, *pela implementação do bem comum*.

jurídica de direito público exerce uma função administrativa, ela o faz por um ato legitimador. Dito de outro modo: o ato administrativo é produzido pela pessoa administrativa, sendo que seu resultado final exprime o fim da relação administrativa.

Portanto, ainda ancorado em Ruy Cirne Lima[29], pode-se dizer que a relação administrativa cria um: (a) Sistema de competências; e um (b) Sistema de vedações.

Exemplifico: o bem público está afeto a uma finalidade, e há uma série de disposições legais que visam a impedir que se lhe retire esta finalidade – ou ao menos exista uma dificuldade para tanto. A ideia de bem público paralisa o direito subjetivo privado de propriedade – o que confere supremacia da atuação administrativa em relação às relações privadas.[30] Vamos a outro exemplo: na desapropriação indireta se cria uma relação de administração de fato que paralisa o direito de propriedade, sendo que o esbulho "se justifica". Então, tomando por base as lições de Ruy Cirne Lima, o controle dos atos administrativos deve tomar por base um metafundamento: o fim da administração pública. Esta deve ser a diretriz, o limite e o fundamento primeiro de qualquer ato que pretenda auditar o exercício das funções administrativas.

Cirne Lima foi claramente influenciado pelo pensamento tomista, a ver sua ideia de utilidade pública: "A utilidade pública representa o conjunto dessas condições, indispensáveis ao bem comum."[31]. E aqui vai relacionar esta chave central de conhecimento a outra concepção original: a noção de serviço público, que se propõe ser menos orgânica e subjetiva, e muito mais funcional e objetiva. Esta ideia é retomada, veja bem, quando muito antes ele publicou um interessantíssimo livro sobre terras devolutas.[32]

Sobre a divisão, ou demarcação, entre o direito público e o privado feita, é certo que estes questionamentos não eram uma própria "novidade", porque já eram formulados há muitos anos por Fritz

---

[29] LIMA, *Princípios de direito administrativo*, p. 105 e ss. O autor se aproxima muito da ideia de Jean Rivero (*op. cit.*, p. 22 e ss.).

[30] Tanto que os romanos entendiam que os bens públicos eram *res nullius*.

[31] LIMA, Ruy Cirne. *Sistema de direito administrativo brasileiro*. 1953. p. 43–45.

[32] *Idem*. *Terras devolutas*: história, doutrina, legislação. Porto Alegre: Globo, 1935. p. 66 e ss. Aliás, a obra é antes de tudo uma narrativa detalhada sobre a evolução da legislação que trata das terras públicas no Brasil.

Fleiner[33] quando falava da "fuga para o direito privado" ou "privatização do direito administrativo", tema enfrentado por muitos autores como Savatier e Charles Eisemann e, no Brasil, por Maria Sylvia Zanella di Pietro. De qualquer modo, há uma série de entendimentos que, ao analisar o problema desta divisão, acabam por serem reconduzidos à luz por Cirne Lima, notadamente quando enfrenta a dimensão dogmática do direito administrativo, ainda que existam tantos institutos que dificultem conseguir uma compreensão mais precisa que possa colocar as "coisas o mais possível nos seus lugares". O fenômeno ficou ainda mais aparente com a ampliação das tarefas do Estado, quando que se alargou naturalmente as fronteiras do direito administrativo, o que, naturalmente pressupôs um avanço sobre o direito privado, notando-se isto nos temas ligados ao implemento de direitos sociais.[34] Ou quando foi imposto que as tarefas estatais fossem mais eficientes a ágeis.[35] Então, podemos apostar que, em verdade, falamos da ampliação do direito administrativo, ou seja, de atividades que migraram aos domínios da administração pública e que, agora, são por ela prestadas.

Repetindo o que se disse logo antes: sabemos que nem todos os atos praticados pelos agentes públicos são atos administrativos – *v.g.* atos materiais, considerados "atos-fatos administrativos".[36] O primeiro ponto que parece fazer sentido de ser explorado é: existe direito subjetivo-administrativo? Cirne Lima traz outra chave de compreensão essencial: não se duvida que o ato administrativo está vinculado a um fim[37], enquanto, no direito privado, o ato está vinculado a bens e pessoas. Logo, a questão cinge-se à divisão de competências, estabelecendo atividades que no mais das vezes são indisponíveis. Exemplo: o foco

---

33 Para o autor, o Estado continuava sendo a mesma pessoa jurídico, com as mesmas características, mesmo quando atuava submetido ao regime de direito privado (FLEINER, Fritz. *Institutionen des Deutschen Verwaltungsrechts*. Tübingen: J. C., 1928. p. 326).

34 DI PIETRO, Maria Sylvia Zanella. *Do direito privado na Administração Pública*. São Paulo: Atlas, 1989. p. 39.

35 COUTO E SILVA, Almiro do. Os indivíduos e o Estado na realização das tarefas públicas. *In*: COUTO E SILVA, Almiro do. *Conceitos fundamentais do direito no Estado Constitucional*. São Paulo: Malheiros, 2015. p. 255.

36 *Idem*. Almiro do. Atos jurídicos de direito administrativo praticados por particulares e direito formativo. *In*: COUTO E SILVA, Almiro do. *Conceitos fundamentais do direito no Estado Constitucional*. São Paulo: Malheiros, 2015. p. 124.

37 Tema há muito já dissertado por Ruy Cirne Lima (Direito administrativo e direito privado. *Revista de Direito Administrativo*. Rio de Janeiro: FGV, v. 26. p. 19–33). É possível que uma relação de administração surja concomitantemente com um direito subjetivo, sem que ambos se oponham. Exemplo: na concessão de serviço público surge uma relação de administração e um direito subjetivo do concessionário.

nos bens de uso comum do povo não é a condição de proprietário, mas a sua destinação. Se um prédio privado é invadido por águas públicas, ele será dominado pelo direito público enquanto durar essa condição.

Ato administrativo, então, seria um ato jurídico vocacionado a satisfazer uma finalidade pública do Estado, submetido a um regime jurídico-administrativo. A partir desta dimensão, Ruy Cirne Lima[38] aponta uma série de artigos do Código Civil de 1916 que tratam de direito administrativo (*v.g.* autarquia, serviços públicos, bens públicos etc.), denunciando de certo modo este imbricamento. Então, institutos de direito privado há muito ganhavam contornos publicísticos, carecendo-se desta melhor delimitação.

Nem mesmo nos países continentais a evidente diferença entre o direito público e o direito privado permanece. Há muitos fatores para tal acontecido:

> (a) A ampliação do controle ou presença do comando da administração pública sobre pessoas jurídicas de direito privado, o que se deu por variados modos e em múltiplas conformações;
> (b) Ampliação das regras de direito público sobre o direito privado, ou mesmo a retração do direito administrativo em determinadas searas. Aqui, cabe um adendo: quanto mais o direito público invadiu a seara privada, mais foi influenciado pelo direito civil.[39]

A divisão entre direito público e direito privado ou atuação a partir destas características poderia ser pensada a partir de uma série de critérios. Estaríamos diante do direito público ao existir:

> (a) Unilateralidade da ação, característica marcante do ato administrativo;[40]
> (b) Finalidade de proteção da coletividade;
> (c) Limitação da liberdade, propriedade ou atividade pelo Estado;[41]
> (d) O direito constitucional fornecendo as bases da atuação do Estado, e ali deveria se procurar saber em que medida o Estado poderia atuar no direito público ou privado;

---

38 *Ibidem.*

39 Esse fenômeno ficou mais evidente nos serviços industriais e comerciais prestados pelo Estado francês.

40 Ainda que os atos negociais ou bilaterais reclamem uma manifestação de vontade do particular para gerar efeitos. Esta manofestação poderá ser prévia (exemplo: aposentadoria) ou posterior ao ato (exemplo: nomeação e aceitação posterior).

41 São critérios eleitos, por exemplo, por: SAVATIER, René. *Droit privé et droit public*. Paris: Dalloz, 1946. p. 25–28.

(e) A presença do Estado em um dos polos da relação jurídica formada ou do ato praticado.

Mas como o Prof. Ruy enfrentou a tal divisão? Primeiro, desce como ninguém e para tanto às raízes profundas do Direito Romano, para, em síntese, dispor que tudo o que se relaciona ao direito e ao Estado é concernente ao direito público. O autor não apenas substitui a ideia de "direito subjetivo" do cerne das relações jurídicas da administração pública, mas cria as bases originais de uma nova perspectiva: a "relação de administração"[42] – volto ao tema. Este instituto parece ser o ápice e a contribuição mais marcante que o jurista trouxe ao cenário nacional, até hoje referenciada. Criou uma via que deverá ser percorrida para quem de verdade e seriamente quererá falar do cerne ou da essência do direito administrativo.

Para quem ainda duvida da importância da imposição dos limites do direito administrativo, ou, dito de outro modo, dos limites entre este e o direito privado, faço uma pergunta: há diferença e, em caso positivo, em quais termos, entre o contrato dito "administrativo" e o negócio de direito privado? A busca por esta resposta, em verdade, acaba por responder, de outro lado, outros questionamentos como este: "Qual o conceito de contrato administrativo?" E, por consequência, ter-se-ia de definir, é claro, os elementos dogmáticos do contrato administrativo. E o Prof. Ruy foi ao encalço disto tudo.[43]

Terceira lição: Ruy Cirne Lima se propôs a estudar com profundidade e abrangência todos os assuntos que foram de seu interesse. Eis uma lição por deveras relevante na era contemporânea de superficialidades e imediatismos: dar o devido aprofundamento e abrangência aos assuntos – forma eficiente de se enfrentar as verdades e de se as colocar em xeque.

6 Um final que não nos finda

De 1975 a 1984, Ruy Cirne Lima padeceu de enfermidade que, no lento dos dias ou diante da resistência de um bravo gaúcho, foi lhe

---

[42] Princípios. §6°, p. 55.

[43] Para exemplificar esta complexidade, por todos: LIMA, Ruy Cirne. Contratos administrativos e atos de comércio. *Revista de Direito Administrativo*, Rio de Janeiro: FGV, n. 32, p. 16–26, 1953.

retirando aos poucos a razão. Assim, o mundo se ia tornando menor, sem saber quando era fim.

Fim? Definitivamente não. O Professor Ruy ainda hoje, por tudo o que foi e é, continua vivo nas cercanias do direito, eternizado a cada releitura das magistrais ideias que nos deixou. Tem seu lugar no que há de mais nobre e genial do direito administrativo, por direito.

Ruy Cirne Lima sempre e sempre foi coerente com suas ideias, que se entrelaçaram em como uma "tapeçaria" coesa e fiada. Seus ideais cristãos, com notada influência escolástica, sempre apontaram para a humanidade.[44] Viu o direito e agiu em vida a partir desta miríade. Este valor que conservou e elevou durante a vida lhe renderam o reconhecimento inconteste de um ser humano bondoso e justo. Seu pensamento cristão chega a influenciar suas ideias de dogmática jurídica, e reserva o último capítulo da obra *Preparação à dogmática jurídica* ao que chamou de "Os fundamentos do direito cristão".[45]

Última lição: se Santo Agostinho define a justiça a partir do amor, e São Tomás de Aquino a define a partir da proporção, podemos dizer que Cirne Lima se fez em vida a partir destes dois ideais, ou seja, praticou com fé estas diretrizes. E resume bem seu ideal de vida em uma ação, que une estes dois valores: a caridade. Citando Tomás de Aquino fecha a questão: "[...] manifesto é [...] que pela caridade se ordenam os atos de todas as virtudes último fim; e nessa medida, aquela dá forma aos atos de todas as virtudes, e por isso diz-se que é a forma das virtudes".[46] E a partir disto conclui que a realização da justiça não é somente um fim, mas uma obrigação imposta a todos nós, com amor e proporção. Ou melhor, com a devida caridade.

Salve sempre e sempre o eterno Prof. Ruy.

---

[44] Uma análise detalhada desta relação se encontra em: FERNANDES, Henrique Montagner e FLORES, Alfredo de J. A linguagem tomista em novos domínios e usos: a relação jurídica segundo o jurista Ruy Cirne Lima. *In*: CORDIOLI, Leandro e OLIVEIRA, Elton Somensi (Coord.). *Filosofia & Direito: um diálogo necessário para a Justiça.* Porto Alegre: Editora Fi, 2018. p. 218–224.

[45] LIMA, Ruy Cirne. *Preparação à dogmática jurídica.* Porto Alegre: Sulina, 1958. p. 232 e ss.

[46] *Ibidem*, p. 239.

MIGUEL SEABRA FAGUNDES: O REFUNDADOR DO DIREITO ADMINISTRATIVO NO BRASIL

Gustavo Binenbojm

1 Notas biográficas

Miguel Seabra Fagundes nasceu em Natal (RN), a 30 de junho de 1910, filho de João Peregrino da Rocha Fagundes, funcionário da Alfândega e professor de aritmética, e de Cornélia Seabra Fagundes, dona de casa. A família cultivava o gosto pelo estudo, sendo que o irmão de Miguel, o jornalista, médico e escritor João Peregrino da Rocha Fagundes Júnior, acabou integrando a Academia Brasileira de Letras, como sexto ocupante de sua cadeira nº 18 e seu Presidente, de 1956 a 1957.

Miguel fez o curso primário e os estudos preparatórios no Colégio Diocesano Santo Antônio, em Natal, prestando exames de revalidação no Ateneu Norte-Rio-Grandense. Em 1927, transferiu-se para o Recife, onde cursou o primeiro ano da Faculdade de Medicina, mas a abandonou em 1928, optando pelo ingresso na Faculdade de Direito daquela mesma cidade. Durante o curso de graduação, Seabra Fagundes exerceu intensa atividade política: primeiro, em favor da campanha da Aliança Liberal, que prenunciava a Revolução de 1930; depois, num breve flerte com a Ação Integralista Brasileira, ao lado de ilustres conterrâneos seus, como Câmara Cascudo e do Monsenhor Walfredo Gurgel. Há inclusive um livro, intitulado *A pequena história do integralismo no RN*, de Luiz Gonzaga Cortez, com histórias e fotos ilustrativas desse período. Seabra nunca chegou a renegar formalmente a militância desse período, mas sua trajetória demonstra o afastamento completo dos ideais do Integralismo.

Formou-se em 1932, como orador da turma, passando logo a exercer a advocacia não só em Natal, mas também em Comarcas do interior do Estado do Rio Grande do Norte. Com a criação da Justiça Eleitoral, passou a integrar o Tribunal local, exercendo a Procuradoria Eleitoral, na época atribuição de um dos membros da Corte. Promulgada a Constituição de 1934, institui-se no país o *quinto* reservado a advogados e membros do *Parquet* nos tribunais judiciários de segundo grau. Seabra Fagundes, aos 24 anos, é nomeado Desembargador da então Corte de Apelação do Rio Grande do Norte. A nomeação causa forte reação, o que incluía críticas na imprensa e até ameaças à integridade física do escolhido.

Mas, a despeito da juventude, Seabra Fagundes logo se afirma como magistrado íntegro, culto e dedicado. Por gosto pessoal, toma a seu cargo a tarefa de cuidar da biblioteca do Tribunal, dotando-a de precioso acervo, com o que havia de mais atual na literatura jurídica nacional e internacional. Na 1ª Conferência Nacional de Desembargadores, realizada no Rio de Janeiro, em 1943, sob a liderança de Edgar Costa, então Presidente da Corte de Justiça do Distrito Federal, Seabra representa o Tribunal do Rio Grande do Norte, tornando-se, somente nessa ocasião, pessoalmente conhecido nos círculos jurídicos da Capital Federal. Levy Carneiro e Philadelpho Azevedo, inclusive, naquela mesma oportunidade, convidam Seabra Fagundes a transferir suas atividades profissionais para o Rio de Janeiro.

Em 1945, quando o país é transitoriamente governado por magistrados – com a ascensão de José Linhares à Presidência da República, após a deposição de Getúlio Vargas, a 3 de outubro do mesmo ano – Seabra Fagundes é designado interventor e governa o Estado do Rio Grande do Norte. Dirige o Estado com equilíbrio e isenção, realizando eleições livres e tidas como irrepreensíveis. Embora houvesse um movimento político forte que pretendia lançá-lo candidato a Governador, Seabra rejeita a ideia.

A convite do Presidente Eurico Gaspar Dutra, no início de 1946, Seabra assume o cargo de Consultor Geral da República, do qual se exonerou em setembro daquele ano, quando a nova Constituição então promulgada restabeleceu a tradicional vedação ao exercício de funções, por magistrados, fora do âmbito da judicatura. Retorna ao Tribunal Norte-Rio-Grandense e logo é eleito seu Presidente. Em 1950, pede exoneração do cargo de Desembargador e se muda para o Rio de Janeiro, com o objetivo de dedicar-se à prática da advocacia.

A 11 de agosto de 1954, Seabra assume a Presidência do Conselho Federal da Ordem dos Advogados do Brasil. Poucos dias depois, em meio à grave crise deflagrada pelo suicídio de Vargas, o Presidente Café Filho – também nascido em Natal – convida Seabra para assumir o Ministério da Justiça. Sua passagem pelo Ministério dura pouco mais que seis meses, sendo marcada por sobriedade e firmeza. Retorna, então, à Presidência do Conselho Federal da OAB e cumpre o mandato até 1956.

No biênio 1970/1971, Seabra foi Presidente do Instituto dos Advogados Brasileiros – IAB. Seu discurso de posse, intitulado "Legalidade democrática", é considerado um importante marco da luta dos advogados contra o regime militar. Recebeu as duas mais importantes comendas da advocacia brasileira: a Medalha Teixeira de Freitas (IAB, 1951) e a Medalha Rui Barbosa (OAB, 1977). Embora não tenha tido um vínculo formal com o magistério, Seabra Fagundes recebeu o título de Doutor *honoris causa* das Faculdades de Direito da Universidade de São Paulo e da Universidade Federal do Rio Grande do Norte. Foi também ocupante da cadeira nº 38 da Academia Norteriograndense de Letras.

Miguel Seabra Fagundes morreu a 29 de abril de 1993, no Rio de Janeiro, aos 82 anos.

2 Relação bibliográfica

O primeiro livro de Miguel Seabra Fagundes foi sua obra-prima, *O Controle dos atos administrativos pelo Poder Judiciário*. A 1ª edição foi publicada em 1941, quando o autor tinha apenas 30 anos. A obra teve reedições em 1950, 1957, 1968, 1979, 1984, 2005 e 2010, sendo as duas últimas por mim atualizadas. O livro é um dos maiores clássicos do Direito Público brasileiro, sucesso de público e de crítica. Minhas atualizações das 7ª e 8ª edições não modificaram uma vírgula sequer do texto original, cingindo-se a acrescentar notas legislativas, doutrinárias e jurisprudenciais onde eram cabíveis.

Curioso observar que a despeito do sucesso alcançado, a publicação inicial do *Controle* não foi tarefa fácil. Veja-se o relato dos filhos do autor, Eduardo e Sergio Seabra Fagundes:

> Publicá-lo não foi tarefa fácil. Nenhuma editora se dispunha a enfrentar os riscos de lançar o primeiro livro de um jovem e desconhecido magistrado de pequeno Estado nordestino. Foi preciso requerer a aplicação de lei estadual que assegurava o custeio de edição de livros de naturais do

Rio Grande do Norte. Como a verba era insuficiente, Seabra Fagundes teve de complementar, do próprio bolso, o custo da pequena tiragem.[1]

Além das dificuldades enfrentadas para a publicação, o livro suscitou uma nota crítica negativa formulada pelo jurista Themístocles Brandão Cavalcanti, Consultor-Geral da República de Vargas no fim do Estado Novo, que depois se tornaria Procurador-Geral da República e Ministro do Supremo Tribunal Federal. A crítica era um inconformismo de Themístocles com a proposta teórica inovadora contida no livro de Seabra em relação ao controle jurisdicional dos atos da Administração Pública, especialmente no ponto relativo ao controle do chamado desvio de poder ou de finalidade. Para ele, a obra de Seabra criava ensejo para uma intervenção indevida do Poder Judiciário sobre o mérito das decisões administrativas. Como vou expor na última parte deste estudo, até hoje a influência de Seabra Fagundes se faz presente no Direito Administrativo brasileiro, como um dos defensores do controle jurisdicional de elementos vinculados de atos outrora tidos como insindicáveis.

Seabra Fagundes publicou ainda outros dois importantes livros: *Da desapropriação no direito brasileiro* (1942 e 1949) e *Dos recursos ordinários em matéria civil* (1946). Dentre seus inúmeros artigos e pareceres, destaco os seguintes: *Dos direitos públicos subjetivos do indivíduo e da sua proteção jurisdicional* (1942); *Da proteção do indivíduo contra o ato administrativo ilegal ou injusto* (1943); *Revogação e anulamento do ato administrativo* (1943); *As Forças Armadas na Constituição* (1948); *Amaro Cavalcanti e as liberdades públicas* (1949); *O autor na ação popular* (1953); *O parlamentarismo no Ato Adicional* (1962); *Da contribuição do Código Civil para o direito administrativo* (1964); *O Poder Judiciário na Constituição de 1967* (1967); *O sentido da legalidade no Estado democrático* (1969); *A legalidade democrática* (1970); *O advogado no Estado autoritário* (1971); *A evolução do sistema de proteção jurisdicional dos direitos no Brasil republicano* (1971); *Os tribunais de contas e a moralidade administrativa* (1972); *O mandado de segurança e o recurso de terceiro prejudicado* (1973); *Direitos do homem, a ordem pública e a segurança nacional* (1974); *Da ação popular* (1977); *A função política do Supremo Tribunal Federal* (1978); *O solo criado e a desapropriação como instrumento de urbanização* (1979); *A legitimidade do poder político na experiência*

---

[1] FAGUNDES, Eduardo Seabra; FAGUNDES, Sergio Seabra. Dados biográficos. *In*: FAGUNDES, Eduardo Seabra; FAGUNDES, Sergio Seabra. *O Controle dos atos administrativos pelo Poder Judiciário*. Rio de Janeiro: Forense, 2010. p. XXII.

brasileira (1982); *Da encampação nas concessões de serviços públicos* (1985); *A crise do Poder Judiciário* (1990).

Nos últimos anos de vida, Seabra Fagundes foi redator-chefe da *Revista Forense*.

3 Relevância e atualidade de Miguel Seabra Fagundes

Não é uma hipérbole qualificar Seabra Fagundes como *refundador* do Direito Administrativo no Brasil. Valho-me, pela relevância do autor, de comentário lançado na *Revista de Direito Administrativo* n° 14 (outubro/dezembro de 1948), por Victor Nunes Leal, acerca de conhecido acordão da lavra do então Desembargador Seabra Fagundes, em julgamento à Apelação n° 1.422:

> A segurança com que foi tratado o assunto confirma os grandes méritos do relator do brilhante aresto [...] que deu ao caso concreto, como magistrado, a melhor solução, impedindo que a administração pública, a pretexto de seu poder discricionário, utilizasse critério arbitrariamente discricionário para proteger uma empresa de transporte em prejuízo de empresa concorrente e dos utentes do serviço autorizado. [...] Tal acórdão rompeu a praxe reiterada dos nossos tribunais que sempre declararam os atos discricionários insuscetíveis de apreciação jurisdicional, sem aprofundar a questão da possível arbitrariedade do poder discricionário.

Em 1941, no auge do Estado Novo, o Direito Administrativo não passava de um mero *estatuto do poder*. Foi apenas com a publicação do *Controle* – como nós, publicistas das gerações posteriores, nos acostumamos a chamar a obra do Mestre – que o Direito Administrativo brasileiro assume as características de um *estatuto da cidadania perante o poder*. Por certo, esse ramo do Direito Público também cumpre funções *políticas e gerenciais*, ao organizar e disciplinar o funcionamento da burocracia estatal, tanto em suas atividades-meio como em suas atividades-fim. Mas, como disciplina jurídica, o Direito Administrativo é essencialmente um instrumento a serviço da democracia e da proteção de direitos individuais e coletivos.

O direito é o que o *dever-ser* é. A democracia, com a sua capacidade recriadora, diz o que o *dever-ser* deve ser. Por meio do processo democrático, o Direito Administrativo cria as estruturas da Administração Pública, ordena os seus fins e limita as suas ações diante dos direitos dos cidadãos. É incrível que o Brasil tenha aguardado até a aparição de Miguel Seabra Fagundes para entender isso!

Veja-se, a corroborar a minha compreensão, trecho muito elucidativo da lavra de Carlos Mário da Silva Velloso:

> Quando Seabra publicou O Controle dos Atos Administrativos pelo Poder Judiciário, o Direito Administrativo, no Brasil, não passava de um direito do estado, um estatuto de obrigações do administrado, certo que poucos eram os publicistas que versavam os seus grandes temas. O Judiciário conhecia, de forma acanhada, das demandas que os administrados propunham contra o Estado. A discricionariedade administrativa, foi dito linhas atrás, constituía-se em tabu, algo intocável pelo Judiciário. Enfim, vale a lembrança do professor Binenbojm, o direito público não passava de um "estatuto do poder". Pois é nesse quadro, nessas circunstâncias, que Seabra produziu o seu livro. A partir dele, o Direito Administrativo, no Brasil, assume nova característica. De 'estatuto do poder' passa a ser o estatuto do cidadão diante do poder. A leitura do livro por parte de professores e, sobretudo, de advogados e juízes, altera o quadro então existente. E os tribunais passam a controlar os atos da administração pública, tal como ocorria, há muito, na França, pelo Conselho de Estado. As modernas doutrinas de controle jurisdicional dos atos administrativos vigentes naquele país, na Itália, na Bélgica e nos Estados Unidos foram expostas, com rigor científico e didaticamente, na obra-prima de Seabra.[2]

Quando fui procurado pelo saudoso Eduardo Seabra Fagundes[3] com o convite para atualizar a obra de seu pai, tomei literalmente um susto. "Mas quem sou eu, Eduardo?" disse-lhe, incrédulo. Não me passava pela cabeça estar à altura do desafio. Foi um privilégio aprender com Seabra Fagundes de formas novas e que ainda não havia compreendido em leituras anteriores. Foi também uma alegria ver sucessivas tiragens esgotarem-se, tanto da 7ª quanto da 8ª edições.

Encaminho-me para a conclusão com três considerações finais. A primeira refere-se à relevância e à atualidade da obra de Seabra Fagundes. Razões de Estado prevalecem onde há súditos, e não cidadãos.

---

2 VELLOSO, Carlos Mário da Silva. Apresentação. *In:* VELLOSO, Carlos Mário da Silva. *O Controle dos atos administrativos pelo Poder Judiciário.* Rio de Janeiro: Forense, 2010. p. XIV.

3 Eduardo Seabra Fagundes, filho de Miguel e irmão de Sergio, foi um brilhante advogado, ex-Procurador-Geral do Estado do Rio de Janeiro, ex-Secretário de Estado de Justiça e Presidente do Conselho Federal da Ordem dos Advogados do Brasil de 1979 a 1981. Sou grato a ele e a seu irmão, Sergio, por me terem escolhido para a tarefa de atualizar a obra-prima de seu saudoso pai.

O Estado democrático de direito é uma República de razões, que pressupõe a existência de cidadãos livres e iguais. O surgimento de *O Controle dos atos administrativos pelo Poder Judiciário* propiciou uma viragem tanto da teoria como da prática do Direito Administrativo brasileiro, fazendo surgir um novo *ethos* para as relações entre os cidadãos e o Estado. É claro que essa ainda é uma obra incompleta, mas ela precisava começar em algum lugar.

A segunda consideração refere-se à responsabilidade dos juristas. Sempre que nos indagamos sobre o sentido da vida, ela nos responde indicando as responsabilidades que devemos assumir em nossas vidas. Seabra Fagundes foi um homem de ideias, mas também um homem de ações. Em sua atuação como homem público, Seabra foi coerente com o que pregava em seus livros e artigos. Nunca sacrificou suas convicções no altar de objetivos políticos – subalternos ou mesmo grandiosos. Sabia dizer não quando era o caso. O Direito não é uma ciência exata, mas também não é qualquer coisa. Juristas sabem dizer não.

A terceira e última consideração – mas não menos importante – tem a ver com a natureza da excepcionalidade. Somos tentados a acreditar em alguma espécie de unção sobrenatural para indivíduos dotados de talentos tão especiais. Mas, ao assistir a uma entrevista concedida por Seabra Fagundes a um canal de televisão do Rio Grande do Norte, conversando tranquilamente com seus conterrâneos, percebi que havia ali um ser humano normal. Apesar da idade avançada e do destaque alcançado por mérito próprio, não se punha em posição professoral ou postura messiânica. Contou que fracassou no curso de medicina porque era muito difícil e optou pelo direito por considerá-lo mais fácil. Explicou como, aos poucos, conseguiu adquirir livros europeus e norte-americanos e formar, na Natal da década de 1930, a melhor biblioteca de Direito Público do país. Agradeço ao querido amigo e professor Jacintho Arruda Câmara, outro brilhante filho daquelas terras, por ter me franqueado acesso a esse vídeo.

Embora o gênio, conforme Harold Bloom, seja aquele capaz de transcender ao seu tempo e lugar, o que a simplicidade de Seabra Fagundes me ensinou foi o seguinte: a genialidade não tem a ver com o que somos, mas com o que somos chamados a ser.

HELY LOPES MEIRELLES: ADMINISTRATIVISTA, ADMINISTRADOR PÚBLICO E CIDADÃO EXEMPLAR

Adilson Abreu Dallari

1 Introdução

Por sua relevância no desenvolvimento do direito público brasileiro, o consagrado mestre já foi objeto de várias publicações em sua homenagem, merecendo destaque aquela feita por 20 então renomados juristas (magistrados, membros do Ministério Público, professores e advogados), *O Direito na década de 80: Estudos Jurídicos em Homenagem a Hely Lopes Meirelles*, coordenada por Arnoldo Wald e publicada pela Editora RT, em 1985.

Uma visão bastante completa da vida e obra de Hely Lopes Meirelles pode ser encontrada na obra escrita em sua homenagem, em comemoração aos 100 anos de seu nascimento, por 84 autores, em quase 1.200 páginas, organizada por Arnoldo Wald, Marçal Justen Filho e Cesar Augusto Guimarães Pereira, prefaciada pelo Ministro Gilmar Ferreira Mendes, Malheiros Editores, 2017.

Neste livro, em que vários renomados autores discorrem sobre as obras dos mais notáveis administrativistas brasileiro, merece destaque o texto da consagrada Profa. Thaís Marçal sobre a contribuição de Hely Lopes Meirelles para o desenvolvimento do Direito Municipal.

Este texto é apenas um breve relato pessoal de quem teve o privilégio, a honra e o prazer de ter trabalhado com ele na administração pública, convivido como advogado e parecerista e colaborado na atualização de algumas de suas obras. O enfoque está centrado na pessoa de Hely Lopes Meirelles e em suas atividades como jurista, gestor público e cidadão.

2 O encontro com Hely Lopes Meirelles

Hely Lopes Meirelles trabalhou como Juiz de Direito em algumas comarcas do interior de São Paulo, até se transferir para São Carlos, onde permaneceu por longo tempo e deu início a sua prodigiosa carreira, conforme relata seu companheiro para o resto de vida, o então Promotor de Justiça naquela comarca, Eurico Andrade Azevedo:

> Mais tarde, foi para a comarca de São Carlos, onde permaneceu vários anos até ser promovido para São Paulo. Foi naquela cidade que vim a conhecê-lo pessoalmente, quando para lá fui como Promotor de Justiça. Hely tinha uma capacidade de trabalho e uma aptidão organizacional fora do comum. A única Vara da Comarca acumulava todos os serviços cíveis, criminais, de Júri, de Menores, Eleitoral e Trabalhista. No entanto, a pauta de audiências era de apenas trinta dias! Porque ele sabia distribuir o serviço: jamais designava uma audiência sem verificar, antes, a complexidade do tema e o número de testemunhas a serem ouvidas. E não se atrasava nas sentenças, porque acompanhava de perto os processos e se utilizava com mestria do despacho saneador.
> Nas eleições, era um dos primeiros juízes a terminar a apuração, pois convidava para as Mesas apuradoras os bancários da cidade, sob o argumento de que sabiam contar cédulas [...].[1]

Depois de se aposentar, em 1967, foi convidado por seu amigo e colega de faculdade, o então recém-eleito Governador do Estado de São Paulo, Roberto de Abreu Sodré, para integrar o governo estadual como Secretário do Interior, onde vim a conhecê-lo. A designação tinha um propósito específico: transformar a Secretaria do Interior de um órgão meramente político (cuja função passou a ser exercida por uma subchefia da Casa Civil do Governador) em um órgão técnico de apoio às administrações municipais.

Eu, nos últimos anos da faculdade, trabalhei como Solicitador Acadêmico (hoje seria um estagiário) preparando-me para exercer a advocacia cível contenciosa. Durante a faculdade eu havia participado bastante das atividades do Centro Acadêmico XI de Agosto, tendo sido responsável pela publicação de boletins, jornais e da *Revista XI de Agosto*, tendo sido também presidente do Diretório Acadêmico. Quis o destino

---

1 AZEVEDO, Eurico de Andrade. Retrato de Hely Lopes Meirelles. *In:* WALD, Arnoldo; JUSTEN FILHO, Marçal; PEREIRA, César Augusto Guimarães (Org.). *O Direito Administrativo na Atualidade*: Estudos em homenagem ao centenário de Hely Lopes Meirelles (1917–2017). São Paulo: Malheiros Editores, 2017. p. 30.

que o Prof. Hely precisasse de alguém com boa formação jurídica e experiência em imprensa para trabalhar com ele na Secretaria do Interior.

Antes de tomar posse como Secretário, Hely conversou com meu irmão (e mestre por toda vida) Dalmo Dallari, professor da São Francisco, sobre se ele teria um aluno que preenchesse aqueles requisitos. Assim, formado pela FDUSP em 1966, por indicação de meu irmão, em janeiro de 1967 fui conversar com o futuro Secretário.

Eu me apresentei, com algum receio, porque eu era jejuno em Direito Administrativo, que havia estudado apenas o suficiente para passar de ano, e ia falar com a maior autoridade na matéria. Na conversa comigo ele nada perguntou de direito administrativo, mas, sim, apenas das minhas atividades acadêmicas, quando, ao final, disse textualmente: "Convido o Sr. para trabalhar dois meses comigo: se prestar fica; se não prestar, sinto muito. Da mesma forma se estiver satisfeito com o trabalho, continuamos; se não, sinta-se à vontade para sair". Em seguida, ele me entregou um exemplar da 6ª edição do seu *Direito Administrativo Brasileiro*, dizendo "vai estudar". Tenho esse livro até hoje, caindo aos pedaços, de tanto ser usado. Estudei mesmo, pois não poderia perder a oportunidade de ser coroinha do Papa. Ao final da conversa ele perguntou se eu teria um colega, com experiência em trabalhar na administração pública, para indicar. Indiquei o meu colega e amigo Hélio Quaglia Barbosa, então simples funcionário público (depois chegou a ser Ministro do STJ), e em fevereiro fomos ambos nomeados Oficiais de Gabinete da Secretaria do Interior, trabalhando diretamente sob o Chefe de Gabinete, José Afonso da Silva, então Procurador do Estado, que não tinha qualquer afinidade política com o Governo, mas que já despontava para a brilhante carreira que desenvolveu.

O período de experiência não durou dois meses. Em março de 1967 houve a chamada Catástrofe de Caraguatatuba, quando uma violenta tromba d'água atingiu a cidade, provocando uma avalanche que soterrou parte da cidade e destruiu a estrada de acesso pela Serra do Mar, causando muitas mortes e deixando a população isolada, sem água, sem comida, com muitos mortos e desabrigados. A então Força Pública (hoje Polícia Militar) prestou a primeira assistência, mas o Governo do Estado precisava se estruturar para prestar uma assistência mais completa, atribuindo à Secretaria do Interior a direção dos trabalhos.

O Secretário Hely Lopes Meirelles reuniu a equipe de seu gabinete e disse que precisava de um voluntário para ir a Caraguatatuba e cuidar, diretamente, do necessário para colocar um mínimo de ordem no caos. Aí emerge a figura muito especial do Prof. Hely. Olhando para mim, ele disse: "Eu soube que o Sr. conhece a região (o que era verdade), portanto está nomeado voluntário. Tem meia hora para ir até sua casa e voltar aqui, para seguir para Caraguatatuba". Quando voltei à Secretaria ele me entregou uma mala de viagem cheia de dinheiro vivo e me disse: "Faça o que tiver de ser feito: a responsabilidade é minha". Aprendi, para o resto da vida, que a responsabilidade pelas ações da Administração Pública deve ser do superior hierárquico. Não é o caso de relatar aqui minha primeira atuação como servidor público, bastando dizer que fui bem-sucedido, consegui ter um bom relacionamento com todas as outras autoridades (municipais, estaduais, federais, civis e militares envolvidas) e tive minhas contas aprovadas pelo Tribunal de Contas.

Alguns meses depois, voltei para São Paulo, para cuidar daquilo para o que tinha sido convidado: a criação do Boletim do Interior, uma publicação de periodicidade mensal, destinada a estampar estudos e pareceres de direito público de interesse municipal, escrito de maneira simples, clara e direta, para efetivamente servir como a prestação de orientação clara e assimilável por prefeitos e vereadores, até dos mais modestos municípios do Estado de São Paulo.

Assim começou um relacionamento que foi se intensificando e durou até o fim da vida desse grande brasileiro, em 1990.

3 O administrativista

O direito administrativo que aprendi na escola nada tinha a ver com a administração pública brasileira. Era pura teoria, baseada principalmente no direito francês, inclusive com o estudo de decisões do Conselho de Estado.

A abordagem de Hely Lopes Meirelles era radicalmente diferente. Não se tratava de um direito administrativo abstrato, mas, sim, como sempre constou do título do livro, do *Direito Administrativo Brasileiro*, cuja primeira edição, de 1964, trazia a seguinte Nota ao Leitor: "O Direito – para nós – é instrumento de trabalho, e não tertúlia acadêmica". Ou seja; sua preocupação era com a administração pública brasileira, com a legislação brasileira regendo a atividade da administração pública e com a jurisprudência dos tribunais brasileiros, visando proporcionar um eficiente instrumento de trabalho para todos que tivessem que aplicar o direito administrativo, como gestor, membro do Ministério Público e integrante do Poder Judiciário.

Uma característica fundamental do consagrado mestre é seu pragmatismo, conforme salientado em magistral estudo sobre sua postura diante dos problemas da administração pública:

> Hely Lopes Meirelles foi alguém que captou como poucos essa intencionalidade pragmática do Direito Administrativo, adotando uma postura investigativa, de natureza indutiva, condizente com tal característica. O conceito de Direito Administrativo formulado pelo autor na primeira edição de seu manual evidencia essa sua compreensão: "conjunto harmônico de princípios jurídicos que regem atividades públicas tendentes a realizar concreta, direta e imediatamente os fins desejados pelo Estado." É dessa compreensão que entendemos decorrer o construtivismo pragmático do publicista. O construtivista pragmático, sob a nossa concepção, é o tipo de jurista que busca construir soluções jurídicas organizadas a partir de problemas relevantes verificados no cotidiano. A sua atuação racional é sempre ancorada na realidade e as formulações que estabelece são guiadas por uma intencionalidade solucionadora de questões que a própria realidade impõe ao operador do Direito.
> Registram os autores que o conceito sofreu uma pequena alteração a partir da 3ª edição de sua obra, em 1975, passando a ser: "conjunto harmônico de princípios jurídicos que regem os órgãos, os agentes e as atividades públicas tendentes a realizar concreta, direta e imediatamente os fins desejados pelo Estado.[2]

Sua clareza e objetividade, aliada à sua larga experiência como magistrado, levou a que ele fosse convidado a trabalhar em muitos projetos de lei em matéria de administração pública. Sua influência era tal que se costumava dizer, jocosamente, que ele fazia legislação, doutrina e jurisprudência em matéria de direito administrativo no Brasil inteiro.

Seus muitos anos de atuação como juiz de direito em São Carlos, no interior paulista lhe permitiram ver as dificuldades, agruras e necessidades dos dirigentes políticos e servidores públicos municipais, bem como constatar a importância do governo e da administração pública locais para o bem-estar das populações das cidades interioranas. Disso

---

[2] CARVALHO, André Castro; SOUSA, Otávio Augusto Venturini de. O construtivismo pragmático de Hely Lopes Meirelles e seu legado para o direito administrativo brasileiro. *In:* WALD, Arnoldo; JUSTEN FILHO, Marçal; PEREIRA, César Augusto Guimarães (Org.). *O Direito Administrativo na Atualidade*: Estudos em homenagem ao centenário de Hely Lopes Meirelles (1917–2017). São Paulo: Malheiros Editores, 2017. p. 162.

resultou uma outra grande e oportuníssima obra, escrita com a mesma clareza e objetividade, para efetivamente orientar a atuação dos agentes públicos locais e as decisões judiciais em questões inerentes a gestão pública local, qual seja o utilíssimo *Direito Municipal Brasileiro*.

Durante seu período como juiz de direito em São Carlos, foi criada a Escola de Engenharia de São Carlos, como uma unidade da Universidade de São Paulo. Hely foi convidado para ministrar aulas nessa escola, sobre matérias de interesse jurídico dos profissionais de engenharia e principalmente sobre a disciplina legal das atividades de construção civil. Solerte, como sempre, aproveitou a oportunidade para escrever outro livro de grande utilidade, o *Direito de Construir*.

Mais tarde, atuando como advogado militante, especialmente como parecerista, e sempre atento à evolução da legislação administrativa, produziu inúmeros estudos e pareceres, que foram publicados em diversos volumes pela Editora Revista dos Tribunais com o título de *Estudos e Pareceres de Direito Público*. Merecem destaque também duas outras obras publicadas, o *Mandado de Segurança e Ação Popular* e *Licitações e Contratos Administrativos*.

Seu monumental e utilíssimo *Direito Administrativo Brasileiro* teve mais de 40 edições, que, após seu falecimento, foram sendo atualizadas por diversos colaboradores e, principalmente, admiradores, permanecendo útil até os dias de hoje.

4 O administrador público

Hely Lopes Meirelles ocupou diversos cargos públicos durante a gestão de Abreu Sodré como Governador do Estado de São Paulo, chegando a acumular as secretarias do Interior e da Segurança Pública e, depois, a da Justiça. O nível de sua confiabilidade pode ser aferido por ter sido um dos raros civis a exercer o cargo de Secretário da Segurança Pública em pleno regime militar.

Este estudo, entretanto, cuida apenas de sua atuação como Secretário do Interior, destacando as radicais transformações feitas por ele nessa pasta, para transformá-la num verdadeiro órgão de apoio às administrações municipais.

Pragmaticamente, conseguiu convencer o Governador a criar, por simples decreto, um órgão público de extrema utilidade. Assim foi que instituído e regulamentado pelo Decreto 49.092, de 21 de dezembro de 1967, o Centro de Estudos e Pesquisas de Administração

Municipal – CEPAM iniciou suas atividades em 4 de janeiro de 1968 para: promover estudos e pesquisas de interesse municipal; promover a formação e o treinamento de pessoal especializado para as diversas funções da administração municipal; difundir a melhor técnica de governo local por todos os meios ao seu alcance; elaborar e divulgar os documentos necessários ao aprimoramento da administração municipal; organizar e manter biblioteca pública especializada em assuntos municipais; manter intercâmbio técnico e cultural com as organizações congêneres; colaborar com os serviços técnicos da Secretaria do Interior, dos órgãos federais e estaduais de assistência técnica aos municípios; obter a colaboração de técnicos da administração pública e contratar especialistas e pessoal necessário ao desempenho de suas atividades e realizar convênios com órgãos ou entidades nacionais ou estrangeiras, para a consecução de seus fins.

O CEPAM teve como Diretor o antigo companheiro Promotor Público de São Carlos, Eurico Andrade Azevedo e, por concurso público, selecionou uma equipe altamente qualificada e experiente para prestar assistência técnica nas áreas de legislação municipal, orçamento e contabilidade, tributos municipais e planejamento urbano.

Merece destaque, como parte das atividades do CEPAM, a criação de uma Prefeitura-Modelo, na cidade de Valinhos, onde servidores de muitas prefeituras de outros municípios paulistas faziam estágio, para ver, na prática, o funcionamento ideal de órgãos da administração pública municipal.

Integrei o CEPAM como chefe do serviço de publicações, cuidando do periódico Boletim do Interior e da publicação de vários manuais práticos referentes às áreas de atuação desse órgão, merecendo destaque o setor de planejamento urbano, dada a obrigatoriedade, estabelecida pela legislação, de que cada Município tivesse seu Plano Diretor de Desenvolvimento Integrado (PDDI). Alguns anos depois, no governo de Laudo Natel, eu atuei como Diretor do CEPAM.

O mais importante a salientar é que isso tudo não ficou apenas no papel, mas, sim, foi efetivamente implantado e teve regular e utilíssimo funcionamento, chegando a ser copiado, ao menos em parte, por outros estados brasileiros.

Outro ponto que merece destaque é a elaboração do anteprojeto de Lei Orgânica dos Municípios. Naquela época, vigente a Carta Constitucional de 1967, os municípios tinham uma autonomia limitada, cabendo a cada Estado editar uma Lei Orgânica do Município, para disciplinar a organização e funcionamento de seus respectivos municípios. Não obstante a existência, na Secretaria do Interior/CEPAM, de um qualificado e experiente corpo técnico, Hely Lopes Meirelles teve a lucidez de solicitar sugestões aos prefeitos e vereadores, que viviam a realidade prática da gestão dos governos locais. Muitas sugestões foram aproveitadas e daí, após os trâmites regulares, foi promulgada a Lei Orgânica dos Municípios Paulista, Lei nº 9.842/1967, que acabou servindo de modelo para outros estados da federação.

5 O cidadão exemplar

Tudo que foi dito acima, especialmente meu relacionamento com esse notável mestre a partir do primeiro encontro, mostra que o prestígio e a fama não lhe subiram à cabeça. Dotado de grande autoridade, jurídica, técnica e moral, jamais foi autoritário, tratando seus subordinados, e todos que se relacionavam com ele, com respeito e cordialidade, sempre estimulando cada um a desenvolver suas atividades e atingir seus propósitos específicos. Tinha como um princípio, confiar nas pessoas, como efetivamente confiou em mim, não obstante apenas um mês de convivência.

Ao longo do tempo, com a continuidade da convivência, esse relacionamento evoluiu, como, mostram algumas dedicatórias de seus livros que sempre me enviou, muito especialmente as seguidas edições do *Direito Administrativo Brasileiro*: 2ª edição, 1966, "Ao Adilson, com votos de feliz iniciação na vida pública. Cordialmente HLM"; 4ª edição, 1976, "Ao Prof. Adilson Abreu Dallari, que tem dado notável contribuição ao Direito Administrativo Brasileiro. Cordialmente oferece HML"; 14ª edição, 1989, "Ao prezado amigo e colega Adilson, com a admiração do Hely".

As edições eram sempre atualizadas. Em várias delas o mestre destacava que havia alterado seu entendimento a respeito de alguma questão específica. Nunca afetado pela soberba, ele lia e algumas vezes acolhia entendimentos de outros autores contrários aos seus. Não hesitava em mudar seu entendimento quando convencido de que estava equivocado. Costumava dizer: "não tenho amor aos meus erros".

Essa simplicidade e cordialidade está bem retratada na "Apresentação" do mais recente livro escrito em sua homenagem:

> Falando em Hely Lopes Meirelles, não há como esquecer a figura humana, pela sua simplicidade, cordialidade, fidelidade aos princípios e amigos, em todas as horas de sua vida, exemplo de coerência e de tolerância, de extraordinária capacidade de trabalho e de convívio dos mais agradáveis, ensinando a todos, com humildade, as lições do Direito e da vida.[3]

6 Conclusões

No decorrer de minha vida como profissional do Direito, paralelamente à advocacia, exerci várias funções públicas em secretarias municipais e estaduais, e desenvolvi toda uma carreira como professor universitário junto à Pontifícia Universidade Católica de São Paulo, como professor de Direito Administrativo, na graduação e de Direito Urbanístico e Ambiental na pós-graduação, obviamente por força dos ensinamentos e exemplos que recebi de Hely Lopes Meirelles.

No ensino de Direito Urbanístico sempre me vali do *Direito de Construir*, cujo conteúdo é bem mais amplo do que o título pode sugerir, dado que trata magistralmente também do parcelamento do solo e do planejamento urbano. Esse livro, cuja primeira edição foi em 1961, após o falecimento do autor, teve diversas edições atualizadas pelo companheiro das primeiras horas Eurico Andrade Azevedo, que delegou a mim o encargo de atualizar a 10ª edição, de 2011, o que fiz com a colaboração de Daniela Libório di Sarno (que me sucedeu, depois como, professora de Direito Urbanístico e Ambiental na PUC-SP), de Luiz Guilherme da Costa Wagner Júnior (hoje Desembargador do Tribunal de Justiça de São Paulo) e Mariana Novis (meu braço direito em minhas atividades como professor e advogado parecerista).

Quanto ao utilíssimo *Direito Municipal Brasileiro*, cuja 1ª edição é de 1957, fui honrado com o convite para atualizar a 17ª edição, em 2013. Essa obra, alentada e complexa, por ser bastante abrangente, teve várias atualizações ao longo do tempo, feitas por equipes de profissionais. Assim, para enfrentar e levar a bom termo a difícil e complexa tarefa de atualização, coordenei uma equipe integrada por Luiz Tarcísio Teixeira Ferreira, Juliana Wernek de Camargo, Christian Fernandes Gomes da

3 Apresentação – O centenário de Hely Lopes Meirelles. *In:* WALD, Arnoldo; JUSTEN FILHO, Marçal; PEREIRA, César Augusto Guimarães (Org.). *O Direito Administrativo na Atualidade*: Estudos em homenagem ao centenário de Hely Lopes Meirelles (1917–2017). São Paulo: Malheiros Editores, 2017. p. 12.

Rocha, Ana Paula de Castro, Vivian Ferreira, Marília Sodré Siviero e minha sempre assistente Mariana Novis.

Todos esses militantes das diversas áreas do direito público aceitaram o difícil encargo de colaborar com as atualizações, por haverem estudado com o auxílio das obras de Hely Lopes Meirelles e por terem aprendido a admirá-lo, por todas as suas qualidades como profissional do direito e como cidadão exemplar, ou seja, ensinando pelo exemplo a desenvolver atividades que sempre foram além do aprimoramento profissional, para atender também às exigências da vida em sociedade.

TODOS OS CAMINHOS LEVAM A HELY LOPES MEIRELLES: A INFLUÊNCIA DO AUTOR NA MATÉRIA DA MUNICIPALIDADE

Thaís Marçal
Thiago Araújo

1 Introdução

Mesmo após o centenário de seu nascimento (1917–1990), Hely Lopes Meirelles ainda é rememorado pelo pioneirismo nas ideias defendidas no âmbito do Direito Administrativo brasileiro durante a sua trajetória como jurista. Conhecido, especialmente, pela obra sistematizadora intitulada *Direito Administrativo Brasileiro*, cuja primeira edição foi publicada em 1964, o autor se propôs a apresentar um Direito Administrativo operacional, defendendo a necessidade de que este fosse concebido como um instrumento de trabalho eficiente tanto no cotidiano dos estudantes quanto dos operadores do Direito.[1]

Muito em razão dessa abordagem sistematizadora, até hoje a sua obra de Direito Administrativo é usada como referência por bacharéis e Tribunais, tendo em vista que a falta de codificação da matéria pode dificultar a clareza no estudo e na sua aplicação. Mas essa contribuição acadêmica não foi nem a sua primeira – e muito menos a única – relevante. Além desse manual, Hely se empenhou em estudar outros temas concernentes ao Direito Público, tendo escrito mais de dezenove obras especializadas que também têm como traço comum a objetividade na

[1] O Autor aponta de forma clara que o objetivo de sua obra é ser um diálogo entre doutrina, legislação e jurisprudência (teoria, realidade e vivência), com uma abordagem objetiva e foco nos problemas cotidianos da Administração: "Não é livro para mestres, nem para os teóricos do Direito. É um modesto compêndio para estudantes e para os que se defrontam, na prática, com problemas jurídicos de Administração Pública" (MEIRELLES, Hely Lopes. Direito Administrativo Brasileiro. 2. ed. rev. e ampl. *Revista dos Tribunais*, São Paulo: 1966. p. 7).

apresentação das ideias, de modo que grande parte segue sendo atualizada até os dias atuais.[2]

Anteriormente à sua busca por uma sistematização doutrinária da matéria do Direito Administrativo, ele iniciou sua caminhada como magistrado em comarcas no interior do Estado de São Paulo.[3] A partir dessa experiência, conseguiu identificar os problemas cotidianos das Administrações locais, além de constatar a falta de estudos a respeito dos desafios enfrentados pelos municípios brasileiros.[4] Nesse contexto, seus primeiros artigos, publicados na década de 1950, foram todos voltados para a temática municipal.[5] Posteriormente, consolidou alguns desses trabalhos em capítulos de seu livro inaugural intitulado *Direito Municipal Brasileiro* (1957).[6]

Hely fez parte do processo de atualização da sua primeira obra, pessoalmente, até a 5ª edição (1985), mas não pôde concluir o trabalho na edição seguinte (1993) em decorrência de seu falecimento, que se deu em 1990. Desde então, o livro *Direito Municipal Brasileiro* conta com o diligente trabalho de revisores e editores comprometidos em manter

---

[2] Hely Lopes Meirelles publicou diversos artigos em revistas especializadas, além de inúmeros pareceres na seara do Direito Público. Muitos deles foram reaproveitados e incorporados – em maior ou menor parte – em capítulos de seus livros, fruto de seu esforço em sistematizar as ideias que já vinha delineando desde o início de sua atuação como jurista. Em um testemunho da importância doutrinária do Autor, a maior parte de seus livros continua sendo atualizada mais de 30 anos após o seu falecimento, que se deu em 1990. Dentre estes, pode-se destacar o próprio *Direito Administrativo Brasileiro*, que atualmente encontra-se na 44ª edição (2020); o livro *Mandado de Segurança e Ações Constitucionais*, que se encontra na 39ª edição (2022); o *Direito de Construir*, na 12ª edição (2023); e o *Direito Municipal Brasileiro*, primeiro livro do Autor, que se encontra em sua 20ª edição (2023).

[3] O Autor publicou os seus primeiros artigos durante a década de 1950, enquanto ainda atuava na magistratura e iniciava as atividades de docência na Faculdade de Engenharia de São Carlos, em São Paulo.

[4] AZEVEDO, Eurico de Andrade. Retrato de Hely Lopes Meirelles. *Revista de Direito Administrativo*, v. 204, abr.-jun., p. 121–134, 1996. p. 122.

[5] MEIRELLES, Hely Lopes. O regime municipal brasileiro em confronto com o de outros países. *Revista de Direito Administrativo*, v. 42, p. 30–45, 1955; *Idem*. Municipalização dos serviços públicos, *Revista dos Tribunais*, São Paulo, v. 45, n. 246, p. 3–15, abr., 1956; *Idem*. Educação, ensino e cultura no município. *Revista Brasileira de Estudos*, Rio de Janeiro, v. XXV, n. 62, abr./jun., p. 202–237, 1956; *Idem*. O poder de polícia no município. *Revista da Procuradoria da Prefeitura do Distrito Federal*, Rio de Janeiro, n. 4, p. 55–89, 1956.

[6] Conforme consta da "Nota ao Leitor" à 6ª edição do livro (1993) feita pelo próprio Autor (São Paulo, Janeiro de 1990), a primeira e segunda edições do livro *Direito Municipal Brasileiro* compreendiam dois volumes, abordando tanto matéria especificamente municipal quanto outras temáticas esparsas. Com o passar do tempo e com a publicação de livros mais especializados, notadamente o já mencionado *Direito Administrativo Brasileiro* (1964), a obra passou a se dedicar exclusivamente ao Direito Municipal e à Administração Pública local, sendo consolidada em um único volume.

vivas e atuais as ideias do Autor, preservando o seu legado intelectual mais de sessenta anos após a publicação.[7]

Sua obra inaugural e edições posteriores são, portanto, o resultado direto da experiência analítica, prática e observadora de Hely Lopes Meirelles, decorrente da sua atuação como magistrado em localidades no início da carreira. É um manuscrito que nasce da própria realidade do federalismo brasileiro, dedicado exclusivamente ao Direito Municipal.

É partindo dessa realidade, que explicita os problemas enfrentados pelas municipalidades, e da carência de instrumentos apropriados para lidar com eles, que Hely se tornou um fervoroso defensor da autonomia político-administrativa dos municípios, bem como da posição desses entes como essenciais no federalismo brasileiro. Durante sua missão de elucidar os temas afetos às questões locais, sua obra tornou-se o grande guia doutrinário na seara municipal.

> Hely começou seu trabalho de doutrinação, ministrando cursos, escrevendo artigos, mobilizando outros estudiosos em seminários, até poder lançar, em 1957, em dois volumes, o Direito Municipal Brasileiro [...]. Com ele, passaram as Prefeituras e Câmaras Municipais a ter um roteiro seguro, no campo jurídico, para suas atividades. E os Tribunais já tinham em quem amparar-se, doutrinariamente, para a solução de questões locais.[8]

Desse modo, Hely se consolidou como o norte doutrinário do Direito Municipal brasileiro por seu pioneirismo e, também, pelo brilhantismo de suas exposições. Suas ideias originárias foram tão contemporâneas que seguem reverberando e influenciando a complexa temática da municipalidade brasileira mais de setenta anos depois de suas primeiras publicações, ainda que tenham sido atualizadas para a necessária adequação às alterações legais, jurisprudenciais, doutrinárias, políticas e administrativas ocorridas no país.

> O Sr. Hely Lopes Meirelles [...] é um apaixonado da autonomia dos Municípios. A paixão levou a um estudo minucioso da organização

---

[7] Conforme visto, atualmente o livro encontra-se em sua 20ª edição (2023) e os próprios revisores reconhecem a complexidade envolvida na tarefa de atualizar textos com tanto tempo de existência, especialmente diante das constantes e profundas alterações e atualizações promovidas no âmbito do Direito Administrativo brasileiro (*Idem. Direito Municipal Brasileiro*. 20. ed., ver., atual. e ampl. São Paulo: Editora JusPodivm, 2023. p. 29).

[8] AZEVEDO, Retrato de Hely Lopes Meirelles, p. 128.

> municipal, do conceito de autonomia, da organização dos Municípios com a sua competência, atribuições e responsabilidades, do poder de polícia do Município, das formas de execução dos serviços públicos, do Urbanismo e plano diretor, Administração Pública e os atos administrativos do prefeito, suas atribuições e responsabilidades, da Câmara Municipal, sua composição e atribuições e o controle judicial dos atos municipais. Sob esses vários capítulos organizou um verdadeiro tratado de direito municipal brasileiro. (Comentário de Plínio Barreto à 1ª edição do livro *"Direito Municipal Brasileiro"*, transcrito de *O Estado de S. Paulo* e republicado na RT 264/879).

Sua importância para o tema fica ainda mais evidente pelo fato de suas ideias estarem refletidas – direta e indiretamente – em positivações no ordenamento jurídico pátrio, em fundamentações de decisões judiciais e na construção de teses constitucionais. Por isso a escolha por celebramos o ilustre estudioso, nessa singela homenagem, à luz das suas reflexões no âmbito do Direito Municipal, o que nos permitirá concluir, ao final, não só pelo porquê de suas teses terem sido tão afrente do seu tempo, mas a razão pela qual se perpetuam e ecoam ainda hoje, justificando o título deste artigo comemorativo.

2 Hely e o direito municipal brasileiro: um breve contexto histórico-constitucional

Desde o início de sua trajetória como jurista, na década de 50, as concepções de Hely tinham como fio condutor a necessidade de expandir e garantir a esfera de atuação da autoadministração das municipalidades. Ele se preocupava com a carência de instrumentos à disposição dos municípios para que pudessem enfrentar as questões de seu interesse local de forma eficiente e sem depender da intervenção dos estados-membros ou mesmo da união.

> Grande parte do esforço de Meirelles nesse livro [Direito Municipal Brasileiro] e em textos seguintes concentrou-se em promover o município a um ente estatal e federativo autônomo. Para tanto, i) contrapôs-se ao entendimento do município como ente meramente administrativo; e ii) buscou dar estofo jurídico à autonomia municipal, principalmente tomando conceitos do direito administrativo e do direito público como um todo. Neste último ponto, prosseguiu num trabalho de reelaboração conceitual da linguagem jurídica (personalidade jurídica do município,

rol de competências constitucionais, poder de polícia, serviços públicos), o que exigiu uma série de estratégias e lances.[9]

Para melhor compreender o vanguardismo de Hely é necessário posicioná-lo em seu tempo histórico, a fim de compreender de onde ele estava partindo para delimitar suas concepções. Isso porque o seu posicionamento se insere em um contexto em que os municípios não gozavam das mesmas prerrogativas que lhes foram conferidas posteriormente pela Constituição Federal de 1988 (CRFB/88). Ao contrário, o federalismo brasileiro da época era marcado por um notável grau de centralização político-administrativa – em grande parte, uma herança do Estado Novo[10] – e por influências históricas de atores que exerceram forte controle nas localidades, como o coronelismo.[11]

Diante dessa difícil realidade político-administrativa do Brasil, a compreensão dos diferentes contextos políticos e legislativos que moldaram a trajetória das municipalidades e seu grau de autonomia se faz necessária para pensar qualquer crítica ou proposta de modificação estruturante. Assim, desde a primeira edição de sua obra dedicada ao Direito Municipal (1957),[12] Hely teve a preocupação de apresentar um rico levantamento da historiografia constitucional brasileira de modo

---

[9] ZATELLI, Gustavo. *Direito Administrativo, Estado Interventor e Técnica*: uma Biografia Jurídica de Hely Lopes Meirelles (1917–1990). Tese (Doutorado em Direito) – Universidade de Brasília, Brasília, 2022. p. 156.

[10] Segundo Hely: "[...] o Estado Novo [...] caracterizou-se pela concentração de poderes no Executivo, ou mais propriamente, nas mãos de seu instituidor [Getúlio Vargas]. Feriu fundo a autonomia municipal, cessando-se a eletividade dos prefeitos, para só conceder aos vereadores [...] A se aplicar o regime do Estado Novo as Municipalidade só teriam funções deliberativas próprias, visto que as atribuições executivas incumbiam ao prefeito nomeado pelo governador do Estado. [...] Àquele tempo os interesses municipais ficaram substituídos pelo interesse individual do prefeito em se manter no cargo à custa de subserviência às interventorias [...]" (*Idem*. *Direito Municipal Brasileiro*. 16. ed. São Paulo: Editora Malheiros, 2008. p. 41).

[11] Sobre este ponto, destaca-se que "[...] o coronelismo é um sistema político, uma complexa rede de relações que vai desde o coronel até o presidente da República, envolvendo compromissos recíprocos. [...] o coronelismo é, então, um sistema político nacional, baseado em barganhas entre o governo e os coronéis. O governo estadual garante, para baixo, o poder do coronel sobre seus dependentes e seus rivais, sobretudo cedendo-lhe o controle dos cargos públicos, desde o delegado de polícia até a professora primária. O coronel hipoteca seu apoio ao governo, sobretudo na forma de votos. Para cima, os governadores dão seu apoio ao presidente da República em troca do reconhecimento deste de seu domínio no estado" (CARVALHO, José Murilo de. Mandonismo, coronelismo, clientelismo: uma discussão conceitual. *Revista Dados*, v. 40, p. 229–250, 1997. p. 2–3).

[12] Tradição continuada pelos revisores das edições subsequentes.

a ilustrar como a matéria municipal foi tratada no ordenamento jurídico pátrio.

Decorrente desse esforço, ele pôde concluir que, apesar de todas as Constituições terem trazido disposições a respeito de uma certa autonomia municipal, em quase todos os casos tratava-se de autonomia meramente formal. Isso porque, na prática, os municípios eram tratados como meros entes administrativos, e não entes federativos dotados de autonomia político-administrativa.

Iniciando o seu levantamento pelo período colonial, Hely apontou que a expansão dos municípios era muito limitada pela tendência centralizadora das Capitanias Hereditárias, mas, ainda assim, conseguiam assumir, por iniciativa própria, importantes funções nas esferas governamentais, administrativas e judiciárias.[13] Todavia, com a outorga da Constituição do Império de 1824, esses entes ficaram submetidos a uma estrita subordinação aos presidentes das províncias, desprovidos de qualquer influência política e de autonomia para gerir seus interesses locais.[14]

Com a promulgação da Constituição da República de 1891 e a consequente adoção do regime federativo, ele diagnosticou que o cenário não havia mudado muito. Mais uma vez, o centralismo e a opressão do coronelismo foram fatores determinantes que "*transformaram os Municípios em feudos de políticos truculentos,* [...]".[15] Isso evidenciou que a mera previsão formal não era suficiente para a efetiva concretização de sua autonomia, sendo essencial que as municipalidades dispusessem de governo e fontes de receitas próprias para verdadeiramente prosperarem – o que foi feito pela Carta de 1934, apesar de sua curta vigência.[16]

Então teve-se um retrocesso. A Constituição de 1937 foi altamente criticada por Meirelles, posto que o regime do Estado Novo feriu profundamente a autonomia municipal mediante uma forte centralização e intervenção nos estados e nos municípios, e o Autor aponta que durante o Estado Novo os municípios foram menos autônomos do que no regime imperial.[17]

---

[13] MEIRELLES, Hely Lopes. *Direito Municipal Brasileiro*. 3. ed., refundida e atual. São Paulo: Revista dos Tribunais, 1977. p. 5.

[14] *Ibidem*, p. 6–7.

[15] *Ibidem*, p. 10.

[16] *Ibidem*, p. 10–11.

[17] "[...] na Monarquia, os interesses locais eram debatidos nas Câmaras de Vereadores, e levados ao conhecimento dos Governadores (Lei de 1828) ou das Assembleias Legislativas

Tendo em vista essa profunda mácula à autonomia das localidades durante o regime anterior, a Constituição de 1946 – vigente à época da publicação original de seu livro (1957) – representou um importante avanço em matéria municipal. Conforme destacado pelo Autor, houve uma descentralização na distribuição dos poderes, em respeito à Federação e às autonomias estaduais e municipais, de forma que "[...] *o municipalismo ganhou corpo e veio a refletir-se na Constituição de 1946 sob o tríplice aspecto político, administrativo e econômico*".[18] [19]

Hely Lopes Meirelles entendia que foi apenas a partir da Constituição de 1946 que os municípios passaram a gozar, de fato, de maior autonomia tanto no plano formal quanto no material. Apesar disso, ainda não estavam perto de alcançar o nível de desenvolvimento de competências legais conferidas pelo Constituinte de 1988.

> O conceito de município flutuou no Brasil até 1946, ao sabor dos regimes e dos governos centrais, que ora alargavam, ora comprimiam as suas franquias, propiciando-lhe liberdade político-econômica ou reduzindo-o à categoria de mera entidade administrativa, embora tôdas as Constituições anunciassem em seus textos a tão aspirada autonomia municipal. Essa autonomia, entretanto, até o advento da Constituição vigente, de 18 de setembro de 1946, foi meramente nominal.[20]

Posteriormente, entretanto, a Constituição de 1967 e a Emenda Constitucional de 1969 novamente limitaram o tripé de autonomia das municipalidades.[21]

---

das Províncias (Ato Adicional de 1834), que proviam respeito, ao passo que, no sistema interventorial do Estado Novo, não havia qualquer respiradouro para as manifestações locais em prol do Município, visto que os Prefeitos nomeados governavam discricionariamente, sem a colaboração de qualquer órgão local de representação popular" (*Ibidem*, p. 12–13).

18 *Ibidem*, p. 13.

19 Dentre as disposições que marcam esse triplo nível de autonomia na Carta de 46, o artigo 28 dispunha que "A autonomia dos Municípios será assegurada: I – pela eleição do Prefeito e dos Vereadores; II – pela administração própria, no que concerne ao seu peculiar interesse e, especialmente, a) à decretação e arrecadação dos tributos de sua competência e à aplicação das suas rendas; b) à organização dos serviços públicos locais". Ainda, o artigo 29 da Carta de 46 delimitava que "[...] pertencem ao Municípios os impostos: I – Sôbre propriedade territorial urbana; II – Predial; III – Sôbre transmissão de propriedade imobiliária inter vivos e sua incorporação ao capital de sociedades; IV – De licenças; V – De indústrias e profissões; VI – Sôbre diversões públicas; VII – Sôbre atos de sua economia ou assuntos de sua competência".

20 MEIRELLES, O regime municipal brasileiro em confronto com o de outros países, p. 30.

21 "Desde a criação de Municípios até as atividades rotineiras da administração local dependem agora de legislação federal e se sujeitam à fiscalização e controle de órgãos centrais da União ou do Estado [...]" (MEIRELLES, *Direito Municipal Brasileiro*, 3. ed., 1977, p. 15).

> No regime monárquico o município brasileiro não a teve porque a descentralização governamental não consultava aos interêsses imperiais; na primeira república não a desfrutou porque o "coronelismo" sufocou tôda a liberdade municipal e falseou o sistema eleitoral de então, dominando inteiramente o govêrno local; no período revolucionário de 1930 a 1934, não a teve por incompatível com o discricionarismo político e administrativo que se instaurou no País; na Constituição de 1934 não a usufruiu porque a efemeridade de sua vigência obstou a consolidação do regime; na Carta outorgada de 1937, não a teve porque as Câmaras permaneceram dissolvidas e os prefeitos subordinados à Interventoria dos Estados.[22]

O histórico delineado permite evidenciar a visão de Hely Lopes Meirelles, para quem a centralização e o coronelismo representam dois dos principais entraves ao progresso dos municípios ao longo da trajetória brasileira. É de se louvar a importância que o Autor conferiu ao resgate da historiografia constitucional brasileira, uma vez que a compressão do problema, em nível mais profundo, é o que garante que as soluções possam ser adequadas e eficientes. Esse olhar para a realidade e a história dos municípios certamente pode ser indicado como um dos fatores que contribuem para o fato de ter sido o primeiro Autor a tratar da municipalidade com afinco e dedicação propositiva.

A partir do cuidadoso diagnóstico historiográfico, brevemente apresentado nas linhas acima, Hely defendeu a tese que entendemos ser central no âmbito de suas reflexões acerca do Direito Municipal brasileiro, de onde derivam suas ideias. Trata-se da necessidade de conceder uma autonomia política e organizacional aos municípios, tanto no plano formal quanto no material, mediante a descentralização dos poderes entre os entes federados e o fortalecimento do autogoverno local – o que não existia até a promulgação da Constituição de 1988.

2.1 A defesa do município como ente autônomo

A evolução do federalismo brasileiro o distanciou dos modelos tradicionais – especialmente do modelo norte-americano, que influenciou a Constituição de 1891 –, nos quais o município de fato corresponde a uma entidade meramente administrativa. Todavia, conforme destacado por Hely, *"essa realidade, desconhecida de muitos juristas pátrios,*

---

[22] *Idem*, O regime municipal brasileiro em confronto com o de outros países, p. 30.

já foi sentida e proclamada até por publicistas estrangeiros, que apontam a integração do Município na Federação brasileira, como traço distintivo de suas congêneres".[23]

Nesse sentido, desde a primeira edição de sua doutrina municipal, ele defendia os municípios como entidades político-administrativas essenciais no seio da Federação brasileira.[24] Esse posicionamento, novamente, precisa ser entendido no contexto histórico de sua obra, tendo em vista que até 1988 nenhuma Constituição pátria havia declarado expressamente o *status* constitucional do município enquanto *"entidade político-administrativa de terceiro grau, na ordem descendente da nossa federação: União – Estados – Municípios"*.[25]

> Já não corresponde à realidade brasileira a afirmação [...] de que "o Município não é peça essencial da Federação". Não o era na Federação instituída pela Constituição de 1891, plasmada na sua congênere norte-americana, que desconhecia e desconhece até hoje o Município como entidade estatal. Mas é peça essencialíssima da *nossa atual Federação*, que desde a Constituição de 1946 erigiu o Município brasileiro em entidade estatal de terceiro grau, integrante e necessária ao *nosso sistema federativo*. **Pena é que o constituinte não tenha tido ainda a coragem suficiente para, rompendo com a tradição, declarar no art. 1º da Constituição da República que a União compreende, além dos Estados, o Distrito Federal, os territórios *e os Municípios*, como na realidade compreende** (Grifou-se).

Essa foi uma das principais ideias vanguardistas de Hely, contrário ao entendimento majoritário da doutrina nacional à época, que insistia em conceituar os municípios como meros entes administrativos, o que remonta à primeira lei de organização municipal no Brasil,[26] a Lei Imperial de 1º de outubro de 1828. Inclusive, desde a década de 1960 o Autor rechaçava a hesitação dos constituintes[27] em declarar expressamente a posição dos municípios no sistema federativo nacional.[28]

---

[23] MEIRELLES, Hely Lopes. *O Município na Federação brasileira*, 5 jan. 1962. *In*: Assuntos Municipais. Porto Alegre, 1965, p. 7.

[24] *Idem*, *Direito Municipal Brasileiro*, 16. ed., 2008, p. 47.

[25] *Idem*, *Direito Municipal Brasileiro*, 3. ed., 1977, p. 21; *idem*, *O Município na Federação brasileira*, p. 4–5.

[26] *Ibidem*, p. 5.

[27] O Autor inicialmente postulava sua crítica à constituinte da Carta de 1946 e posteriormente a estendeu à constituinte relativa à Constituição de 1967 e à EC nº 1/1969.

[28] MEIRELLES, *O Município na Federação brasileira*, p. 4.

Entender os municípios como entes integrantes da Federação gerava como consequência o reconhecimento da sua autonomia em relação aos demais entes – que era a preocupação primária do Autor. Seu conceito de autonomia corresponde à prerrogativa constitucional das municipalidades para autoadministrar seus interesses locais, equiparando os municípios às demais entidades estatais no que tange aos seus direitos, prerrogativas e atribuições.[29]

Buscando defender a esfera de atuação das localidades e evitar restrições injustificadas à sua atuação, Hely também se preocupou em conceituar os chamados "interesses locais".[30] Esse conceito abarca toda e qualquer questão que repercuta predominante, direta e imediatamente, no cotidiano dos municípios.

> Interesse local não é interesse exclusivo do Município; não é interesse privativo da localidade; não é interesse único dos munícipes. Se se exigisse essa exclusividade, essa privatividade, essa unicidade, bem reduzido ficaria o âmbito da Administração local, aniquilando-se a autonomia que faz praça a Constituição. Mesmo porque não há interesse municipal que não o seja reflexivamente da União e do Estado-membro, como, também, não há interesse regional ou nacional que não ressoe nos Municípios, como partes integrantes da Federação Brasileira. O que define e caracteriza o "interesse local" [...] é a *predominância* do interesse do Município sobre o do Estado ou da União.[31]

Os interesses locais, então, se traduzem em uma prerrogativa crucial para a eficácia da atuação da Administração municipal. Nesse contexto, Hely já defendia a competência dos municípios brasileiros para legislarem sobre temas abarcados pelos seus particulares interesses, garantindo-lhes, assim, o necessário poder normativo para desempenhar "*suas funções de governo autônomo na tríplice acepção política, administrativa e financeira* [...]".[32]

Todavia, conforme mencionado, foi somente com a promulgação da Constituição de 1988 que os municípios foram, expressa e formalmente, reconhecidos como entes da Federação (arts. 1º e 18 da

---

29 *Ibidem*, p. 7.

30 Nas primeiras edições de seu livro, Hely utilizava o termo "peculiar interesse", com o mesmo significado.

31 MEIRELLES, Direito Municipal Brasileiro, 16. ed., 2008, p. 111.

32 *Idem, O Município na Federação brasileira*, p. 7.

CRFB/88),[33] consolidando sua particular posição na organização política brasileira, especialmente quando comparado aos demais sistemas federalistas ao redor do mundo. Logo, as municipalidades obtiveram a constitucionalização de sua autonomia mais de 30 anos após a defesa de sua posição por Hely Lopes Meirelles.[34]

Pode-se dizer, então, que esse reconhecimento por parte do Constituinte de 1988 representa a superação de uma visão restritiva dos constituintes anteriores, que mantinha os municípios no plano material como meros entes administrativos, o que há muito havia sido constatado por Meirelles: *"dessa redação dissimulada das nossas Constituições republicanas, no concernente à posição do Município no sistema federativo vigente, têm resultado erros de conceituação e a falsa idéia de que o Município não integra a Federação brasileira [...]"*.[35] A própria Assembleia Nacional Constituinte de 1988, ao debater o tema da autonomia municipal, reconheceu a posição vanguardista do jurista nesse aspecto.

> O SR. DIOGO LORDELLO DE MELLO – **Uma primeira proposta, e que pode ser a mais revolucionária, é a inclusão expressa do município como parte integrante da Federação**. Sei que isso pode provocar escândalo em muita gente, mas, como dizemos aqui, a verdade é que cada federação é diferente. Não existem duas iguais. Entre todas as federações do mundo – em número de quatorze – ninguém conseguiu encontrar duas exatamente iguais, até hoje. Todas são diferentes, inclusive as anglo-saxônicas, que têm muito em comum, mas são diferentes em pontos importantes.
>
> Propomos, então, que seja oficializado o que já acontece de fato. Juristas há que esposam essa tese. Eu a esposei há muitos anos, há 25 ou 30 anos, **e ela foi defendida por muitos juristas, inclusive por Hely Lopes Meirelles**: para efeitos práticos, o município já é elemento da Federação, constitutivo da Federação. E se queremos fortalecer o município no Brasil, temos de fortalecê-lo não só frente ao governo central: temos

---

33 Conforme o art. 1º da Constituição Federal de 1988: "A República Federativa do Brasil, formada pela união indissolúvel dos Estados *e Municípios* e do Distrito Federal, constitui-se em Estado Democrático de Direito [...]". Além disso, o art. 18 da CRFB/88 declara expressamente que "A organização político-administrativa da República Federativa do Brasil compreende a União, os Estados, o Distrito Federal *e os Municípios*, todos autônomos, nos termos desta Constituição" (Grifou-se).

34 "Desde a promulgação da Lei Magna de 1946 vimos sustentando esse ponto de vista, por reputarmos inadequada a conceituação imperial ou mesmo a da Primeira República para situar o Município brasileiro no nosso regime constitucional [Meirelles, Direito Municipal Brasileiro, 1957, vol. I, p. 70 e ss.]" (MEIRELLES, *O Município na Federação brasileira*, p. 8).

35 *Idem, Direito Municipal Brasileiro*, 3. ed, 1977, p. 21.

de fortalecê-lo também frente ao governo estadual. Esta é uma diretriz básica desse trabalho do Ibam.[36] (Grifou-se).

A visão de Hely a respeito da autonomia dos municípios, portanto, representa um marco para os estudos sobre as municipalidades brasileiras. A sua importância é tão significativa, que até os dias de hoje o próprio Supremo Tribunal Federal (STF) se utiliza de suas tradicionais concepções para superar controvérsias em casos concretos envolvendo a questão da autonomia e dos interesses locais desses entes, conforme será analisado à frente.

Além disso, de suas ideias centrais surgiram diversas propostas práticas no plano dos municípios brasileiros, as quais só puderam ser executadas em decorrência de suas premissas vanguardistas. Três delas, atualmente consolidadas no contexto jurídico brasileiro, têm origem nas ideias pioneiras de Hely Lopes Meirelles.

3 As ideias de Hely positivadas na legislação brasileira

3.1 Plano diretor e urbanismo

Em decorrência de seu pioneirismo na temática da autonomia municipal, o *Direito Municipal Brasileiro* (1957) foi o primeiro livro jurídico no Brasil a trazer um capítulo inteiramente dedicado ao "*Urbanismo e Plano Diretor*". Com isso, Hely sustentava que o aprimoramento das administrações locais na temática urbanística correspondia a uma condição básica para a melhoria da Administração Pública brasileira como um todo.[37] Sempre atento às necessidades de seu tempo histórico, essa noção decorreu da constatação da situação caótica das cidades brasileiras, especialmente por conta do crescimento desordenado dos centros urbanos.[38]

> O crescimento da cidade através de bairros novos e o natural envelhecimento das zonas mais antigas geram, para a administração municipal, o problema da *urbanização* e *reurbanização*, a fim de manter o conjunto urbano em condições satisfatórias de habitação, trabalho, circulação e recreação de seus habitantes.

---

36 Diários da Assembleia Nacional Constituinte (Suplemento) de 20 de maio de 1987, p. 25.

37 AZEVEDO, Retrato de Hely Lopes Meirelles, p. 122 e 128.

38 *Ibidem*, p. 128.

> Esse problema agrava-se quando a cidade já cresceu desordenadamente, promiscuindo-se o uso do solo em bairro mistos de residência, indústria, comércio e outras utilizações de difícil ou mesmo incompatível coexistência. [...]
> Outros fatores podem sobrevir, tumultuando a vida rotineira da cidade ou do bairro [...]. Cada uma dessas situações exige um tratamento urbanístico específico, [...] uma cirurgia urbana, tendente a dar à cidade sua plena funcionalidade.
> Tal cirurgia é precedida de um plano urbanístico [...].[39]

Nesse contexto, por mais que os planos urbanísticos já fossem desenvolvidos no país desde o século XIX,[40] Meirelles apontava que as disposições legislativas de caráter urbanístico eram esparsas e ineficientes,[41] carecendo de uma maior centralização, padronização e do efetivo *enforcement*.[42] Em razão disso, as municipalidades exerciam sua competência legislativa urbanística de forma restrita e isolada,[43] não havendo qualquer tipo de integração entre os poucos planos que existiam à época, visto que surgiam "*[...] isolada e esparsamente, quando é [...] pacífico que a planificação urbanística deve ser feita [...] interligando-se os planos menores aos maiores, até obter-se a funcionalidade orgânica prevista na planificação nacional*".[44]

Alinhado à sua visão acerca a importância da constitucionalização de institutos, Hely indicava que os textos constitucionais pátrios sempre foram omissos quanto às disposições sobre as competências em matéria urbanística.[45] Agravando a situação, não havia uma norma

---

39 MEIRELLES, Desapropriação para urbanização, p. 1–2.

40 O primeiro documento datado de "plano diretor" é da década de 1930 (SOUZA, Jéssica Pinto. O plano diretor de 1952–1955 e as repercussões na estruturação urbana de Florianópolis. Dissertação (Pós-Graduação em Urbanismo, História e Arquitetura da Cidade) – Universidade Federal de Santa Catarina, Florianópolis, 2010, p. 18).

41 MEIRELLES, Limitações urbanísticas ao uso da propriedade, p. 10–11.

42 A relação entre Urbanismo e Direito decorre do fato que a atuação urbanística não seria possível sem que houvesse imposição legal e coercitiva, que obrigasse a observância das normas técnicas a toda coletividade (*idem*, Direito Municipal Brasileiro, 3. ed., 1977. p. 586–588).

43 Desde a década de 1950, Hely Lopes Meirelles apontava para o relapso da união e dos estados-membros na seara urbanística, restando aos Municípios editar as imposições urbanísticas sem qualquer diretriz para pautar sua atuação legislativa (*idem*. Limitações urbanísticas ao uso da propriedade. *Revista de Direito Administrativo*, v. 53, p. 1–28, 1958. p. 15).

44 *Ibidem*, p. 15.

45 A Constituição de 1946 (*ibidem*, p. 8) e a Constituição de 1967 e a EC 1/1969 (*idem*, *Direito Municipal Brasileiro*, 3. ed., 1977, p. 600) não traziam disposições específicas a respeito do

geral federal que estabelecesse as diretrizes em matéria urbanística a serem aplicadas indiscriminadamente em todo o território nacional.[46]

Além dessa omissão da união, a maioria os estados-membros também não dispunham de referência expressa ao urbanismo no âmbito das Constituições estaduais, contando apenas com esparsas leis ordinárias a respeito do tema. Consequentemente, nenhum município brasileiro tinha as diretrizes necessárias para ajustar os planos locais à sistemática nacional, pois esta simplesmente inexistia.[47]

Constatadas as omissões no que dizia respeito à legislação urbanística nacional, Hely conceituou o "urbanismo" como uma atividade integrada de todos os entes federados e um sistema de cooperação entre Poder Público e particulares,[48] abarcando tanto a organização dos centros urbanos quanto do campo.[49] Dentro dessa concepção cooperativa, as normas urbanísticas deveriam, em sua visão, ser estruturadas em um escalonamento do plano nacional ao local, observadas as competências de cada ente.[50] Essa noção, amplamente difundida hoje, sob a égide da Constituição de 1988, foi defendida por Hely em um Brasil cuja ordem jurídica era diferente, demonstrando, mais uma vez, o seu vanguardismo.

Tendo isso em vista, destaca-se que Meirelles – que sempre se preocupou com o fato de o Brasil estar atrasado na temática urbanística em relação a outros países[51] – participou do anteprojeto da Lei de Desenvolvimento Urbano de 1976, o qual dispunha sobre normas gerais de urbanismo. Na terceira edição de sua obra sobre Direito Municipal (1977), o Autor apontou que o anteprojeto ainda seria encaminhado ao

---

urbanismo, enquanto outros países já traziam o tema em seus textos constitucionais e o sistematizavam mediante legislação ordinária.

46 *Idem*, Limitações urbanísticas ao uso da propriedade, p.10–11; *idem*. Parecer anexado ao PL nº 775/1983. Diário do Congresso Nacional (Seção I), Ano XXXVIII, nº 041, 6 de maio de 1983. p. 50.

47 *Idem*, Limitações urbanísticas ao uso da propriedade, p. 14-15; *idem*, *Direito Municipal Brasileiro*, 3. ed., 1977, p. 608.

48 *Idem*, *Direito Municipal Brasileiro*, 3. ed., 1977, p. 587; *idem*, Limitações urbanísticas ao uso da propriedade, p. 16.

49 *Idem*. Desapropriação para urbanização. *Revista de Direito Administrativo*, v. 116, p. 1–15, 1974. p. 3.

50 MEIRELLES, Limitações urbanísticas ao uso da propriedade, p. 586–588.

51 *"É indispensável ao País uma legislação federal orgânica e sistemática, que procure abranger, em uma lei geral, os principais aspectos urbanísticos, como o fazem os países mais avançados [...]"* (*idem*, Parecer anexado ao PL nº 775/1983, p. 53).

Congresso Nacional,[52] o que apenas foi feito em 1983, transformando-se no PL nº 775/1983.[53]

Das contribuições para o anteprojeto, se extrai que Hely defendia a competência concorrente da união, estados-membros e municípios em assuntos de matéria urbanística, posto que a todos interessava a planificação físico-social do território nacional.[54] [55] Consequentemente, ele sempre reconheceu a competência legislativa dos municípios para impor limitações de caráter urbanístico, em linha com a sua defesa pela autonomia das localidades e com o conceito de "interesses locais".[56]

> Compete à União elaborar o *Plano Nacional de Urbanismo* e editar as *normas gerais de urbanismo*; cabe aos Estados-membros organizar o *Plano Estadual de Urbanismo* e estabelecer *as normas urbanísticas regionais*, supletivas e complementares das federais; e, finalmente, compete aos Municípios elaborar e executar o *Plano Diretor do Município* e promover o *ordenamento urbano*. Podem ainda os Estados-membros elaborar, em conjunto, *Planos Urbanísticos Regionais*, que atendam às conveniências de áreas naturais abrangentes de mais de uma unidade federativa, assim como é lítico aos Municípios organizar *Planos Urbanísticos Intermunicipais* que se estendam a mais de uma comuna, desde que não usurpem atribuições federais ou estaduais.[57]

Na esfera de sua competência na seara urbanística, cabia aos municípios, portanto, editar os Planos Diretores, os quais representavam "[...] *a expressão técnico-legal das legítimas aspirações dos munícipes, quanto*

[52] *Idem*, *Direito Municipal Brasileiro*, 3. ed., 1977, p. 604.

[53] O PL nº 775/1983 dispunha sobre os objetivos e a promoção do desenvolvimento urbano e outras providencias, mas não chegou a ser sancionado como legislação federal. A Resolução CNDU Nº 18/1983, anexada ao PL, destacou a participação de Hely Lopes Meirelles no anteprojeto, sugerindo que este fosse encaminhado à Presidência da República juntamente com o parecer do Autor, exarado em 20 de outubro de 1982. Disponível em: https://www.camara.leg.br/propostas-legislativas/182231. Acesso em: 8 nov. 2023.

[54] Sob a justificativa de otimização da atuação local, Hely também defendia a possibilidade de elaboração de planos urbanísticos intermunicipais, "[...] *abrangendo territórios dos vários Municípios que firmarem o consórcio para a planificação da região em que se situam. Tal proceder, sôbre ser perfeitamente legal, apresenta vantagens financeiras e urbanísticas, decorrente da maior extensão do plano*" (MEIRELLES, Limitações urbanísticas ao uso da propriedade, p. 18).

[55] *Idem*, *Direito Municipal Brasileiro*, 3. ed., 1977, p. 598.

[56] O urbanismo se relaciona com as quatro funções sociais essenciais da organização físico-social dos territórios – habitação, trabalho, recreação e circulação –, influenciando direta e imediatamente na vida dos Municípios (*idem*, Limitações urbanísticas ao uso da propriedade, p. 15). Portanto, nítida a inserção da temática no âmbito dos interesses locais e nas consequentes competências.

[57] MEIRELLES, *Direito Municipal Brasileiro*, 3. ed., 1977, p. 598.

à ordenação e desenvolvimento do território municipal – cidade e campo – no seu aspecto físico (plano urbanístico propriamente dito) e social (organização comunitária)".[58] A fim de alcançar esses objetivos, o plano diretor era a lei suprema e geral. Ela devia comportar um grau de dinamismo para se adaptar às necessidades particulares e locais de cada município, garantindo o bem-estar social da coletividade.[59]

> As atribuições municipais, no campo urbanístico, desdobram-se em dois setores distintos: o da *ordenação espacial*, que se consubstancia no *Plano Diretor* e *nas normas de uso e ocupação do solo urbano e urbanizável*, abrangendo o *zoneamento, o loteamento, e a composição estética e paisagística da cidade*; e o de *controle da construção*, incidindo sobre o traçado urbano, os equipamentos sociais, até a edificação particular nos seus requisitos estruturais e estéticos, expressos no *Código de Obras* e normas complementares.[60]

O Autor também delimitava o espaço de atuação no exercício da competência legislativa das localidades, que deveria se circunscrever à "[..] *regulação do uso da propriedade e à ordenação do exercício de atividades particulares que afetem o interesse coletivo* [...]".[61] Advertia, ainda, que qualquer atuação dos municípios que extrapolasse os limites constitucionais de repartição de competências seria inconstitucional.[62]

Nesse ponto, cabe destacar que o plano diretor de Curitiba, capital do Paraná, foi elaborado em 1965 e contou com a contribuição do jurista.[63] Isso reforça ainda mais a importância de sua atuação na seara municipal e urbanística, na medida em que não apenas suas ideias expressas em manuais eram um norte doutrinário para lidar com os problemas das municipalidades, mas também ele mesmo as colocava em prática em diferentes oportunidades.

---

58 *Idem*, Limitações urbanísticas ao uso da propriedade, p. 16–17.

59 *Idem*, *Direito Municipal Brasileiro*, 3. ed., 1977, p. 612–613.

60 *Ibidem*, p. 609.

61 *Idem*, Limitações urbanísticas ao uso da propriedade, p. 17.

62 *Ibidem*, p. 17–18. A título exemplificativo, a competência dos Municípios no que tange a zona rural é mais restrita do que a zona urbana, por conta da ampla gama de competências privativas da união para legislar sobre as funções agrícolas, pecuárias e extrativas. (*Idem*, *Direito Municipal Brasileiro*, 3. ed., 1977, p. 610).

63 O "Projeto de Lei para o Plano Diretor de Curitiba", de 1965, foi convertido na Lei Municipal Nº 2.828/1966. Esta lei instituiu o plano diretor de Curitiba e aprovou suas diretrizes básicas para orientação e controle do desenvolvimento integrado do município.

À vista disso, não há qualquer exagero em reafirmar que o brilhante legado de Hely Lopes Meirelles remonta aos primórdios de sua trajetória como jurista, se estendendo até os dias de hoje, mais de meio século depois. E, sem sombra de dúvida, se estenderá por muito mais tempo. Isso pelo fato de muitas de suas teses urbanísticas terem sido consolidadas no plano constitucional, com a promulgação da CRFB/88 – que representa o primeiro texto constitucional pátrio a trazer, de forma clara e expressa, os exatos contornos das competências de cada ente na organização espacial do território nacional (arts. 22, 24 e 30 da CFRB/88) – e desde sempre aplicadas pela Corte Constitucional quando da interpretação dessas normas.

Outra tese pioneira do Autor considerada na constituinte de 1988 é o próprio plano diretor, que atualmente está expressamente previsto nos arts. 182 e 183 da CRFB/88,[64] reconhecido como o instrumento básico da política de desenvolvimento e de expansão urbana a ser aprovado pelos municípios. Estes dispositivos foram regulamentados pela Lei federal nº 10.257/2001 (Estatuto da Cidade), que, por sua vez, reflete muitas das disposições presentes no já mencionado PL 775/1983, que é, inclusive, conhecido como "Avô do Estatuto da Cidade".[65]

Dentre os instrumentos da política urbana previstos na legislação federal (art. 4º do Estatuto da Cidade) destacam-se os planos nacionais, regionais e estaduais visando a ordenação do território e o desenvolvimento econômico e social, e o planejamento municipal, em especial mediante o plano diretor. Logo, as ideias de Meirelles sobre a necessidade de cooperação a nível nacional e o escalonamento dos planos urbanos, do âmbito federal ao local, foram refletidas mais de trinta anos depois tanto pela constituinte de 1988 como pelo legislador federal.

---

[64] Conforme dispõe o art. 182 da CRFB/88, *"A política de desenvolvimento urbano, executada pelo Poder Público municipal, conforme diretrizes gerais fixadas em lei, tem por objetivo ordenar o pleno desenvolvimento das funções sociais da cidade e garantir o bem-estar de seus habitantes"*.

[65] O Estatuto da Cidade de 2001 reaproveitou algumas das disposições que já foram trazidas no anteprojeto da Lei de Desenvolvimento Urbano de 1976 (FRANCISCONI, Jorge. O Anteprojeto da Lei de Desenvolvimento Urbano de 1976: Avô do Estatuto da Cidade. *Geogracia*, 15 set. 2021. Disponível em: https://geocracia.com/jorge-francisconi-o-anteprojeto-da-lei-de-desenvolvimento-urbano-de-1976-avo-do-estatuto-da-cidade. Acesso em: 8 nov. 2023.

3.2 A necessidade de atribuir personalidade jurídica aos consórcios

Sempre tendo como pano de fundo a questão da autonomia dos municípios, Hely trouxe como mais uma proposta inovadora a possibilidade desses entes federativos constituírem autarquias intermunicipais dotadas de personalidade jurídica.[66] Essa proposição teve como fundamento o reconhecimento da dificuldade – especialmente financeira – das municipalidades prestarem determinados serviços e obras que "[...] *transcendem as fronteiras de um Município, e por seu custo se colocam fora das possibilidades econômicas de uma só comuna. Mas nem por isso deixam de ser da competência municipal, nem se desgarram do peculiar interêsse local*".[67]

> O vulto e o custo de certos serviços locais, de interesse comum de vários municípios, como o abastecimento de água, o fornecimento de energia elétrica, a conservação de estradas municipais, o saneamento de regiões insalubres, a construção de pontes sobre rios divisórios levou-nos a propor a criação de autarquias intermunicipais para a execução de tais serviços. E continuamos convencidos de que essas entidades de caráter municipal, mas de atuação regional, mais cedo ou mais tarde virão a ser adotadas como solução para os problemas interlocais, que presentemente [1966] estão sendo atacados e resolvidos isoladamente, com imensos sacrifícios financeiros para os municípios que os enfrentam individualmente, quando nos países mais adiantados já se pratica a cooperação intermunicipal com indiscutível sucesso.[68]

Vale salientar que à época já existia a possibilidade de constituição de consórcios e convênios.[69] Nesse sentido, o pioneirismo de Hely

---

[66] Hely defendeu a constitucionalidade da constituição de autarquias intermunicipais em tese apresentada ao VII Congresso Estadual de Municípios, realizado pela Associação Paulista de Municípios, em Campos do Jordão, São Paulo, em 28/05/1959. Posteriormente, a tese foi reproduzida em duas oportunidades: i) na edição nº 40 da Revista do Departamento de Águas e Esgoto (DAE) de São Paulo, em 1961; e ii) no livro *Assuntos Municipais*, que reúne uma série de pareceres do Autor, pelo Instituto de Direito Municipal do Rio Grande do Sul (Porto Alegre, 1965).

[67] MEIRELLES, Hely Lopes. Autarquias Intermunicipais, 1959. *Revista DAE*, 40. ed. São Paulo, 1961. p. 63.

[68] *Idem*, Direito Administrativo Brasileiro, 1966, p. 295.

[69] Já existia a possibilidade de se constituir consórcios intermunicipais; convênios entre os Municípios e o Estado-membro ao qual pertencem; ou, ainda, convênios entre os municípios e a união – esta, uma hipótese mais remota (MEIRELLES, Autarquias Intermunicipais, 1959, p. 63).

decorre da identificação de inconveniências decorrentes da roupagem jurídica atribuída a eles, notadamente a ausência de personalidade jurídica própria.[70] E, de fato, a sua defesa pela atribuição de personalidade jurídica a tais organizações se alinha a sua tese geral relativa à autonomia, uma vez que esta depende daquela.[71]

> [Os consórcios e convênios] Agem por delegação das partes pactuantes, sob a influência de fatores políticos, nem sempre condizentes com o propósito de sua instituição e com as exigências administrativas. Acresce ainda que não dispõem de recursos próprios, nem lhe são assegurados, por lei, os meios de que necessitam para a consecução dos fins que lhes são indicados.
> Junte-se a essas falhas a ausência de poder próprio para as decisões que lhes são afetas, e ter-se-á a exata impressão da fraqueza dessas entidades nominais, que flutuam ao sabor das partes pactuantes, sem instrumentos de ação, sem responsabilidade técnica e sem sentido orgânico para imprimir unidade e eficiência administrativa às obras e serviços que se incumbem. Permanecem, assim, os consórcios e convênios, na maioria dos casos, como simples comissões de estudos, juridicamente inexistentes, administrativamente inexpressivos e tecnicamente inoperantes.[72]

A autarquia intermunicipal, nos moldes inovadores propostos por Hely, seria *"[...] organizada em conjunto pelos Municípios interessados na execução de obras e serviços comuns a seus territórios, e posta em funcionamento pelo Estado, igualmente interessado no atendimento de necessidades específicas da região"*.[73] Tal desenho garantiria a necessária autonomia, especialmente financeira, para que pudessem, de fato, executar as finalidades públicas que justificam a sua criação. Com isso, criar-se-ia um órgão autônomo, de caráter administrativo,[74] com personalidade jurídica,[75] e que abarcaria, concomitantemente, interesses locais e regionais,[76]

---

[70] *Ibidem.*

[71] Inclusive, o próprio Autor reconhece o vanguardismo de sua tese: *"A proposta poderá ferir a tradição, sem ferir a Constituição; poderá suscetibilizar os inatualizados, nunca os espíritos voltados para o progresso da administração; poderá ser desconhecida da nossa legislação, jamais impedida por ela"* (MEIRELLES, Autarquias Intermunicipais, 1959, p. 64).

[72] *Ibidem.*

[73] *Ibidem*, p. 64.

[74] *"Entidade administrativa, como a autarquia [intermunicipal], não se confunde com entidades político-administrativas, como são os Municípios. A autarquia não afeta o sistema constitucional [da Carta de 1946] por não se integrar na organização política do Estado brasileiro, nem atenta contra a autonomia municipal, por não absorver franquias dos Municípios"* (*Ibidem*, p. 66).

[75] *Ibidem.*

[76] *Ibidem*, p. 64–65.

> [...] como entidade administrativa autônoma, a autarquia intermunicipal gere diretamente os seus bens e interesses; aufere rendas e subvenções; aplica os seus recursos; realiza os serviços, com responsabilidade técnico-administrativa; entende-se diretamente com quaisquer órgãos ou poderes nacionais; constitui patrimônio; exerce direitos; ingressa em juízo; contrai obrigações e pratica todos os atos de sua competência estatutária, com a capacidade e responsabilidade próprias das pessoas jurídicas de direito público interno.[77]

Desde 1959, então, Hely já sustentava a necessidade de os consórcios serem constituídos como entidades dotadas de personalidade jurídica própria, somando-se recursos e esforços das entidades estatais interessadas. Esse desenho do instituto teria como principal objetivo aliviar "[...] *a administração local de problemas de âmbito regional, insolúveis nos limites de um só Município*", em linha com suas observações acerca das dificuldades municipais na prestação de serviços de grande vulto de forma isolada.

Não obstante, foi apenas com a Lei federal nº 11.107/2005 que essa tese foi refletida no ordenamento jurídico pátrio, quando se conferiu à união, aos estados, ao distrito federal e aos municípios a possibilidade de contratar "*consórcios públicos para a realização de objetivos de interesse comum*" (art. 1º da Lei nº 11.107/2005), reconhecendo expressamente a essas entidades a personalidade jurídica.[78]

Atualmente, nota-se, nessa mesma linha, que a Nova Lei de Saneamento Básico (Lei federal nº 14.026/2020) dispôs acerca da prestação de tais serviços públicos também através de uma gestão associada, via consórcios públicos intermunicipais, que instituirão autarquias (art. 8º, §1º). Neste ponto, se identifica que Hely já notava que o saneamento básico tinha caráter regional, envolvendo interesses comuns.

---

[77] *Ibidem*, p. 65.

[78] O §1º do art. 1º da Lei Nº 11.107/2005 expressamente declara que "*O consórcio público constituirá associação pública ou pessoa jurídica de direito privado*". Ainda, o art. 6º do mesmo diploma legal dispõe que "*O consórcio público adquirirá personalidade jurídica: I – de direito público, no caso de constituir associação pública, mediante a vigência das leis de ratificação do protocolo de intenções; II – de direito privado, mediante o atendimento dos requisitos da legislação civil*".

3.3 Horário de funcionamento de estabelecimento comercial

Como é possível perceber, a defesa da autonomia dos municípios para gerir seus interesses locais ensejou diferentes teses pelo Autor. Dentro desse contexto, insere-se a discussão acerca da competência para fixação do horário de funcionamento do comércio local e da indústria que executa atividades nas respectivas localidades.[79] Em 1962, Meirelles já alertava para o fato de que a fixação desse horário não se confundiria com a intervenção econômica por parte dos municípios, muito menos caracterizava uma intervenção estatal no domínio privado.[80]

Ainda, ele destacava que os tribunais, inclusive o STF, já se manifestavam a favor da competência municipal para a fixação do horário de funcionamento dos estabelecimentos, apesar de em esparsas decisões. Segundo Hely, esta posição jurisprudencial seria a única coerente com a peculiaridade do modelo federalista brasileiro, uma vez que os municípios deveriam desfrutar de autonomia político-administrativa para resolver os assuntos de seu interesse local, embora desconsiderada pelo texto constitucional à época.

> [...] o Município brasileiro, para fixar o horário das atividades que se desenvolvem no seu território, principalmente na área urbana, não depende de lei estadual ou federal. E cremos firmemente que essa é a organização municipal que nos convêm, pois os munícipes – representados pelos vereadores e pelo prefeito – é que devem resolver os assuntos de sua cidade.
>
> Já imaginaram os leitores, se para fixar o horário do comércio local, o Município tivesse que aguardar uma lei da Assembleia Legislativa ou do Congresso Nacional?[81]

Como se vê, o tema se relaciona intimamente com a ideia da autonomia municipal, tendo relação com a competência para a organização

---

[79] Hely Lopes Meirelles defendeu a questão da competência de fixação do horário de funcionamento do comércio local em um artigo publicado em 01/07/1962, que posteriormente foi reunido no livro *Assuntos Municipais* pelo Instituto de Direito Municipal do Rio Grande do Sul (Porto Alegre, 1965).

[80] MEIRELLES, Hely Lopes. Fixação do horário do comércio pelo Município, 01/07/1962, p. 231. *In*: Assuntos Municipais: Porto Alegre, 1965.

[81] *Ibidem*.

das atividades urbanas. Ainda, se fundamenta no poder de polícia[82] do qual dispõem todos os entes federados para condicionar o exercício da atividade econômica de acordo com os interesses coletivos.

A despeito da esparsa jurisprudência à época da publicação do artigo escrito por Hely (1962), posteriormente, em 06.07.1964[83], o STF editou a súmula nº 419, registrando o entendimento no sentido de que *"Os Municípios têm competência para regular o horário do comércio local, desde que não infrinjam leis estaduais ou federais válidas"*. Não obstante o reconhecimento da competência dos municípios, percebe-se a timidez da Corte para sumular o entendimento, ao passo que Meirelles já defendia a autonomia dos municípios para o exercício do seu poder de polícia sem qualquer menção a necessária observância de leis estaduais ou federais sobre o tema.

Posteriormente, em uma evolução de seu entendimento, finalmente o STF editou a súmula nº 645, publicada em 09.10.2003[84], cujo enunciado dispõe que *"É competente o Município para fixar o horário de funcionamento de estabelecimento comercial"*. Ou seja, apenas quarenta e um anos após a publicação original do artigo de Hely que defendera tal entendimento, a Corte Constitucional reconheceu a plena autonomia dos municípios brasileiros nessa seara.[85]

E, tendo em vista a relevância do reconhecimento de tal competência dos municípios, em 20 de março de 2015,[86] o STF editou a Súmula Vinculante n° 38, com redação idêntica a súmula 645 e, após cinquenta e três anos, o entendimento de Hely foi fixado de modo a

---

[82] *"Poder de polícia [administrativa] é a faculdade de que dispõe a Administração Pública para condicionar e restringir o uso e gozo de bens, atividades e direitos individuais, em benefício da coletividade ou do próprio Estado. [...] Esse poder é inerente a toda Administração e se reparte entre todas as esferas administrativas da União, dos estados e dos municípios"* (*idem*. O poder de polícia, o desenvolvimento e a segurança nacional. *Revista de Direito Administrativo*, v. 125, p. 1-14, Rio de Janeiro, jul./set. 1976, p. 2–3).

[83] SUPREMO TRIBUNAL FEDERAL. *Súmula n. 419*: Os Municípios têm competência para regular o horário do comércio local, desde que não infrinjam leis estaduais ou federais válidas. Diário da Justiça, Brasília, p. 2182, 06 jul. 1964; p. 2198, 07 jul. 1964; p. 2238, 8 jul. 1964. Disponível em: https://jurisprudencia.stf.jus.br/pages/search/seq-sumula419/false. Acesso em: 1 set. 2025.

[84] *Ibidem*.

[85] Tal competência é extraída do disposto no art. 30, I, da CRFB/88.

[86] SUPREMO TRIBUNAL FEDERAL. *Súmula Vinculante n. 38*: É competente o Município para fixar o horário de funcionamento de estabelecimento comercial. Aprovada em 11 mar. 2015. Publicada no Diário da Justiça Eletrônico, n. 92, 19 maio 2015. Disponível em: https://jurisprudencia.stf.jus.br/pages/search/seq-sumula789/false. Acesso em: 1 set. 2025.

vincular todas as esferas da Administração Pública direta e indireta e o Poder Judiciário.[87]

Diante disso, não resta dúvidas de que a atual Constituição ampliou a autonomia municipal, garantindo-a como prerrogativa intangível dos municípios de forma expressa e inequívoca, encampando muitas das teses defendidas por Meirelles desde o final da década de 50. Por conseguinte, o STF, enquanto intérprete do texto constitucional, também adota o que foi defendido pelo Autor ao interpretar os dispositivos constitucionais que versam sobre o Direito Municipal, reforçando a sua posição de norte nesta seara.

4 As ideias de Hely estampadas nas decisões tomadas pelo Supremo Tribunal Federal

Como se viu, as posições vanguardistas do Autor na temática do Direito Municipal foram encampadas pelo Poder Constituinte e pelo Poder Legislativo brasileiro. No entanto, suas teses ecoaram para além desses espaços. Mesmo após 30 anos de seu falecimento, elas reverberam na qualidade de parâmetros doutrinários nas decisões tomadas pela Corte Constitucional na seara da municipalidade. E, de fato, não poderia ser diferente, vez que suas ideias se consolidaram como norte doutrinário nas questões das localidades.

Em pesquisa jurisprudencial realizada no banco de dados do *site* do STF, foi possível constatar diferentes menções expressas às lições de Meirelles, sobre as quais os Ministros se debruçaram quando proferiram decisões de relevância nacional na matéria de municipalidade.

Em um primeiro precedente, considerando o plano diretor como instrumento básico da política de desenvolvimento e expansão urbana, a Corte Constitucional, ao decidir sobre o *Leading case* (Recurso Extraordinário nº 607.940) que veio a ter a repercussão geral[88] reconhe-

---

[87] Conforme dispõe o art. 103-A da CRFB/88: "*O Supremo Tribunal Federal poderá, de ofício ou por provocação, mediante decisão de dois terços dos seus membros, após reiteradas decisões sobre matéria constitucional, aprovar súmula que, a partir de sua publicação na imprensa oficial, terá efeito vinculante em relação aos demais órgãos do Poder Judiciário e à administração pública direta e indireta, nas esferas federal, estadual e municipal, bem como proceder à sua revisão ou cancelamento, na forma estabelecida em lei.*" (Grifou-se).

[88] Conforme o art. 102, §3º da CRFB/88, no Recurso Extraordinário é necessário demonstrar a repercussão geral das questões constitucionais discutidas no caso. Ou seja, deverá ser demonstrado que as questões discutidas naquele caso concreto possuem relevância econômica, política, social ou jurídica, ultrapassando os interesses subjetivos da causa.

cida pelo Tribunal, fixou tese no sentido de que "*Os municípios com mais de vinte mil habitantes e o Distrito Federal podem legislar sobre programas e projetos específicos de ordenamento do espaço urbano por meio de leis que sejam compatíveis com as diretrizes fixadas no plano diretor*".[89]

No caso concreto em referência, a Corte entendeu pela legitimidade formal e material de determinada Lei Complementar Distrital[90] que dispôs sobre loteamentos fechados enquanto forma diferenciada de ocupação e parcelamento do solo urbano, tendo a maioria dos Ministros destacado a possibilidade da edição de leis dessa natureza. Isso porque, ao elencar requisitos urbanísticos mínimos a serem observados buscando disciplinar internamente tais espaços, o ente estaria agindo para inibir a ocupação irregular do solo, além de poder perseguir outras finalidades, o que estaria inserido na competência legislativa dos municípios e do distrito federal (art. 30, inciso VII, CRFB/88).

Nesse sentido, a questão central em debate no STF era se seria possível a edição de lei sobre o tema ou se toda a matéria sobre ocupação urbana deveria se esgotar no que é disposto no plano diretor do município. A questão posta em discussão na Corte, há muito vinha sendo apresentada por Meirelles nas diversas edições de sua obra *Direito Municipal brasileiro*, a quem recorreu o Ministro Relator, Teori Zavascki, e o Ministro Luiz Fux, quando fundamentaram os seus votos.

O Autor enfatizava a possibilidade de os municípios editarem normas locais urbanísticas buscando adequar os loteamentos localizados em seus âmbitos, considerando o seu surgimento.[91] Seus estudos destacavam a própria diferença entre o plano diretor, que fixa diretrizes gerais, sendo "uno e integral" e os planos de urbanização ou reurbanização, que seriam "múltiplos e setoriais" visando a atender aspectos isolados, como a própria urbanização por loteamento.[92]

---

89 Tese fixada no Tema 348 de Repercussão Geral pelo STF. Acórdão publicado em 25 fev. 2016.

90 Trata-se da Lei Complementar Distrital n° 710/2005, que estabeleceu regras para a criação de condomínios fechados, a qual havia sido julgada constitucional pelo TJ/DFT, e, posteriormente, veio a ser objeto do Recurso Extraordinário n° 607940, interposto pelo Ministério Público/DF, que alegou a violação aos §§ 1º e 2º do art. 182 da CRFB/88. O recorrente, em síntese, sustentou a inconstitucionalidade das normas, sob o argumento de que criaria regras isoladas para a criação de condomínios, o que se daria fora do contexto urbanístico global.

91 Há menção expressa no Voto do Relator, Ministro Teori Zavascki à seguinte obra: MEIRELLES, Hely Lopes. *Direito municipal brasileiro*. 14. ed. São Paulo: Editora Malheiros, 2006. p. 561–562.

92 Nesse sentido, há menção expressa no Voto vista do Ministro Luiz Fux da seguinte obra: "Direito municipal brasileiro. Malheiros: São Paulo, 2013, 17ª edição, p. 562/563". Entretanto,

Seus ensinamentos proclamados em 1977 serviram para reflexão dos Ministros do Supremo em recente precedente, proferido em 2015. Com base nisso, o Tribunal concluiu, em linha com Hely, que não obstante o plano diretor seja o instrumento legal que direciona a atuação dos municípios ou distrito federal no ordenamento urbano – o que consta no próprio texto constitucional de 1988, em seu art. 182 – nada impede que sejam editadas outras leis e decretos, desde que compatíveis com as linhas gerais traçadas no Plano, dando execução a ele.

Outro caso constitucional de relevância nacional que contou com as reflexões do Autor para ser decidido, foi o objeto da Ação Direta de Inconstitucionalidade (ADI) nº 1.842,[93] de relatoria do Ministro Luiz Fux, onde foi fixado o entendimento de que a criação de aglomerações urbanas, como regiões metropolitanas,[94] para prestação de serviços de saneamento básico não feriria a autonomia municipal. Em seu voto, dentre os diferentes argumentos e entraves enfrentados, o Ministro Relator alegou que o interesse na prestação de tais serviços de modo eficiente é comum e regional, e não apenas local, conforme anteriormente destacado por Meirelles. E, ainda, que a própria Constituição autorizou a criação dos aglomerados. Neste ponto, afirmou que a sua

---

destacamos que embora tenha sido citada obra do ano de 2013, na edição escrita em 1977, Hely já defendia tal posição no seguinte trecho: "*Enquanto o Plano Diretor é sempre uno e integral, os planos de urbanização ou de reurbanização geralmente são múltiplos e setoriais, pois visam obras isoladas, ampliação de bairros (planos de expansão), formação de novos núcleos urbanos (urbanização por loteamentos), renovação de áreas envelhecidas e tornadas impróprias para a sua função (reurbanização) e quaisquer outros empreendimentos parciais, integrantes do plano geral. Esses procedimentos urbanísticos não se confundem com o Plano Diretor, pois embora sigam as suas diretrizes, passam a constituir atos autônomos e concretos de administração e, ainda que aprovados por lei, quando devam ser por decreto, tornam-se passíveis de impugnação judicial se incidentes sobre a propriedade partículas e lesivos de direito individual mesmo antes das medidas expropriatórias para ocupação do imóvel atingido*" (MEIRELLES, *Direito Municipal Brasileiro*, 3. ed., 1977, p. 613).

93 No âmbito do STF, foram ajuizadas diversas ADIs em face da íntegra da Lei Complementar nº 87/1997, dos arts. 8º ao 21 da Lei nº 2.869/1997 e da íntegra do Decreto nº 24.631/1998, todos do Estado do Rio de Janeiro, que foram apensadas à ADI nº 1.842, cujo objeto era mais abrangente. Os normativos instituem a Região Metropolitana do Rio de Janeiro e a Microrregião dos Lagos e transferem a titularidade do poder concedente para prestação de serviços públicos de interesse metropolitano ao Estado do Rio de Janeiro. O autor da ação, em síntese, sustentou que as normas impugnadas usurpariam, em favor do Estado do Rio de janeiro, a execução das funções de estrita competência dos Municípios que integram a região metropolitana. (ADI 1.842, Rel.: Min. Luiz Fux, Rel. p/ Acórdão: Min. Gilmar Mendes, Tribunal Pleno, julg. em 06-03-2013, DJe-181 DIVULG 13-09-2013 PUBLIC 16-09-2013).

94 Conforme o art. 25 da CRFB/88: "*Os Estados organizam-se e regem-se pelas Constituições e leis que adotarem, observados os princípios desta Constituição. [...] §3º Os Estados poderão, mediante lei complementar, instituir regiões metropolitanas, aglomerações urbanas e microrregiões, constituídas por agrupamentos de municípios limítrofes, para integrar a organização, o planejamento e a execução de funções públicas de interesse comum.*"

posição estaria endossada nas lições de Hely Lopes Meirelles no livro *Direito Municipal Brasileiro*, em sua 10ª edição.[95]

Superada a questão da legitimidade da instituição, o Ministro Relator também destacou passagem do livro de Meirelles[96] que dispõe sobre uma série de requisitos para a criação dos aglomerados de modo a compatibilizá-los com a autonomia municipal. Dentre eles, destaca-se o oferecimento de escolha ao município acerca do tipo de região a ser instituída, a participação na direção de recursos, a conceituação clara das obras e serviços sob o escopo a metrópole, e autonomia administrativa e financeira às regiões metropolitanas para planejamento e execução das obras e serviços sem entraves burocráticos estatais.

Diante desses pontos, se consagrou o entendimento de que não havia inconstitucionalidade na lei analisada, uma vez que esta conferia a participação dos municípios nos Conselhos Deliberativos da região metropolitana, bem como definia de forma clara quais eram os serviços e obras abrangidos pelo aglomerado urbano. Assim, o STF fixou a tese da competência e da titularidade conjuntas, sendo necessário a existência de uma estrutura colegiada que garanta a participação dos municípios no âmbito da região metropolitana.

As lições do Autor foram utilizadas como parâmetro para a interpretação da constitucionalidade da legislação que estava em debate na Corte Constitucional, cujos requisitos foram utilizados objetivamente para analisar se a autonomia dos municípios restava ou não respeitada.

Esse entendimento, inclusive, representa uma jurisprudência pacífica no âmbito da Suprema Corte. A título de registro, em julgamento posterior, realizado conjuntamente com as ADIs nº 6.573 e 6.911, de relatoria do Ministro Edson Fachin, o STF efetuou a análise da constitucionalidade da Lei Complementar n° 50/2019, do estado de Alagoas,[97] Especificamente, a controvérsia estava relacionada aos

---

[95] MEIRELLES, Hely Lopes. *Direito Municipal Brasileiro*. 10. ed. São Paulo: Editora Malheiros, 1998. p. 78–79.

[96] *Idem*. *Direito Municipal Brasileiro*. 7. ed. São Paulo: Editora Malheiros, 1994. p. 74.

[97] As ADIs nº 6.573 e 6.911 analisavam o sistema gestor da região metropolitana de Maceió. A ADI nº 6.573 pretendia ver declarado inconstitucional o art. 4º, inciso IV, alíneas "a" e "b" e os arts. 5º a 16, todos da Lei Complementar nº 50/2019 do Estado de Alagoas, sob o argumento de que os municípios reunidos na região metropolitana não compartilhavam a prestação dos serviços públicos de saneamento básico, de forma que não havia a gestão de um sistema comum de interesses, mas sim a usurpação da competência municipal pelo ente estadual. Por sua vez, a ADI nº 6.911 foi ajuizada em face do art. 14 da referida Lei Complementar, sob o argumento de que o dispositivo trazia uma composição de órgão deliberativo (Assembleia Metropolitana e o Conselho de Desenvolvimento Metropolitano)

temas da titularidade da prestação dos serviços de saneamento básico no sistema de repartição de competências constitucionais, a conceituação de "região metropolitana" para fins de validação do instituto, e a proporcionalidade da distribuição dos votos entre os entes federados no âmbito do sistema gestor da região metropolitana de Maceió. Ou seja, o debate passava pela própria autonomia dos municípios, tema que sempre remete às teses de Meirelles.

Sobre a constituição de regiões metropolitanas, o Ministro Edson Fachin destacou expressamente que a Suprema Corte refletiu o entendimento do Autor em sua jurisprudência a respeito do tema, qual seja:

> A Região Metropolitana será apenas uma área de serviços especiais, de natureza meramente administrativa. Sua administração poderá ser feita por entidade autárquica (autarquia) ou estatal (empresa pública, sociedade de economia mista), ou até mesmo ser atribuída a um órgão do Estado (Secretaria de Estado) ou a um colegiado de representantes do Estado e dos Municípios (Comissão ou Conselho), segundo os interesses e as conveniências de cada Região; mas o que não se permite é a constituição de Região Metropolitana ou da sua administração como entidade política ou, mesmo, político administrativa, rivalizando com o Estado e o Município em poderes e prerrogativas estatais.[98]

O voto do Ministro Relator também fez expressa menção ao entendimento estampado no âmbito da ADI 1842, oportunidade em que o STF se debruçou sobre o conceito de região metropolitana e sobre os contornos da autonomia municipal que formam a unidade socioeconômica:

> *"Em primeiro lugar, [...] na forma dos arts. 1º e 18 da Constituição da República, os Municípios integram o sistema federativo enquanto entidades políticas autônomas. Por conseguinte, autonomia municipal deve significar tanto autoadministração, entendida como gestão dos interesses locais sem tutela de outros entes federados, quanto autogoverno, entendido como manutenção de regime de presentação nas esferas executiva e legislativa. Esta autonomia, contudo, não vedaria a instituição de regiões metropolitanas, porquanto a partilha de interesses comuns de certo agrupamento urbano, ante a lógica de*

---

de forma a hierarquizar a relação entre o Estado e os municípios agregados na região metropolitana, em afronta à autonomia do ente municipal. (ADI 6.911, Rel.: Min. Edson Fachin, Tribunal Pleno, julg. em 16-05-2022, DJe-174 DIVULG 31-08-2022 PUBLIC 01-09-2022).

[98] MEIRELLES, *Direito municipal brasileiro*, 14. ed., 2006, p. 84.

> *manutenção do equilíbrio federativo, permitiria convalidar a compulsoriedade da participação municipal.'*
> *Em segundo lugar, a ADI nº 1.842 avança na caracterização do sentido constitucionalmente adequado do interesse comum metropolitano. Assim, está-se a falar de um conjunto de funções e serviços de caráter transversal, desbordando, quer por sua natureza comum a mais de um município, quer pelo reflexo de seus efeitos em mais de um município, o quadro constitucional da municipalidade. O Supremo Tribunal Federal referiu-se expressamente ao saneamento básico como oriundo da competência comum de União, Estados e Municípios, nos termos do art. 23, IX da CRFB/88, e assentou que este serviço público, não raro, extrapola o interesse local. Estaria, portanto, justificada sua gestão integrada, mesmo através da compulsoriedade das regiões metropolitanas.*
> *Por fim, [...] a concorrência entre o princípio do interesse comum e a autonomia municipal não deve traduzir-se em total centralização do poder decisório metropolitano. Ainda que a gestão colegiada das regiões metropolitanas não exija a total paridade entre os entes federados, não se permite, por força da própria autonomia municipal, que uma das pessoas políticas ali imbricadas exerça um predomínio absoluto."*[99]

Nota-se, especialmente do trecho destacado acima, que a jurisprudência do STF sobre essa matéria se consolidou de forma totalmente alinhada com as concepções originárias de Hely. Isto é, a Corte Constitucional entendeu que a análise de casos concretos envolvendo as regiões metropolitanas está intimamente ligada ao debate a respeito da autonomia dos entes municipais para promoverem sua auto-organização e autogoverno, a delimitação da repartição de competências e a posição dos municípios enquanto entes políticos-administrativos da federação brasileira e, ainda, a conceituação dos interesses locais e dos interesses comuns.

Desse modo, ao analisar as ADIs 6.573 e 6.911, o Ministro Edson Fachin entendeu que a legislação alagoense, objeto da ação, era incompatível com a Constituição, pois estabelecia um desenho institucional de concentração do poder decisório em um único ente federativo. Assim, consolidou-se no âmbito do Tribunal o princípio de não concentração decisória, de forma que as regiões metropolitanas não podem ser estabelecidas mediante um desenho institucional que impeça o verdadeiro exercício da autonomia por todos os entes reunidos.

---

[99] STF ADI 6911, Rel. Min. EDSON FACHIN, Tribunal Pleno, julgado em 16-05-2022, PROCESSO ELETRÔNICO DJe-174 DIVULG 31-08-2022 PUBLIC 01-09-2022, p. 7 do Voto do Relator.

Por fim, cabe rememorar que o entendimento do Autor também influenciou a Corte na edição de súmula vinculante, como o enunciado nº 38, destacado anteriormente. Nesse sentido, o Recurso Extraordinário (RE) nº 189.170,[100] de relatoria do Ministro Marco Aurélio, é apontado pelo STF como um precedente representativo de tal súmula. Conforme consignado naquela oportunidade, o município tem plena competência para legislar sobre assuntos de interesse local (art. 30, I, da CRFB/88), inclusive sobre o horário de funcionamento para o comércio dentro da área municipal, em defesa do consumidor e para evitar a dominação do mercado por oligopólios. Para tanto, o Ministro Relator fundamentou o seu voto utilizando-se expressamente da conceituação de "interesses locais" de Meirelles, conforme o trecho destacado abaixo:

> *6. Está claramente definido no artigo 30, inciso I, da Constituição Federal que o Município tem competência para legislar sobre assuntos de interesse local.*
> *7. Polêmica ou filigrana à parte sobre saber-se de alguma nuança entre os conceitos de interesse peculiar (CF de 1967, artigo 15, II, com a redação dada pela EC n° 1/69) e interesse local (CF, artigo 30, I),* ***quem melhor interpretou o seu significado foi o mestre Hely Lopes Meirelles, para quem 'o que define e caracteriza o 'interesse local', inscrito como dogma constitucional, é a predominância do interesse do Município sobre o do Estado ou da União,' de modo que 'tudo quanto repercutir direta e imediatamente na vida municipal é de interesse peculiar do Município, embora possa interessar também indireta e mediatamente ao Estado-membro e à União*** (grifou-se).[101]

A partir da breve análise dos precedentes exemplificativos da Suprema Corte, não há nenhuma hesitação em afirmar que Hely Lopes Meirelles se consagrou como a referência na seara do Direito Municipal.

---

[100] Na origem, discutia-se a competência do ente municipal para fixar o horário de funcionamento de farmácias e drogarias em suas localidades, tendo em vista que a Lei nº 8.794/1978 do Município de São Paulo e o Decreto Regulamentar Municipal nº 8.794/78 estabeleceram que apenas em caráter excepcional esses estabelecimentos poderiam funcionar fora dos horários normais e dos plantões obrigatórios. Os normativos foram julgados constitucionais pelo TJ/SP e a decisão foi objeto do RE nº 189.170 dirigido ao STF, interposto pela Drogasil S/A. A recorrente sustentou a violação ao art. 1º, inciso IV, art. 2º, art. 5º e inciso II e art. 170 e incisos IV e V, todos da CRFB/88, mencionando, em síntese, a inconstitucionalidade das normas impugnadas por afronta à liberdade de atuação econômica e à livre concorrência preceituadas pelo texto constitucional. (RE 189.170, Rel.: Min. Marco Aurélio, Rel. p/ Acórdão: Min. Maurício Corrêa, Tribunal Pleno, julg. em 01-02-2001, DJ 08-08-2003 PP-00088).

[101] *Direito Municipal Brasileiro, 11ª ed., pp. 107-108.* RE 189.170, Rel. Min. MARCO AURÉLIO, Rel. p/ Acórdão: MAURÍCIO CORRÊA, Tribunal Pleno, julgado em 01-02-2001, DJ 08-08-2003, pp. 2-3 do Voto do Relator.

Sua ávida e pioneira defesa pela autonomia dos municípios, bem como pela posição desses entes enquanto integrantes ativos da federação brasileira, resultou em diversas teses que até hoje reverberam em todas as esferas dos Três Poderes, notadamente absorvidos pelo constituinte de 1988, pelo legislador infraconstitucional e expressas em fundamentos jurídicos de grandes teses construídas pelos Ministros do STF, usadas como razão de decidir pela Corte.

5 Conclusão

A brilhante trajetória do jurista Hely Lopes Meirelles marcou profundamente o Direito Brasileiro, sendo especialmente notável a sua contribuição na seara municipal, a partir da profunda compreensão prática vivenciada pelas localidades. Suas lições estabeleceram as bases do entendimento jurídico a respeito da posição dos entes municipais na federação brasileira, se tornando referência incontestável até hoje.

A Constituição Federal de 1988 absorveu muitas de suas ideias pioneiras, especialmente no que tange à autonomia municipal. Tendo em vista que o texto constitucional é o alicerce de todo o sistema jurídico brasileiro, verdadeiro guia para a conformidade das leis e das práticas administrativas e judiciais no país, percebe-se que a sua influência vai muito além dos dispositivos expressos na literalidade do texto constitucional.

Essa constatação resta evidente ao observamos algumas de suas teses, decorrentes da defesa da autonomia municipal, também refletidas nas decisões do Supremo Tribunal Federal. Os Ministros da Corte, ao depararem com atos normativos e situações concretas que demandam reflexões a respeito da posição dos municípios na Constituição de 1988, frequentemente referenciam expressamente as contribuições de Meirelles em seu livro *Direito Municipal Brasileiro*, nas diversas edições.

Nesta singela homenagem, que buscou explorar um tema que foi tão caro ao Autor, se identifica a existência de uma relação de simbiose entre os preceitos constitucionais que regem as localidades e a influência de Hely. As suas contribuições não se restringem ao ambiente acadêmico, mas continuam a moldar e aprimorar o Direito Municipal brasileiro na prática.

Em última instância, Meirelles não é apenas um doutrinador mencionado em sala de aula, é um jurista cujas ideias ainda exercem – e, ousamos dizer, sempre exercerão – grande influência na vivência dos municípios brasileiros. Seu grande objetivo de apresentar um Direito objetivo e sistêmico, capaz de enfrentar os desafios cotidianos dos operadores de Direito, permanece como um farol orientador para os estudiosos sistema jurídico brasileiro.

CAIO TÁCITO: DECANO ATEMPORAL DO DIREITO ADMINISTRATIVO DA UERJ

José Vicente Santos de Mendonça
André Cyrino
Felipe Salathé

1 Introdução

Honra-nos o professor Rafael Ramos ao nos convidar a participar desta coletânea. A honra é ainda maior porque o convite veio com o pedido de que tratássemos do professor Caio Tácito Sá Viana Pereira de Vasconcelos, ou Caio Tácito, o decano atemporal do direito administrativo da Universidade do Estado do Rio de Janeiro, UERJ.

É claro que não se trata de investida exauriente. Há muito para contar. Nosso objetivo é modesto. Queremos destacar alguns aspectos da trajetória profissional e da obra de Caio Tácito, até como forma de contribuir para o aprimoramento da história do Direito Administrativo nacional.[1]

Dividimos o artigo em duas partes. A primeira é dedicada a aspectos da vida do autor, cuja atuação esteve atrelada não só ao estudo e aperfeiçoamento do Direito Administrativo, mas também do Direito Constitucional e da política brasileira.

Para esse item, realizamos consultas aos sítios eletrônicos do Centro de Pesquisa e Documentação de História Contemporânea do Brasil (CPDOC, da FGV-RJ) e da Universidade do Estado do Rio de Janeiro (UERJ). Também foram de grande valia as informações obtidas

---

[1] Este artigo é dedicado a nossos alunos da UERJ, sendo um deles nosso coautor e partícipe dos projetos que estão reforçando a importância do direito administrativo na nossa instituição, como o UERJ Reg., a olimpíada de direito administrativo e, mais recentemente, no Seminário Caio Tácito: um espaço criado em conjunto com a Professora Patrícia Baptista para fins de estimular o desenvolvimento da nossa área de estudo. (*Vide sites*: https://www.uerjreg.com.br/o-uerj-reg; e seminarioscaiotácio.uerj.br).

em entrevista realizada com Antônio Carlos Vasconcelos, procurador da UERJ e filho do autor, em 21 de setembro de 2023, a quem agradecemos pelas contribuições a este trabalho.

A segunda parte aborda alguns pontos relevantes do pensamento de Caio Tácito. Com tal objetivo, utilizamo-nos do buscador de doutrina da Revista de Direito Administrativo, que reúne a maioria de seus artigos.[2]

Somam-se a esse conjunto de trabalhos cinco obras relevantes: *Desvio de Poder em Matéria Administrativa*, sua tese para o concurso de ingresso como professor da UERJ (1951); *O Equilíbrio Financeiro na Concessão de Serviço Público*, tese apresentada no âmbito do concurso público para o cargo de professor titular da UERJ (1960); *Curso de Direito Administrativo* (1975); e os volumes dos *Temas de Direito Público: Estudos e Pareceres* (a partir de 1997); e *Constituições Brasileiras – Vol. VII: a Constituição de 1988* (1999).

Para facilitar a compreensão do pensamento do autor, selecionamos dois assuntos de destaque em sua produção: o controle da administração pública e a intervenção do Estado na economia. A escolha é algo pessoal, dizendo também respeito à pesquisa dos autores deste artigo.

Ao final da segunda parte, destacamos a contemporaneidade do pensamento de nosso homenageado.

2 Breve percurso biográfico

Caio Tácito Sá Viana Pereira de Vasconcelos nasceu na cidade do Rio de Janeiro em 10 de setembro de 1917. Bacharelou-se em Direito pela Faculdade Nacional de Direito da Universidade do Brasil (atual UFRJ).[3] Em dado momento, tornou-se apenas Caio Tácito. Assim assinava seus escritos e assim se apresentava como advogado. Aliás,

---

[2] A partir desse levantamento, foram obtidos 305 resultados. Cabe notar que alguns desses resultados são de artigos duplicados. A *Revista de Direito Administrativo* republicou diversos artigos escritos pelo autor anteriormente. Em 2005, por exemplo, grande parte de seus trabalhos foi publicada novamente pela revista, em uma edição especial lançada em homenagem ao seu falecimento, ocorrido naquele ano. Daí o porquê de haver duplicatas nos resultados. Se extrairmos os artigos dessa coletânea de 2005, obtivemos 240 resultados de buscas.

[3] FGV CPDOC. Caio Tácito Sá Viana Pereira de Vasconcelos. *FGV* [s. d.]. Disponível em: https://www18.fgv.br/cpdoc/acervo/dicionarios/verbete-biografico/caio-tacito-sa-viana-pereira-de-vasconcelos. Acesso em: ago. 2025.

em certo ponto da vida, ganhou carteira da OAB na forma como se apresentava. Assim o trataremos.

No início, aproximou-se do Direito Penal, sob a influência do Professor Roberto Lyra. Mas isso durou pouco, e logo mergulhou no Direito Administrativo. E isso foi feito tanto como professor quanto como figura pública, tornando-se intelectual ativo no cenário político nacional.

Na vida acadêmica, exerceu seu magistério lecionando Direito Administrativo na faculdade de Direito da UERJ, onde se tornou professor concursado, em 1951, professor titular, em 1960, e professor emérito, em 1991. Além das salas de aula, exerceu também as funções de diretor da faculdade (1966), vice-reitor (1972) e reitor (1976).[4] Uma de suas grandes contribuições como liderança acadêmica foi a fundação do Centro de Estudos e Pesquisa no Ensino do Direito (CEPED). Ao lado dos professores Arnoldo Wald, Alfredo Lamy Filho e Amilcar Falcão, criou o CEPED como um espaço até hoje dedicado à pesquisa e extensão do ensino jurídico.[5] Em 1956, passou a lecionar também na Escola Brasileira de Administração Pública, vinculada à Fundação Getúlio Vargas do Rio de Janeiro.[6]

No serviço público, ocupou, também, o cargo de procurador do Instituto de Aposentadoria e Pensões dos Comerciários, a partir de 1940, onde se tornaria chefe de gabinete do presidente da instituição. Entre 1952 e 1953, foi consultor jurídico do Departamento Administrativo do Serviço Público. Em seguida, exerceu a mesma função no Ministério do Trabalho, Indústria e Comércio (1956). Durante os governos Juscelino Kubitschek e Jânio Quadros, foi subchefe do Gabinete Civil (1956–1959) e Subsecretário de Educação e Cultura (1962). Também foi juiz do Tribunal Regional Eleitoral do então Estado da Guanabara e Presidente da Comissão Nacional de Reformulação do Ensino Superior.[7] [8]

---

4 UERJ. Professor Caio Tácito. *UERJ*, [s. d.]. Disponível em: https://www.uerj.br/reitores/professor-caio-tacito/. Acesso em: ago. 2025.

5 CEPED UERJ. *História*. Disponível em: https://cepeduerj.org.br/institucional/historia/; PPGD UERJ. *História do Direito da UERJ*. Disponível em: https://www.ppgduerj.com/historia.html; *UERJ. Galeria de Reitores*. https://www.uerj.br/a-uerj/a-universidade/memoria/galeria-de-reitores/page/3/. Acesso em: ago. 2025.

6 FGV CPDOC, *op. cit*.

7 *Ibidem*.

8 Parte das datas foi obtida na entrevista com Antônio Carlos Vasconcelos, filho de Caio Tácito, realizada em 21/09/2023.

Um último grupo de atividades desempenhadas por Caio Tácito se deu no campo da política legislativa. Contribuiu ativamente para a formulação de normas que pudessem aperfeiçoar o Direito Administrativo nacional. Integrou a comissão de juristas que elaborou o anteprojeto que deu origem à Lei nº 9.784/99 (Lei de Processo Administrativo Federal); também fez contribuições na Constituinte de 1987 a propósito da redação dos dispositivos da Constituição de 1988 sobre concessões e permissões de serviços públicos;[9] presidiu comissão que redigiu um anteprojeto de lei sobre responsabilidade civil do Estado.[10] [11]

Caio Tácito faleceu em 2005, aos 88 anos de idade. Viveu longamente, casou-se e teve dois filhos. Era um leitor voraz. A dedicação era tanta que a esposa exigiu que na casa de campo da família não houvesse trabalho, apenas descanso. Um fato anedótico é que a sua produção fora tão intensa que chegava a redigir dois ou três pareceres por semana. Questionado certa vez sobre quanto tempo levava para emitir um parecer, teria respondido – "uma tarde [...] após quatro décadas de estudos".

Outra descrição de Caio Tácito digna de nota é a formulada por um de seus discípulos, Sérgio D'Andrea Ferreira,[12] que também foi magistrado e professor titular de Direito Administrativo da UERJ,

---

9 Nas palavras do autor: "A legislação tem acompanhado, nas mais das vezes à distância, as largas passadas do avanço sociopolítico. A hodierna preocupação com a qualidade de vida, com o meio ambiente, o equilíbrio ecológico e a efetiva prestação de serviços públicos essenciais correspondem a alguns dos múltiplos desafios da Carta Magna. A população urbana e rural permanece – esta a grande verdade – muito aquém da capacidade de atendimento da Administração. A carência de serviços públicos é alarmante.
[...]
Outro dado também a ponderar está em que os serviços públicos se encontram em baixa, porque lhes falta a observância dos tradicionais princípios da permanência, generalidade e eficiência. A nível de transportes, o déficit é enorme, porque os serviços não acompanharam a demanda, o progresso e a crescente urbanização. Como registram os Anais da Constituinte, apresentei artigo específico referente ao regime de empresas concessionárias e permissionárias de serviços públicos. Fiz clara especificação da manutenção dos serviços adequados, na garantia do equilíbrio econômico e financeiro e na fiscalização. A garantia da revisão periódica da tarifa importa na excelência dos serviços. Deixo também consignada a indispensável necessidade de estes princípios estarem perenizados na Constituição." (Diário da Assembleia Nacional Constituinte. Ano I, nº 62, Brasília, 1987, p. 2.034).

10 D'ANDRÉA FERREIRA, Sergio. Homenagem ao Professor Caio Tácito. *Revista de Direito Administrativo*, n. 229, p. 377–378, 2002.

11 As contribuições de Caio Tácito para a redação dos dispositivos constitucionais sobre concessões e permissões bem como para a formulação de lei sobre responsabilidade civil do Estado não chegaram a ser aprovadas. Quais foram elas?

12 D'ANDRÉA FERREIRA, Sergio. *Caio Tácito*: Vida e Obra, mimeo.

em comemoração ao centenário de seu nascimento. Nas palavras do aluno, Caio Tácito foi:

> Jurista que se singularizava pela sobriedade, ponderação e equilíbrio; mas, ao mesmo tempo, pela profundidade e pela capacidade inovadora, foi o agradável e fértil comunicador de ideias; o advogado capaz; o parecerista, cujo êxito traduziu, por si só, o valor de seu trabalho.

Para encerrar o item, é importante mencionarmos que o contexto histórico brasileiro no qual viveu Caio Tácito foi marcado por instabilidades políticas e socioeconômicas.

Sob o ângulo político, foram dois golpes de Estado (1937 e 1964), duas ditaduras (Vargas e militar), um *impeachment* (Fernando Collor de Mello) e várias crises de governabilidade. A circunstância política contribuiu para que declinasse do convite para ser Ministro do STF. Não poderia aceitar pedido vindo do regime de exceção, narrou-nos seu filho. Viveu sob a égide de 6 das 7 Constituições brasileiras. Quando nasceu, vigia a de 1891, a segunda Constituição da nossa história e primeira da república. Ao tempo do seu falecimento, estava em vigor a sétima Constituição, de 1988.

Sob o prisma socioeconômico, como veremos mais adiante, o Brasil historicamente assistiu períodos de privatização e delegação de atividades públicas a empresas privadas, como no início do século XX e atualmente e, de outro lado, em outros momentos, de maior intervenção direta do Estado na economia, tal como a partir da década de 30 e até o início dos anos 90.

Esses diferentes contextos, pode-se dizer, influenciam a visão de Caio Tácito sobre o Direito Público, aí incluído tanto o Direito Administrativo quanto o Direito Constitucional, como veremos no próximo item.

3 Contribuições de Caio Tácito para o Direito Público Brasileiro

Boa parte da obra de Caio Tácito objetiva conter os avanços do autoritarismo de Estado e equilibrar os interesses públicos e privados na intervenção do Estado na economia.

Diante disso, para este item, bifurcaremos as preocupações do autor em dois eixos temáticos: *(i)* suas contribuições para a relação entre o Direito Público e a contenção do poder político, nas quais se incluem suas teorias sobre abuso de poder e o avanço do constitucionalismo no Estado brasileiro, o que chamaremos de *Direito Público do Controle*; e *(ii)* suas contribuições para o aperfeiçoamento das relações entre sociedade e mercado buscando garantir a prestação adequada de serviços públicos aos cidadãos e a rentabilidade dos agentes de mercado, o que trataremos como *Direito Público Econômico*.

Muito embora essas nomenclaturas não tenham sido adotadas pelo autor, ajudam-nos a sistematizar o itinerário de teorizações formuladas por nosso homenageado.

3.1 Direito Público do Controle: teoria do desvio de poder, efetividade das normas constitucionais e outras contribuições para a contenção jurídica do poder político

Entre as colaborações mais destacadas de Caio Tácito estão propostas sobre como o Direito Público teria aptidão para conter o Poder Político, máxime diante de posturas personalistas e autoritárias dos agentes públicos. Esse Direito Público do Controle se apresenta na sua literatura por intermédio de ao menos duas formulações acadêmicas: *(i)* a Teoria do Desvio de Poder, no Direito Administrativo; e *(ii)* o avanço da efetividade das normas constitucionais, no Direito Constitucional.

Sob o ângulo do Direito Administrativo, a chamada *Teoria do Desvio de Poder* foi uma das grandes incursões acadêmicas de Caio Tácito. Em 1951, apresentou sua tese de livre docência para a Faculdade de Direito do Rio de Janeiro (atualmente, UERJ), intitulada *Desvio de Poder em Matéria Administrativa,*[13] [14] cuja finalidade foi analisar como essa teoria poderia ser incorporada ao Direito brasileiro.[15]

---

[13] TÁCITO, Caio. *Desvio de Poder em Matéria Administrativa*. Tese apresentada para o concurso de livre docente de Direito Administrativo, na faculdade de Direito do Rio de Janeiro, *mimeo*, 1951.

[14] O desvio de poder é tema que havia contado com algumas poucas explanações anteriores, a exemplo do livro *O Controle dos Atos Administrativos pelo Poder Judiciário*, de autoria de Seabra Fagundes (FAGUNDES, Miguel Seabra. *O Controle dos Atos Administrativos pelo Poder Judiciário*. Rio de Janeiro: Freitas Bastos, 1941).

[15] Os manuais e artigos acadêmicos não tratavam dessa figura ou a abordavam em poucas. O primeiro trabalho de que Caio Tácito tem notícia sobre o tema foi o artigo "Polícia e Poder de Polícia", de 1918, escrito por Aurelino Leal e elaborado durante os trabalhos da Conferência Judiciária-Policial de 9 de agosto de 1917 (TÁCITO, Caio. Teoria e Prática do Desvio de Poder. *Revista de Direito Administrativo*, n. 117, p. 8, 1974).

Seu conteúdo jurídico se dirige a invalidar atos estatais desalinhados ao interesse público, algo que pode ocorrer em duas hipóteses: *(i)* quando o agente público atua em causa própria; ou *(ii)* quando atua para tingir interesse diverso do previsto na norma jurídica. Segundo o autor, a consequência jurídica para o primeiro caso seria a nulidade do ato, ao passo que para o segundo o ato poderia ser aproveitado.[16]

O reconhecimento do desvio de poder teve origem na França (*Détournement de Pouvoir*), na jurisprudência do Conselho de Estado francês, ainda na segunda metade do século XIX, tendo como principais precedentes os casos *Vernes* (1858) e *Lesbats* (1864). Também há paralelos em outros ordenamentos jurídicos, a exemplo da Itália (*Avitamento de Potere*), de Portugal (*Excesso de Poder*) e dos EUA (*Abuse of Discretion*).[17]

Ao lado disso, o combate ao Desvio de Poder decorre da percepção de que o Poder Discricionário deve ser relativizado, de modo a não acobertar estratégias das autoridades públicas não adequadas ao interesse público. Nessa perspectiva, os atos administrativos encontrariam não só limitações externas, como a *competência* e a *forma*, mas também internas, a exemplo dos *motivos* e da *finalidade pública*, previstas em lei. Daí porque a teoria se alinha a outras categorias jurídicas análogas, como a Teoria dos Motivos Determinantes, buscando mitigar um dos axiomas do Direito Administrativo tradicional: a *Insindicabilidade do Mérito Administrativo*, de acordo com a qual os juízos de conveniência e oportunidade dos gestores não seriam passíveis de controle.[18][19]

A avaliação dos motivos e das finalidades é de grande valia para se examinar se determinado ato pretende atingir fins públicos previstos em lei ou se, ao contrário, acoberta finalidades não-republicanas.[20]

No Brasil, aponta-se como *leading case* do tema teria o julgado de 1948, de relatoria do então desembargador Miguel Seabra Fagundes, em que se reputou inválida norma de trânsito que restringia o horário de tráfego de transporte intermunicipal de passageiros cuja intenção subjacente era prejudicar determinada empresa de ônibus.[21] Para além

---

16 TÁCITO, *Desvio de Poder em Matéria Administrativa*, p. 41 e ss.

17 *Ibidem*, p. 45.

18 A Insindicabilidade do Mérito decorrente do Poder Discricionário foi ideia que ganhou contornos teóricos na França, com contribuições de Maurice Hauriou, ainda no início do século XX (TÁCITO, *Desvio de Poder em Matéria Administrativa*, p. 21 e ss.).

19 *Idem. Curso de Direito Administrativo*. São Paulo: Saraiva, 1975. p. 1–11.

20 *Idem. A Administração e o Controle de Legalidade*. Revista De Direito Administrativo, nº 37, 1954.

21 *Idem, Desvio de Poder em Matéria Administrativa*, p. 75 –76.

dele, Caio Tácito ilustra a ocorrência de desvio de poder com base em outros casos da nossa jurisprudência: demissão de servidor público por fundamentos imprecisos ou irrazoáveis;[22] desapropriação para atingir interesse pessoal do agente público;[23] edição de norma de polícia para prejudicar desafeto do gestor[24]; cobrança de taxa sobre usuários de serviço público, além de tarifas que não guardem relação com a prestação do serviço público.[25]

Caio Tácito integrou um grupo de acadêmicos que, partir da década de 40, possuíam aproximadamente o mesmo objeto de estudo, tais como Miguel Seabra Fagundes[26] e Vitor Nunes Leal[27]. Por ora, é digno de nota que a tríade Tácito, Fagundes e Leal viria a contribuir para a composição das bases teóricas de possíveis modulações à discricionariedade administrativa, sobretudo por intermédio do aperfeiçoamento do combate ao desvio de poder.

Retomando a teoria de Caio Tácito, o desvio de poder não é exclusivo dos atos administrativos, podendo recair também sobre atos legislativos (*desvio de poder legislativo*); ou, então, jurisdicionais (*desvio de poder jurisdicional*).[28] Caio Tácito chegou a sustentar perante o STF, em ao menos duas oportunidades, a inconstitucionalidade de leis estaduais que instituíam cargos públicos tão somente com o propósito

---

[22] *Ibidem*, p. 71 e ss.

[23] *Idem*. Desapropriação – Desvio de poder – Jurisdição. *Revista De Direito Administrativo*, n. *179*, 1990; *Idem*. Problemas Atuais da Desapropriação. *Revista De Direito Administrativo*, n. *120*, 1975.

[24] *Idem*. O Poder de Polícia e seus Limites. *Revista De Direito Administrativo*, n. 27, 1952.

[25] *Idem*. Taxa, Impôsto e Preço Público – Tarifa – Preço Público no Serviço Concedido – Direito do Concessionário à Renda do Serviço – Desvio de Poder. *Revista De Direito Administrativo*, n. 44, 1956.

[26] FAGUNDES, Miguel Seabra. *Controle dos Atos Administrativos pelo Poder Judiciário*. Rio de Janeiro: Freitas Bastos, 1941.

[27] LEAL, Vitor Nunes. Poder Discricionário da Administração – Abuso desse Poder – Mandado de Segurança – Direito Líquido e Certo. *Revista de Direito Administrativo*, n. 14, 1948.

[28] Especificamente sobre o desvio de poder jurisdicional, Caio Tácito ensina que a doutrina em geral não o trata como desvio, mas como um excesso de poder jurisdicional, ou seja, quando o magistrado vai além de suas competências expressamente previstas. Significa dizer que, ao menos à época em que o autor tratou do tema, o desvio de poder jurisdicional estaria mais próximo da doutrina do excesso de poder (*excès de pouvoir*) do que propriamente do desvio de poder (*detournement de pouvoir*) (TÁCITO, Caio. O Desvio de Poder no Controle de Atos Administrativos, Legislativos e Jurisdicionais. *Revista de Direito Administrativo*, n. 188, 1992, p. 9 e ss.).

de beneficiar correligionários de determinados políticos eleitos e seus familiares, tendo logrado êxito nas demandas.[29] [30]

O argumento jurídico invalida não só atos desvirtuados em sua finalidade, mas também aqueles irrazoáveis. Não basta que haja um direcionamento a uma finalidade pública, mas que os meios adotados não sejam excessivos[31], algo que se aproxima do princípio da razoabilidade nos dias atuais.

Sob outra perspectiva, é preciso evitar a banalização da Teoria do Desvio de Poder. Caio Tácito não ignorava o fato de que a Administração Pública depende de margens de liberdade para atuar. Mesmo tendo vivenciado períodos turbulentos de autoritarismo, o autor reconhece que a lei *per se* não substitui a expertise de que devem contar os agentes públicos para bem administrar.[32] A teoria do desvio de poder haveria de ser incorporada ao Direito brasileiro, mas o intérprete deveria restringi-la a situações excepcionais, de modo que, em caso de dúvida, prevalecesse a presunção de legalidade, legitimidade e veracidade do

---

[29] *Ibidem*, p. 4–5).

[30] O autor demonstrou especial atenção ao tema do desvio de poder legislativo sobretudo sob a ótica da desproporcionalidade de algumas leis. Um caso nesse sentido foi o do uso de decretos-lei para impedir o repasse de recursos públicos pela União a outros entes federativos como forma de cobrar dívidas passadas contraídas com ela, porquanto se revela medida excessiva e atentatória à autonomia federativa (*idem*. Estado-membro – Bloqueio de Contas Bancárias – Desvio de Poder Legislativo. *Revista De Direito Administrativo*, n. 172, 1988). Outro exemplo foi o de lei municipal que vedava que acordos individuais de trabalho pudessem permitir a prorrogação de jornadas de trabalho, mas só acordos coletivos, algo que Caio Tácito viria a reputar uma extrapolação dos limites dos interesses municipais (*idem*. Lei Municipal – Horário de Trabalho – Desvio de Poder. *Revista De Direito Administrativo*, n. 164, 1986).

[31] Como visto na nota de rodapé anterior, em determinado momento, boa parte dos exemplos de desvio de poder apontados por Caio Tácito, se dirigem a leis ou atos jurisdicionais irrazoáveis, e não apenas disfuncionais, o que revela sua preocupação com uma atuação razoável por parte do Estado, preocupada com a correspondência entre meios e fins.
Essa preocupação também se desenvolveu em trabalhos acadêmicos de Direito Constitucional de outros autores, a exemplo daqueles de autoria de Gilmar Ferreira Mendes. (Cf. MENDES, Gilmar Ferreira. *A Proporcionalidade na Jurisprudência do Supremo Tribunal Federal*. Repertório IOB Jurisprudência: Tributária Constit. Adm., São Paulo, v. 1, p. 469–475, 1994. Disponível em: https://www.gilmarmendes.com.br/wp-content/uploads/2018/09/A-PROPORCIONALIDADE-NA-JURISPRUD%C3%8ANCIA-DO-SUPREMO-TRIBUNAL-FEDERAL.pdf Acesso em: 25 dez. 2023).
De rigor, um dos primeiros exemplos de controle de constitucionalidade com fulcro no Princípio da Proporcionalidade de que se tem notícia foi o precedente do STF no RE nº 18331, de relatoria do M*In:* Orozimbo Nonato, no qual se reputou inconstitucional a cobrança de taxa acima do proporcional para atingir suas finalidades (STF, RE nº 18331, Plenário, Rel. M*In:* Orozimbo Nonato, j. 1953).

[32] TÁCITO, Caio. A Administração e o Controle de Legalidade. *Revista De Direito Administrativo*, n. 37, 1954; *Idem*, *Desvio de Poder em Matéria Administrativa*.

ato. Com tal preocupação, sugere que a prova da ocorrência do desvio de poder deveria ser cabal, não bastando provas indiretas, indícios ou testemunhos.

Sob o ângulo do Direito Constitucional, Caio Tácito viria a se preocupar com a limitação do poder político pela nova ordem constitucional. Segundo ele, a Constituição de 1988, baseada nas Constituições portuguesa de 1976 e espanhola de 1978, possuía algumas características que tenderiam a facilitar a proposta.

A primeira seria um plexo mais extenso de direitos fundamentais, diferentemente das constituições anteriores.[33] O texto constitucional original fez menção 83 vezes ao vocábulo *direito* e 19 vezes à palavra *deveres*, sendo que 11 desse total eram deveres do Estado perante os cidadãos.[34] O objetivo mor à época, portanto, era trazer o indivíduo para o centro da nova ordem constitucional.[35]

A segunda decorre de um fortalecimento de instituições tendentes a fiscalizar os agentes públicos eleitos, entre elas o Poder Judiciário, o Ministério Público e os tribunais de contas.[36] O recrudescimento dos direitos fundamentais viria acompanhado de instituições particularizadas por uma musculatura institucional que se fizesse bastante à sua proteção.

A terceira é que o texto constitucional – e suas emendas – elencou um universo de remédios processuais, com vista a garantir a efetividade de seus comandos perante o Estado, a exemplo do *habeas corpus*, da ação popular; da ação civil pública; do *habeas data*; do mandado de segurança; do mandado de injunção; da ação direta de inconstitucionalidade; da

---

[33] A Constituição de 1967 representava um continuísmo em comparação às anteriores, a reproduzir princípios gerais sobre forma de Estado e de governo e separação de poderes, mas sem grandes alterações umas às outras (TÁCITO, Caio. As Constituições Estaduais e sua Adaptação à Carta Federal. *Revista De Direito Administrativo*, n. 89, p. 428).

[34] *Idem*. *Proteção dos Direitos Fundamentais*. *In: idem*. *Temas de Direito Público (Estudo e Pareceres)*. Rio de Janeiro: Renovar, 1997. v. 1, p. 435 e ss.

[35] *Idem*. *Constituições Brasileiras. Vol. VII: 1988*. 3. ed. Brasília: Senado Federal, Subsecretaria de Edições Técnicas, 2012. p. 18.

[36] Cf. *Idem*. Moralidade Administrativa. *In: Idem*, *Temas de Direito Público (Estudo e Pareceres*, p. 69 e ss.; *Idem*. A Nova Lei do Tribunal de Contas da União. *In: Idem*, *Temas de Direito Público (Estudo e PareceresIn:*, p. 437–848; *Ibidem*, *In:* p. 967 e ss. Sobre a autonomia aos tribunais de contas, confira-se: *idem*, Tribunais de Contas – Independência – Tribunais de Contas dos Municípios.
Em reforço a essas considerações, Caio Tácito advogou pela necessidade de instituição de estruturas públicas que dessem conta das reclamações dos cidadãos por violações a direitos fundamentais, os chamados Ombudsman, cuja função em alguma medida seria desempenhada atualmente pelo Ministério Público (*Idem*. Ombudsman – O Defensor do Povo. *Revista de Direito Administrativo*, n. 176, 1988)

ação declaratória de constitucionalidade; da ação direta de inconstitucionalidade por omissão; e da ação de descumprimento de preceito fundamental.[37] [38]

Caio Tácito preocupou-se com a efetividade das normas constitucionais. Para que a nova ordem fosse apta a conformar o poder político, era preciso que suas disposições fossem respeitadas, ao contrário do que ocorrera com outras Constituições brasileiras. *In verbis*:

> Não basta elaborar e promulgar uma nova Constituição, mais outra na série de nossa história política. Importa, sobretudo, que pelo bálsamo de uma efetiva aceitação nacional, ela venha a assumir o papel, que é inerente às Constituições estáveis e fecundas, de um mandamento superior à Vontade de governantes e de governos, uns outros submissos, convictamente, à supremacia de seus comandos e de suas opções.[39]

A preocupação com a efetividade das normas constitucionais é algo que permeia boa parte dos trabalhos acadêmicos do autor após a década de 1980. Isso porque, segundo ele, a Constituição de 1988 não teve, de imediato, a efetividade que se esperava. Cerca de 256 preceitos constitucionais dependiam, ainda que implicitamente, de regulamentação, o que tardou a ser feito pelo Congresso.[40] Em suas palavras, *o direito estava à espera de uma lei.*[41]

Uma das formas de suprir a debilidade seria por intermédio da edição de medidas provisórias. É que, muito embora o texto constitucional houvesse extirpado a prerrogativa do chefe do Executivo de editar decretos-leis, como fora comum em períodos autoritários, e restabelecido a centralidade do Legislativo na produção do Direito, as medidas provisórias poderiam ser uma ferramenta de peso para se regulamentar normas preencher as lacunas deixadas pelo legislador ordinário. Outro meio seria explorar os instrumentos processuais voltados a sanar omissões legislativas, como a Ação Direta de Inconstitucionalidade

---

37 TÁCITO, Caio. Radiografia da Constituição. *Revista De Direito Administrativo*, nº 196, 1994.

38 *Idem*. O Controle Judicial da Administração Pública na Nova Constituição. *Revista De Direito Administrativo*, nº 173, 1988.

39 *Idem*. No Limiar da Décima Carta Constitucional. *In:: Idem*. *Temas de Direito Público (Estudo e Pareceres)*, p. 388.

40 *Idem*. Percalços da Constituição de 1988. *In: Idem*. *Temas de Direito Público (Estudo e Pareceres)*, *In:* p. 435 e ss.

41 *Idem*. O Direito à Espera da Lei. *In: Idem*. *Temas de Direito Público (Estudo e Pareceres)*, *In:* p. 417 e ss.

por Omissão e o mandado de injunção, para suspender os processos em cursos que tratem de temas não versados pela lei e dando ciência às casas legislativas de sua mora em normatizar o tema. Cita ainda a iniciativa popular, previsão que facilitar que temas sejam trazidos à votação no Congresso Nacional pela própria população, sem a necessidade de impulso inicial de qualquer parlamentar.[42]

A insurgência com a inefetividade das normas constitucionais é algo característico não só da obra de Caio Tácito, mas também de boa parte dos constitucionalistas que se seguiram a ele. Esse movimento criou espaço para o desenvolvimento da chamada *Doutrina da Efetividade*, que estuda meios para assegurar a concretização da Constituição de 1988, destacando-se, aqui, os trabalhos do Prof. Luís Roberto Barroso, também da UERJ, e do Prof. Clèmerson Merlin Clève, da UFPR.[43]

Por fim, retomamos o ponto de que uma das maiores contribuições do autor para o Direito Público foi explorar formas de controle do Estado, um *Direito Público do Controle*. Mesmo em cenários de autoritarismo, Caio Tácito não cansa de remar para um futuro de realinhamento do Poder Público à democracia e à centralidade dos direitos fundamentais.

3.2 Contribuições para o Direito Público Econômico

Um segundo eixo de contribuições de Caio Tácito residiu no campo do Direito Público econômico. Segundo o homenageado, o Estado brasileiro vive uma realidade pendular em seu diálogo com a economia. Ora há uma atuação mais direta, interventiva, por intermédio de sociedades de economia mista ou empresas públicas, ora mais indireta, sob a forma de delegação de serviços públicos a particulares, via concessões e permissões.[44]

---

[42] *Idem. Como Fazer Valer a Constituição? In: Idem. Temas de Direito Público (Estudo e Pareceres), In:* p. 407 e ss.

[43] No caso de Barroso, confira-se: BARROSO, Luís Roberto. *O Direito Constitucional e a Efetividade de Suas Normas: Limites e Possibilidades da Constituição Brasileira.* Rio de Janeiro: Renovar, 1990; seguido da obra BARROSO, Luís Roberto. *Interpretação e Aplicação da Constituição*: Fundamentos de uma Dogmática Constitucional Transformadora. São Paulo: Saraiva, 1996, assim como de vários trabalhos acadêmicos sobre o tema.
Em se tratando de Clèmerson Merlin Clève, confira-se: CLÈVE, Clèmerson Merl*In:* A Teoria Constitucional e o Direito Alternativo (para uma Dogmática Constitucional Emancipatória). *In:* CARVALHO FILHO, Carlos Henrique de. (Org.). *Uma Vida Dedicada ao Direito. Homenagem a Carlos Henrique de Carvalho.* O Editor dos Juristas. São Paulo: Revista dos Tribunais, 1995.

[44] TÁCITO, Caio. O Retorno do Pêndulo: Serviço Público e Empresa Privada: O Exemplo Brasileiro. *In: Idem. Temas de Direito Público (Estudo e Pareceres),* p. *In:* 721 e ss.

Entre o século XIX e o início do XX, a sociedade brasileira demandava investimentos em infraestrutura, sobretudo ferrovias, iluminação pública (inicialmente a gás e depois em energia elétrica) e comunicação via telefone. O governo não dispunha de recursos, o que demandou parcerias com o setor privado, as quais assumiram a forma de contratos de obra pública, até evoluir e se tornarem contratos de concessão. Essa primeira fase se mostra mais dialógica com a iniciativa privada.

Em momento subsequente, na metade do século XX, em particular após o advento da Era Vargas, são criadas entidades estatais para fomentar o desenvolvimento econômico e social e garantir direitos sociais, entre elas ao Companhia Siderúrgica Nacional (1941), a Companhia Vale do Rio Doce (1942), a Companhia Hidrelétrica do São Francisco (1945) e, posteriormente, a Petrobras (1953). O movimento continuou de alguma forma durante a ditadura militar. Nessa segunda fase, a aposta recaiu sobre atuações diretas da administração pública na economia.

Já na década de 1990, o pêndulo econômico retorna ao setor privado, algo que poderia se dizer que perdura até os dias atuais, embora tenha havido alguma retomada de certo capitalismo de Estado durante os primeiros governos do Partido dos Trabalhadores.[45] [46] A nova fase mimetiza a lógica já vivenciada do fortalecimento das parcerias com o setor privado na exploração de atividades públicas.[47]

Ela pode ser dividida em três etapas: *(i)* a edição do Programa Nacional de Desburocratização, objeto do Decreto nº 83.740/1979, cuja finalidade era simplificar o funcionamento da máquina pública federal, evitar a constituição de novas empresas estatais e fortalecer pequenas e médias empresas privadas; *(ii)* a inauguração do Programa Federal de Descentralização, lastreado no Decreto nº 95.886/1988, cujo propósito era transferir à iniciativa privada atividades antes exploradas pelo setor público e estimular o uso de concessões e permissões; e *(iii)* a consolidação do Programa Nacional de Desestatização, pela Lei nº 8.031/1990, a partir do qual defluiu um movimento de participação do capital privado na gestão pública.[48]

---

[45] *Ibidem*, p. 723.

[46] Pode-se dizer que, após a década de 1990, o pêndulo retornou às estratégias mais intervencionistas durante os governos Lula e Dilma para, em seguida, retomar o viés liberal no curso dos governos Temer e Bolsonaro.

[47] *Ibid em*, p. 724.

[48] *Idem. Três Momentos da Privatização. In: : Idem. Temas de Direito Público (Estudo e Pareceres).* Rio de Janeiro: Renovar, 1997. v. 3, p. 61 e ss.

Essas etapas foram, para muitos, o ponto de partida para o chamado *Estado Gerencial*, cuja pedra de toque é a descentralização da ordenação estatal sobre atividades econômicas e serviços públicos, por meio da: *(i)* delegação de serviços públicos via concessões e permissões com o setor privado; *(ii)* da celebração de parcerias com o terceiro setor, a exemplo dos contratos de gestão; e *(iii)* da instituição de agências reguladoras e executivas.[49]

De rigor, esse seria um dos traços distintivos do Direito Administrativo para o novo milênio: o equilíbrio entre as esferas públicas e privadas.[50] Nas suas palavras:

> O novo modelo de Estado Democrático de Direito estimula a harmonia entre a atividade estatal e a ação privada, valorizando os entes de cooperação e fortalecendo o desenvolvimento da comunidade mediante os instrumentos de garantia e de proteção de direitos coletivos e difusos.
> [...]
> O Estado, em suma, se retira do plano da gestão direta dos serviços, recolhendo-se a uma posição de avaliação da eficiência dos agentes privados, com vistas a proteger o interesse do usuário.

Caio Tácito vivenciou o início da discussão sobre o Estado Gerencial no país, e os avanços da interpenetração do Estado e do mercado na nova república. Há trabalhos do autor comentando os mais diversos nichos regulatórios, entre eles os setores de gás natural,[51] telecomunicações,[52] energia elétrica,[53] saneamento básico[54] etc.

---

[49] *Ibidem*, p. 41 e ss.

[50] Esse fenômeno teve alguma influência, pode-se dizer, no Direito Administrativo dos EUA. Não obstante o administravismo pátrio tenha suas raízes no Direito Administrativo francês, houve inserções da influência estadunidense nesse ramo do Direito. Entre elas, destacam-se: o fato de o DASP ter tido um corpo técnico cujo conhecimento técnico embasado na gestão pública dos EUA. A isso se soma a incorporação de práticas de combate a condutas anticompetitivas, à guisa do Sherman Act (1890) e do Clayton Act (1914). Em momento mais recente, é o que se pode dizer do advento da regulação no país, inspirado na literatura também daquele país e incorporada no Brasil para evitar a prestação de atividades de interesse geral a preços abusivos e com qualidades deficitárias (*Ibidem*, p. 13 e ss.).

[51] TÁCITO, Caio. Gás Natural – Participação Privada – Concessão de Obra Pública. *Revista De Direito Administrativo*, n. 192, 1993.

[52] *Idem*. Serviço de Telecomunicações – Telefonia Móvel Celular – Empresa Privada. *Revista De Direito Administrativo*, nº 187, 1992.

[53] *Idem*. O Equilíbrio Financeiro na Concessão de Serviço Público. Tese Apresentada para Professor Titular da UERJ, mimeo, 1960, item 6 do Capítulo III.

[54] *Idem*. Serviços de Saneamento Básico. *Revista De Direito Administrativo*, n. 229, 2022.

Também ganharam muita atenção do autor os contratos de concessão, com especial dedicação ao reequilíbrio econômico-financeiro, algo que foi objeto de estudo de sua tese de titularidade para a UERJ, em 1960, denominada *O Equilíbrio Financeiro na Concessão de Serviço Público*.[55]

Na obra, adverte logo de início que o Direito dos contratos públicos convive com duas ideias chave. A primeira seria a de *Mutabilidade dos Contratos Administrativos*, à luz da qual os módulos contratuais devem mudar *vis-à-vis* as alterações do interesse público. A outra consiste no *Princípio da Estabilidade Financeira dos Contratos Administrativos*, que foi teorizado pela jurisprudência do Conselho de Estado francês e seu conteúdo jurídico interdita que o particular ou o Estado tenham prejuízos fora daqueles que razoavelmente se esperaria dentro de sua equação econômico-financeira. Assim é que em caso de Fato do Príncipe, Fato da Administração ou outros fatos imprevisíveis decorrentes de áleas econômicas extraordinárias legitimariam a recomposição econômico-financeira do ajuste.[56] [57]

A partir da comparação entre a jurisprudência do Conselho de Estado francês e da Suprema Corte dos Estados Unidos, Caio Tácito extraiu algumas das bases do Direito Público Econômico, dentre elas: *(i)* o compartilhamento de riscos ordinários entre Poder Concedente e concessionário; *(ii)* as cláusulas de reajuste periódico de preços; *(iii)* as revisões ordinárias de preços, ocorridas periodicamente, para além das extraordinárias, fruto de fatos imprevisíveis; *(iv)* a necessidade de regulação dos preços praticados, de modo a garantir, de um lado, a acessibilidade dos consumidores e, de outro, a justa remuneração do explorador do serviço; *(v)* a deferência à ação regulatória que fixava ou orientava os preços praticados; e *(vi)* a necessidade de que a ação regulatória de fixação de tarifas seja orientada por critérios razoáveis técnicos, isto é, calcados em evidências.[58] [59]

---

55 *Idem*. O Equilíbrio Financeiro na Concessão de Serviço Público. Tese Apresentada para Professor Titular da UERJ, mimeo, 1960.

56 *Ibidem*, item 6 do Capítulo I.

57 Lembrando que, à época, não vigia ainda o Decreto nº 2.300/86, que positivou expressamente o dever de reequilíbrio (art. 55 § 6º), nem tampouco a Lei nº 8.666/93, que o sucedeu e destrinchou ainda mais essa previsão (art. 65).

58 TÁCITO, *O Equilíbrio Financeiro na Concessão de Serviço Público*, Item 7 do Capítulo I e Capítulo II todo.

59 Nessas considerações, o autor narra tanto a evolução da jurisprudência francesa e da norte-americana quanto faz as devidas diferenciações entre serviços públicos, praticados na França, e as *public utilities*, desenvolvidas nos EUA.

3.3 A atualidade do pensamento de Caio Tácito: o Direito Público do Controle e o Direito Público Econômico nos dias atuais

As formulações acadêmicas do professor Caio Tácito listadas acima (como outras que não apresentamos) ecoam até hoje. E ainda: após o falecimento do autor, em 2005 houve transformações nesses ramos que refletem a importância de continuarmos a trajetória de aperfeiçoá-los.

No plano do Direito Público do Controle, desenvolveram-se mais técnicas de judicialização,[60] o que faz surgir críticas importantes quanto aos excessos.[61] No que diz respeito aos órgãos de controle, como o Ministério Público[62] e os tribunais de contas,[63] também houve insurgências apontando possíveis extrapolações de competências.

Na mão inversa, a recente ascensão de movimentos autoritários no Brasil e no mundo faz-nos renovar, em alguma medida, a necessidade de manter hígido o controle sobre o Estado, no intuito de evitar desvios de conduta de agentes políticos, atentatórias a direitos fundamentais.

No plano do Direito Público Econômico, os modelos negociais de delegação de serviços públicos pelo Estado combinados com os microssistemas de regulação setorial ganharam sofisticações. Mais ativos públicos foram concedidos à iniciativa privada e novas agências

---

60 Um panorama geral das técnicas incorporadas pelo Direito brasileiro para controlar a administração pública pode ser encontrado em: JORDÃO, Eduardo. *Controle Judicial de uma Administração Pública Complexa*: a Experiência Estrangeira na Adaptação da Intensidade do Controle. São Paulo: Malheiros, 2016.

61 Para um panorama geral de críticas ao ativismo judicial, confira-se: BARROSO, Luís Roberto. Constituição, Democracia e Supremacia Judicial: Direito e Política no Brasil Contemporâneo. *Revista do Ministério Público*, v. 49, Rio de Janeiro, 2013. A propósito das críticas sobre intervenções judiciais no domínio econômico, confira-se: CYRINO, André. *Direito Constitucional Regulatório*: Elementos para uma Interpretação Institucionalmente Adequada da Constituição Econômica Brasileira. 2. ed. Rio de Janeiro: Editora Processo, 2008. Ainda, destacando a necessidade de se realizar análise contextual e antifundacionalista da intervenção do Estado na economia, v. MENDONÇA, José Vicente Santos de. *Direito Constitucional Econômico*: a intervenção do estado na economia à luz do pragmatismo e da razão pública. 2. ed. Belo Horizonte: Fórum, 2018.

62 Uma introdução a como o comportamento institucional do Ministério Público pode ter levado à expansão de suas competências é a tese de doutorado de Rogério Arantes, intitulada Ministério Público e Política no Brasil (ARANTES, Rogério Bastos. *Ministério Público e Política*. Tese (Doutorado em Ciência Política) – Universidade de São Paulo, São Paulo, 2000. Disponível em: https://www.teses.usp.br/teses/disponiveis/8/8131/tde-29122022-163250/publico/2000_RogerioBastosArantes.pdf. Acesso em: 23 set. 2023).

63 Um mapeamento amplo das críticas à expansão das competências do TCU, que é ilustrativo para os tribunais de contas em geral, pode ser encontrado em ROSILHO, André. *Tribunal de Contas da União*: Competências, Jurisdição e Instrumentos de Controle. São Paulo: Quartier Latin, 2019.

reguladoras foram criadas, desde o final dos anos 2000, para garantir o seu adequado uso. Ao lado disso, emergiu a preocupação com a governança regulatória, isto é, como os processos de tomada de decisão de órgãos e entes públicos no exercício da função regulatória.[64] [65]

Nem por isso a metáfora de Caio Tácito sobre um movimento pendular de intervenção do Estado na economia perde sua atualidade. Há governos que concentram mais forças na prestação direta de atividades públicas pelo Estado, em especial por empresas estatais, e outros que acenam para as privatizações, a demonstrar a atemporalidade dessa reflexão no trajeto histórico brasileiro.[66]

Seja como for, o Direito Público de Caio Tácito apresenta um aspecto fundamental de contenção do poder. Ele agrupa o Direito Administrativo e o Direito Constitucional ao buscar conter o poder político e o poder econômico, pretendendo harmonizá-los sempre com os interesses sociais, sem descurar das necessidades dos agentes públicos e dos agentes de mercado. O aspecto da contenção mantém sua atemporalidade em um cenário no qual o país continua a trilhar caminhos ainda turbulentos tanto na política quanto na economia. Essa é uma

---

64 Uma das primeiras iniciativas no sentido foi o Pro-Reg., positivado pelo Decreto nº 6.062, de 16 de março de 2007, que constituiu comissões para avaliação da qualidade regulatória no Brasil, bem como capacitação de servidores públicos. A Lei das Agências Reguladoras também listou uma série de mecanismos de governança regulatória, que têm sido seguidos pelos reguladores federais e replicados pelos estaduais e municipais, entre eles a realização de audiências e consultas públicas (arts. 10 a 12); análises de impacto regulatório e avaliação de resultado regulatório (art. 6º e Decreto nº 10.411/21); planos estratégicos, planos de gestão anual e agendas regulatórias (arts. 17 a 21); e ouvidorias (arts. 22 a 24). Essas medidas previstas na lei vêm acompanhadas de outras não formalmente descritas, a exemplo dos guias de boas práticas regulatórias.

65 Segundo José Vicente Santos de Mendonça, o estudo da regulação no Brasil contempla duas fases. A primeira, iniciada na década de 90, se preocupava em examinar as características da regulação e a autonomia das agências reguladoras. A segunda, que se inaugurou nos últimos anos, tem a preocupação de avaliar instrumentos de governança regulatória, isto é, como os processos de tomada de decisão regulatória podem ser mais eficazes, como os listados na nota de rodapé anterior (MENDONÇA, José Vicente Santos de. *As Fases do Estudo Sobre Regulação da Economia na Sensibilidade Jurídica Brasileira*. Revista Opinião Jurídica, ano 13, n. 17, Fortaleza, 2015).

66 Egon Bockmann Moreira propõe outra metáfora para narrar as oscilações nos comportamentos da intervenção do Estado na economia. O autor fala em 100 metrônomos (pêndulo oscilante que mede o andamento musical), cujos movimentos em ritmos discrepam entre si. Nas palavras do autor: "*Cada um desses metrônomos é um (ou mais) dos setores da economia brasileira (em seus três níveis federativos), a instalar ritmos e leituras diversificadas, com inúmeras combinações de entradas e saídas do Estado neste ou naquele setor, desta ou daquela forma. Porventura a única diferença resida no fato de que, no Direito regulatório brasileiro, os pêndulos simultâneos tendem a nunca parar.*" (MOREIRA, Egon Bockmann. Passado, Presente e Futura da Regulação Econômica no Brasil. *Revista de Direito Público da Economia*, Belo Horizonte, ano 11, vol. 44, 2013. p. 140).

diretriz que se pode extrair das reflexões de um autor que vivenciou o desenvolvimento do Direito Público brasileiro em quase todo o século XX e um norte acadêmico para autores do século XXI.

4 Referências

ARANTES, Rogério Bastos. Ministério Público e Política. Tese de Doutorado, 2000. Disponível em: https://www.teses.usp.br/teses/disponiveis/8/8131/tde-29122022-163250/publico/2000_RogerioBastosArantes.pdf. Acesso em: 1 set. 2025.

BARROSO, Luís Roberto. *O direito constitucional e a efetividade de suas normas: limites e possibilidades da Constituição brasileira*. Rio de Janeiro: Renovar, 1990.

BARROSO, Luís Roberto. Constituição, democracia e supremacia judicial: direito e política no Brasil contemporâneo. *Revista do Ministério Público*, v. 49, Rio de Janeiro, 2013.

BARROSO, Luís Roberto. *Interpretação e aplicação da Constituição: fundamentos de uma dogmática constitucional transformadora*. São Paulo: Saraiva, 1996.

CEPED UERJ. História. Disponível em: https://cepeduerj.org.br/institucional/historia/. Acesso em: 1 set. 2025.

CLÈVE, Clèmerson Merlin. A teoria constitucional e o direito alternativo (para uma dogmática constitucional emancipatória). *In:* CARVALHO FILHO, Carlos Henrique de (Org.). *Uma vida dedicada ao direito: homenagem a Carlos Henrique de Carvalho*. São Paulo: Revista dos Tribunais, 1995.

CYRINO, André. *Direito constitucional regulatório: elementos para uma interpretação institucionalmente adequada da Constituição econômica brasileira*. 2. ed. Rio de Janeiro: Editora Processo, 2008.

D'ANDRÉA FERREIRA, Sergio. Caio Tácito: vida e obra. Mimeo.

D'ANDRÉA FERREIRA, Sergio. Homenagem ao Professor Caio Tácito. *Revista de Direito Administrativo*, n. 229, 2002.

FAGUNDES, Miguel Seabra. *O controle dos atos administrativos pelo Poder Judiciário*. Rio de Janeiro: Freitas Bastos, 1941.

FGV CPDOC. Caio Tácito Sá Viana Pereira de Vasconcelos. Disponível em: https://www18.fgv.br/cpdoc/acervo/dicionarios/verbete-biografico/caio-tacito-sa-viana-pereira-de-vasconcelos. Acesso em: 1 set. 2025.

JORDÃO, Eduardo. *Controle judicial de uma administração pública complexa: a experiência estrangeira na adaptação da intensidade do controle*. São Paulo: Malheiros, 2016.

LEAL, Vitor Nunes. Poder discricionário da administração – abuso desse poder – mandado de segurança – direito líquido e certo. *Revista de Direito Administrativo*, n. 14, 1948.

MENDES, Gilmar Ferreira. A proporcionalidade na jurisprudência do Supremo Tribunal Federal. *Repertório IOB Jurisprudência: Tributária Constit. Adm.*, São Paulo, v. 1, p. 469–475, 1994. Disponível em: https://www.gilmarmendes.com.br/wp-content/uploads/2018/09/A--PROPORCIONALIDADE-NA-JURISPRUD%C3%8ANCIA-DO-SUPREMO-TRIBUNAL-FEDERAL.pdf. Acesso em: 1 set. 2025.

MENDONÇA, José Vicente Santos de. As fases do estudo sobre regulação da economia na sensibilidade jurídica brasileira. *Revista Opinião Jurídica*, ano 13, n. 17, Fortaleza, 2015.

MENDONÇA, José Vicente Santos de. *Direito constitucional econômico: a intervenção do Estado na economia à luz do pragmatismo e da razão pública*. 2. ed. Belo Horizonte: Fórum, 2018.

MOREIRA, Egon Bockmann. Passado, presente e futuro da regulação econômica no Brasil. *Revista de Direito Público da Economia*, Belo Horizonte, ano 11, v. 44, 2013.

PPGD UERJ. História do Direito da UERJ. Disponível em: https://www.ppgduerj.com/historia.html. Acesso em: 1 set. 2025.

ROSILHO, André. *Tribunal de Contas da União: competências, jurisdição e instrumentos de controle*. São Paulo: Quartier Latin, 2019.

SUPREMO TRIBUNAL FEDERAL. RE n. 18331, Plenário, Rel. Min. Orozimbo Nonato, j. 1953.

UERJ. Galeria de Reitores. Disponível em: https://www.uerj.br/a-uerj/a-universidade/memoria/galeria-de-reitores/page/3/. Acesso em: 1 set. 2025.

UERJ. Professor Caio Tácito. Disponível em: https://www.uerj.br/reitores/professor-caio-tacito/. Acesso em: 1 set. 2025.

TÁCITO, Caio. A administração e o controle de legalidade. *Revista de Direito Administrativo*, n. 37, 1954.

TÁCITO, Caio. A nova lei do Tribunal de Contas da União. *In:* TÁCITO, Caio. *Temas de Direito Público: estudos e pareceres*. v. I. Rio de Janeiro: Renovar, 1997.

TÁCITO, Caio. As constituições estaduais e sua adaptação à Carta Federal. *Revista de Direito Administrativo*, n. 89.

TÁCITO, Caio. Como fazer valer a Constituição? *In:* TÁCITO, Caio. *Temas de Direito Público: estudos e pareceres*. v. I. Rio de Janeiro: Renovar, 1997.

TÁCITO, Caio. *Constituições brasileiras*. v. VII: 1988. 3. ed. Brasília: Senado Federal, Subsecretaria de Edições Técnicas, 2012.

TÁCITO, Caio. *Curso de Direito Administrativo*. São Paulo: Saraiva, 1975.

TÁCITO, Caio. Desapropriação – desvio de poder – jurisdição. *Revista de Direito Administrativo*, n. 179, 1990.

TÁCITO, Caio. Desvio de poder em matéria administrativa. Tese apresentada para o concurso de livre-docência de Direito Administrativo, Faculdade de Direito do Rio de Janeiro, mimeo, 1951.

TÁCITO, Caio. Estado-membro – bloqueio de contas bancárias – desvio de poder legislativo. *Revista de Direito Administrativo*, n. 172, 1988.

TÁCITO, Caio. Gás natural – participação privada – concessão de obra pública. *Revista de Direito Administrativo*, n. 192, 1993.

TÁCITO, Caio. Lei municipal – horário de trabalho – desvio de poder. *Revista de Direito Administrativo*, n. 164, 1986.

TÁCITO, Caio. Moralidade administrativa. *In:* TÁCITO, Caio. *Temas de Direito Público: estudos e pareceres*. v. III. Rio de Janeiro: Renovar, 1997.

TÁCITO, Caio. No limiar da décima Carta Constitucional. *In:* TÁCITO, Caio. *Temas de Direito Público: estudos e pareceres*. v. I. Rio de Janeiro: Renovar, 1997.

TÁCITO, Caio. O controle judicial da administração pública na nova Constituição. *Revista de Direito Administrativo*, n. 173, 1988.

TÁCITO, Caio. O desvio de poder no controle de atos administrativos, legislativos e jurisdicionais. *Revista de Direito Administrativo*, n. 188, 1992.

TÁCITO, Caio. O direito à espera da lei. *In:* TÁCITO, Caio. *Temas de Direito Público: estudos e pareceres*. v. I. Rio de Janeiro: Renovar, 1997.

TÁCITO, Caio. O equilíbrio financeiro na concessão de serviço público. Tese apresentada para Professor Titular da UERJ, mimeo, 1960.

TÁCITO, Caio. O poder de polícia e seus limites. *Revista de Direito Administrativo*, n. 27, 1952.

TÁCITO, Caio. O retorno do pêndulo: serviço público e empresa privada – o exemplo brasileiro. *In:* TÁCITO, Caio. *Temas de Direito Público: estudos e pareceres*. v. I. Rio de Janeiro: Renovar, 1997.

TÁCITO, Caio. Ombudsman – o defensor do povo. *Revista de Direito Administrativo*, n. 176, 1988.

TÁCITO, Caio. Percalços da Constituição de 1988. *In:* TÁCITO, Caio. *Temas de Direito Público: estudos e pareceres*. v. I. Rio de Janeiro: Renovar, 1997.

TÁCITO, Caio. Problemas atuais da desapropriação. *Revista de Direito Administrativo*, n. 120, 1975.

TÁCITO, Caio. Proteção dos direitos fundamentais. *In:* TÁCITO, Caio. *Temas de Direito Público: estudos e pareceres*. v. I. Rio de Janeiro: Renovar, 1997.

TÁCITO, Caio. Radiografia da Constituição. *Revista de Direito Administrativo*, n. 196, 1994.

TÁCITO, Caio. Serviço de telecomunicações – telefonia móvel celular – empresa privada. *Revista de Direito Administrativo*, n. 187.

TÁCITO, Caio. Serviços de saneamento básico. *Revista de Direito Administrativo*, n. 229, 2022.

TÁCITO, Caio. Taxa, imposto e preço público – tarifa – preço público no serviço concedido – direito do concessionário à renda do serviço – desvio de poder. *Revista de Direito Administrativo*, n. 44, 1956.

TÁCITO, Caio. Teoria e prática do desvio de poder. *Revista de Direito Administrativo*, n. 117, 1974.

TÁCITO, Caio. Três momentos da privatização. *In:* TÁCITO, Caio. *Temas de Direito Público: estudos e pareceres*. v. III. Rio de Janeiro: Renovar, 1997.

TÁCITO, Caio. Tribunais de contas – independência – tribunais de contas dos municípios. *Revista de Direito Administrativo*, n. 397, 1990.

BIOGRAFIA DE JOSÉ CRETELLA JÚNIOR

Maria Sylvia Zanella di Pietro

José Cretella Júnior nasceu em Sorocaba, Estado de São Paulo, no dia 10 de janeiro de 1920.

Sua família mudou-se para Santos e, depois, para São Paulo. Sua mãe era professora primária e criou, em sua casa, no bairro de Vila Mariana, um curso preparatório para admissão ao ginásio. Nesse curso José Cretella Júnior deu os primeiros passos na direção do magistério, quando às vezes substituía sua mãe nas ocasiões em que ela, por alguma razão, não podia ministrar a aula.

Fez o curso secundário na Escola Estadual de São Paulo que, naquela época, era o único ginásio estadual da cidade.

No período de 1939 a 1941 Cursou a Faculdade de Filosofia, Ciências e Letras da Universidade de São Paulo, no curso de letras clássicas. Prestou concurso público no Ginásio Estadual Canadá, em Santos, onde lecionou latim por um ano. Depois se transferiu para o Ginásio Estadual Alexandre de Gusmão, em São Paulo. Com essa formação, publicou vários livros didáticos de latim e português, que alcançaram número elevado de edições, já que eram adotados em todo o país.

Em 1946 prestou vestibular na Faculdade de Direito da Universidade de São Paulo, obtendo o primeiro lugar entre os candidatos. Formou-se em 1950.

Em 1965, obteve o título de Livre-Docente junto à Faculdade de Direito da Universidade de São Paulo, tendo defendido a tese intitulada *Do desvio de poder*, publicada pela Editora Revista dos Tribunais, em 1964.

Lecionou Direito Romano e Filosofia do Direito nas Faculdades de São José dos Campos, São Bernardo do Campo, Mackenzie e FAAP. Foi Vice-Diretor da Faculdade de Direito de São Bernardo do Campo, no período de 1965 a 1969. Sobre as matérias em que lecionava, publicou os livros *Direito Romano* (Revista dos Tribunais, 1963), *Direito Romano Moderno* (Forense, 1971), *Filosofia do Direito Administrativo* (Forense, 1979) e *Filosofia do Direito* (Forense, 1977).

Em 1969 prestou, na Faculdade de Direito da Universidade de São Paulo, concurso para Professor Titular de Direito Administrativo, oportunidade em que defendeu a tese *Dos bens públicos*, publicada pela Editora Saraiva, em 1969. Em 1984, o mesmo tema voltou a ser desenvolvido no *Tratado do domínio público*, publicado pela Editora Forense.

Aprovado no concurso, passou a ocupar a vaga deixada por Mário Masagão, de quem fora aluno no curso de direito. Aposentou-se nesse cargo, compulsoriamente, por idade, em 1990.

1 Da família

Ainda quando estudante na Faculdade de Direito, conheceu a colega Agnes, com quem se casou em 04 de julho de 1950. Ela seria sua esposa por mais de 64 anos, até a data de seu falecimento. Com ela teve dois filhos: José Cretella Neto, graduado em Física, Engenharia Química e Direito, sempre pela Universidade de São Paulo. Obteve os títulos de Mestre, Doutor e Livre-Docente em Direito Internacional na mesma Faculdade de seus pais e deu aulas de Processo Civil, Direito Internacional Público e Direito Internacional Privado em diversas Universidades particulares; publicou 22 livros e mais de 60 artigos jurídicos; e Célia Ines Cretella, que foi Professora de Educação Física da Unidade Higienópolis do Colégio Rio Branco.

José Cretella Júnior e Agnes Cretella tiveram cinco netos: Ricardo, Rafael, Juliana, Enrico e Lourenzo.

Foram sempre companheiros inseparáveis, fosse na vida acadêmica, profissional ou social.

Juntos, traduziram várias obras clássicas publicadas pela Editora Revista dos Tribunais: *Dos delitos e das penas*, de Cesare Beccaria; *O Príncipe*, de Maquiavel; *A luta pelo Direito*, de Rudolph Von Ihering; *Institutas do Imperador Justiniano*; *Teoria Pura do Direito*, de Hans Kelsen; *Do contrato social*, de Jean Jacques Rousseau; *A cidade antiga*, de Fustel de Couganges; *Discurso sobre a servidão voluntária*, de Étienne de Boétie; e as *Institutas do Jurisconsulto Gaio*.

Era muito grande o apreço e o carinho com que José Cretella Júnior tratava a sua esposa. Seus *Comentários à Constituição Brasileira* (em nove volumes) foram a ela dedicados. O texto da Apresentação, escrito pelo próprio autor e repetido em todos os volumes, em sua frase final, contém dedicatória escrita em 10 de janeiro de 1990 nos seguintes termos:

À Agnes, minha mulher, cujo convívio constante me estimulou, livrando-me de tensões, e cujas observações oportunas tornaram este livro menos imperfeito e suavizaram as horas dedicadas à pesquisa e à elaboração, que passamos juntos, transformando o esforço em vivo prazer de criação, dedico estes Comentários, que são tanto meus, quanto dela.

Ele faleceu no dia 11 de abril de 2015, com 95 anos de idade. Sua esposa, Agnes Cretella, faleceu três anos depois, em 2018.

2 Das viagens

Cretella Júnior amava viajar para o exterior. Este era um dos seus *hobbies* preferidos. Como ele mesmo confessou em uma das obras sobre viagens, as três melhores coisas da vida são *ler, amar* e *viajar*. A cultura que ele revela em suas obras bem demonstra o quanto a leitura fez parte de sua vida. O companheirismo do casal por mais de 60 anos é prova do amor que entre eles existiu. E os livros sobre viagens constituem prova inequívoca de que o ilustre professor conseguiu realizar e teve sucesso nas três coisas que ele considerava as melhores da vida.

José Cretella Júnior escreveu alguns livros relatando as suas viagens: *Viajando pela Europa* e *Viajando pelos cinco Continentes*, publicados em sucessivas edições. São verdadeiros guias turísticos, escritos com muito senso de humor. Além de escrever sobre os lugares que visitou com sua esposa, relatava fatos curiosos e alegres que vivenciaram nas viagens.

3 Das obras

José Cretella Júnior publicou mais de uma centena de livros, artigos e pareceres, a maior parte deles sobre temas jurídicos. Mas escreveu também vários livros didáticos de latim e português (dentre os quais *Português para o ginásio*, que ultrapassou o número de 100 edições, *Latim para o Ginásio*, em cerca de 90 edições, *Português para o curso pré-normal e normal*, todos publicados pela Cia. Editora Nacional). Escreveu também sobre Literatura brasileira e portuguesa e sobre Filosofia.

Suas obras jurídicas foram publicadas por diferentes Editoras, como Forense, Saraiva, J. Bushatsky, Revista dos Tribunais, Freitas Bastos, Forense Universitária.

A obra de maior fôlego, que abrangeu todos os temas de direito administrativo, foi o *Tratado de Direito Administrativo*, em 10 volumes, publicado no Rio de Janeiro, pela Editora Forense, em 1966.

Em 1991, a mesma Editora publicou os *Comentários à Constituição Brasileira*, em nove volumes, em que os vários dispositivos são analisados inclusive sob uma perspectiva histórica, já que cada comentário é antecedido pela menção aos dispositivos semelhantes que se continham nas Constituições anteriores, desde a de 1824. Ele não se limitou a explicitar o sentido de cada dispositivo, mas enriqueceu a obra com conceitos doutrinários dos vários institutos mencionados no texto constitucional.

José Cretella Júnior tinha grande apreço pelo estudo comparado dos institutos do direito administrativo. Por isso mesmo, suas obras são ricas em citações doutrinárias de autores estrangeiros, constituindo excelente fonte bibliográfica para os estudiosos dos vários temas por ele tratados. Também por isso, ele estimulava os alunos de pós-graduação a lerem autores estrangeiros, principalmente espanhóis, portugueses, italianos, franceses e alemães (como Fernando Garrido Falla, Renato Alessi, Massimo Severo Giannini, André de Laubadère, Georges Vedel, Jean Rivero [de quem se tornara amigo pessoal e cuja obra *Droit Administratif* traduziu para o português], Otto Mayer, Fritz Fleiner) além de latino-americanos (como Rafael Bielsa, Sayagués Laso, Miguel Marienhoff), dentre outros. Com muitos desses autores, José Cretella Júnior teve contato pessoal e direto, sendo recebido em suas residências.

Ainda do seu amor pelo estudo do direito comparado nasceu um livro intitulado *O direito administrativo comparado*, publicado em 1972 pela Editora Bushatsky e, posteriormente, em 1986, pela Editora Forense, com sucessivas reedições. Nessa obra, analisa os vários sistemas de direito comparado e orienta sobre o método de estudo.

Escreveu comentários sobre várias leis, como a lei antitruste, a lei de imprensa, as leis de desapropriação, a lei orgânica da previdência social. E escreveu monografias sobre os mais variados institutos do direito administrativo, como ato administrativo, contratos administrativos, empresa pública, funcionário público, fundações de direito público, licitações, função pública, processo administrativo, regime jurídico do pessoal extranumerário. E publicou dezenas de artigos em revistas especializadas, principalmente na RDA (*Revista de Direito Administrativo*), abrangendo temas como executoriedade do ato administrativo unilateral, sindicância administrativa, teoria do fato do príncipe, a via de fato no direito administrativo, o mérito do ato administrativo, categorias jurídicas, conversão do ato administrativo, tutela administrativa, autotutela administrativa, dentre outros.

Com seu filho José Cretella Neto publicou artigos versando sobre os *Tribunais Administrativos Internacionais*, além de capítulo de livro intitulado *Homologação de Sentença Estrangeira*, em homenagem ao Professor Vicente Grecco Filho.

Inegável a importância de suas obras, conhecida dentro e fora do Brasil, sendo, por muitos anos, uma das mais citadas pelos juízes e Tribunais.

4 O professor

Conheci José Cretella Júnior como meu professor no curso de graduação da Faculdade de Direito da Universidade de São Paulo, quando as aulas de direito administrativo eram ministradas no 5º ano. Depois fui sua aluna nos cursos de pós-graduação (mestrado e doutorado), nos quais atuou como meu orientador. Portanto, é nessa qualidade que o conheci. Minha experiência como sua aluna e orientanda é que me permite falar um pouco sobre o mestre.

A experiência que tive foi excelente e contribuiu enormemente para a minha formação. Ainda hoje me lembro de alguns conceitos que ele costumava repetir, como o de ato administrativo (a partir do conceito de ato jurídico, do Código Civil), o de seus atributos e, principalmente, o de mérito, inerente aos atos discricionários.

Nos cursos de pós-graduação, orientou dezenas de alunos que se tornaram mestres e doutores em direito administrativo. Ele participava ativamente da orientação a partir da escolha do tema, afastando aqueles que não se inseriam nesse ramo do direito. Incentivava os alunos a começarem a escrever suas dissertações de mestrado e teses de doutorado. As cobranças eram frequentes. Vangloriava-se pela quantidade de alunos que conquistaram o título sob sua orientação. Fazia a leitura completa das dissertações e teses, anotando inclusive as falhas gramaticais. Sobre as citações de brocardos latinos ele era especialmente rigoroso, inclusive questionando sobre a correção dos seus termos e sobre o seu significado no momento da defesa de tese. Era conhecido pelo rigor com que tratava os candidatos nas bancas de mestrado e doutorado. A sua personalidade era a de uma pessoa inquieta e agitada, em que as palavras não vinham com a rapidez necessária para acompanhar a fluidez e a riqueza de seu pensamento.

À época em que fui professora da Faculdade de Direito da Universidade de São Paulo, todos os professores que ministravam aulas de direito administrativo, na graduação e na pós-graduação, foram por ele orientados: além de mim, também os professores Odete Medauar, Edmir Netto de Araújo e Eduardo Gualazi.

Ele e sua esposa, por vezes, me receberam em sua residência para orientação sobre o trabalho que vinha desenvolvendo. A mim o professor emprestou e doou alguns livros de sua biblioteca particular, que era imensa, com cerca de 15.000 volumes. A orientação continuou mesmo quando ela não era mais exigida, nos concursos à livre-docência e à cátedra. O mestre era incansável em sua dedicação ao magistério.

5 Das honrarias

José Cretella Júnior recebeu vários prêmios e honrarias como doutrinador e como professor.

Em 1954, recebeu o Prêmio Drault Ernanny, instituído pelo Jornal de Letras, do Rio de Janeiro, pela sua obra *A poesia de Augusto dos Anjos*.

Pelos *Comentários às Leis de Mandado de Segurança* (1974, Editora Jurídica e Editora da USP) recebeu um prêmio outorgado pelo Instituto dos Advogados do Rio de Janeiro, em 1984, por ocasião do quinquagésimo aniversário da instituição do mandado de segurança pela Constituição de 1934.

Com a publicação dos *Comentários à Constituição de 1988*, recebeu o prêmio Pontes de Miranda, também no Rio de Janeiro.

Ocupou a Cadeira nº 1, da Academia Paulista de Letras a partir de 2006. Como costumava dizer, gostava de frequentar as reuniões da Academia nas quintas-feiras, quando tinha oportunidade de encontrar-se com vários escritores ilustres, também acadêmicos daquela instituição.

Em 28 de junho de 2002, recebeu a honraria máxima do Tribunal de Justiça de São Paulo, o "Colar do Mérito Judiciário".

Em 15 de outubro de 2010, recebeu do CIEE e do Jornal O Estado de São Paulo a láurea e o troféu de "Professor Emérito 2010 – Guerreiro da Educação", concedido a um único educador por ano, ocasião em que foi recepcionado e homenageado pelo Professor Adib Jatene, laureado no ano anterior. Tive a honra de estar presente e de cumprimentá-lo pessoalmente por essa merecida homenagem.

Pelo relevante papel que desempenhou em minha vida de estudante e em minha vida profissional, tenho repetido, em todas as edições do meu livro *Direito Administrativo*, mesmo após o seu falecimento, a mesma dedicatória:

> *"Ao Professor José Cretella Júnior, pela amizade, pelo incentivo e pelo apoio de valor inestimável."*

DIOGO DE FIGUEIREDO MOREIRA NETO

Jessé Torres Pereira Junior

1 Dados biográficos

Nascido no Rio de Janeiro, aos 5 de janeiro de 1932; falecido no mesmo local em 1º de julho de 2017. De seu primeiro casamento nasceram quatro filhos, três homens e uma mulher, esta já falecida.

Cursou o bacharelado em Direito na Faculdade Nacional de Direito, da então Universidade do Brasil, hoje UFRJ, no período de 1951 a 1955. E o doutorado entre 1955 e 1958, tendo por orientador Francisco Campos, desenvolvendo a tese *Tribunais Administrativos para o Controle de Legalidade dos Atos do Poder Público na República Federativa do Brasil*. Pós-doutorou-se em Direito, Economia e Política na Faculdade de Direito de Lisboa e no Instituto de Política e Direito Público da Universidade de Munique.

Procurador do Estado do Rio de Janeiro, chefiou a Procuradoria Administrativa e foi Procurador Geral nos períodos de 1971–1973 e 1988–1998, tendo presidido a Associação Nacional dos Procuradores de Estado no período 1993–1995.

Foi embaixador do Brasil junto à Organização dos Estados Americanos (OEA), em Washington, por oito anos, período em que lecionou e pronunciou conferências na Georgetown University.

Lecionou na Universidade Complutense, de Madri, e na Faculdade de Direito da Sorbonne, em Paris. No Rio de Janeiro, exerceu o magistério na Escola de Comando e Estado-Maior do Exército, na Escola da Magistratura do Tribunal de Justiça do Estado do Rio de Janeiro, e na Faculdade de Direito Cândido Mendes.

Foi autor individual de 22 livros. Em coautoria, participou de 52 obras coletivas e coordenou duas, tendo sido homenageado em duas outras. O seu *Curso de Direito Administrativo* teve sua primeira edição em 1970; em 2014 chegou à 16ª edição.

2 A personalidade do ser humano

Na qualidade de discípulo permanente de Diogo durante as seis décadas de seu magistério – comecei como seu aluno no curso de bacharelado, em 1968, na Faculdade de Direito Cândido Mendes, no Rio de Janeiro –, não apenas no sentido acadêmico, mas noutro espectro, mais amplo, da formação vocacionada para o direito e o exercício de opções profissionais com aquela comprometidas, devo evocar episódios denotativos da singular personalidade do ser humano Diogo, com o fim de registrar o quanto a sua seriedade de propósitos, a sua fidelidade a valores, a sua perspicácia para conhecer e respeitar o outro, e a brandura de sua alma terão concorrido para a formação dos que, pela convivência, dele se tornaram amigos e admiradores.

Ilustração da grandeza do espírito de Diogo se pode extrair da extensa dedicatória que escreveu para introduzir o primeiro volume do que pretendia que fosse um tratado de direito administrativo, a cuja elaboração dedicou os últimos anos de sua jornada e que se desdobraria em tomos que compartilharia com outros professores. Leia-se pequeno trecho:

> A existência se nos vai abrindo opções, das quais, algumas, em seu devido tempo, irão nos apontar a vocação. Esta dedicatória celebra a memória de meus maiores, e dos mais influentes em minha formação, que foram os que, especialmente, multiplicaram a riqueza de opções em minha vida e, muito particularmente, os meus queridos Mestres, que me moldaram a vocação e orientaram no estudo e cultivo do Direito.
> Desde muito cedo, a terna e amantíssima memória de meus pais: **Dylha de Albuquerque Moreira** e **Diogo de Figueiredo Moreira Júnior**, que, desde o berço e com extremando amor, me apontaram as grandes opções preferenciais de vida, que dão razão à existência, e me incutiram os valores que travejaram minha personalidade.
> Mais tarde, inspirando-me importantes opções, sobressaem dois parentes, com os quais mantive estreitas relações de afeto e admiração, enquanto tive a ventura de tê-los em meu convívio: o meu tio, **Severino Sombra de Albuquerque**, que me abriu a opção do amor ao conhecimento, e o meu primo, **Guilherme de Oliveira Figueiredo**, que me guiou na opção do belo, das artes e da alegria de viver.
> E, culminando esta trajetória, que já se faz longa, a doce influência, que a suaviza e lhe dá sentido: a de minha esposa, **Cleia Cardoso de Figueiredo Moreira**... a minha querida **Cleinha**, que me abriu as belas opções do amor e do companheirismo.

> Em ordem cronológica, aqui registro as poderosas influências de esplêndidos e consagrados Mestres do Direito, que desde a juventude até a senectude, como em contínuo aprendizado que jamais se exaure, abriram-me opções e caminhos iluminados pelo brilho de suas mentes privilegiadas: **Francisco Clementino de San Tiago Dantas, Francisco Campos, Miguel Seabra Fagundes, Marcello Caetano, Theodor Maunz, Karl Larenz** e, destacadamente, por mais de quarenta anos de convívio e amizade, **Eduardo García de Enterría**, que tanto me inspirou e guiou com seu imenso talento e por seu profundo amor à Justiça, à qual, por longos anos, tanto serviu, honrou e enriqueceu em sua amada Espanha e no Antigo e Novo Mundos.

Eis a síntese do homem Diogo: reconhecido, com humildade e ternura, aos mentores de sua formação, a quem dedicava afeto e aos quais atribuía o desenvolvimento de todos os vínculos valorativos que adotou para a vida, não apenas os intelectuais, também os éticos e estéticos, que manejava com humor e sagacidade. Personalidade plena de compromissos que se desdobravam em todos os planos da existência humana.

Nosso derradeiro encontro se deu em visita que lhe fiz no hospital, a poucos dias de seu falecimento. Meio da semana. Vinha eu do trabalho. No percurso imaginava a forma mais descontraída que pudesse encontrar para renovar-lhe o ânimo, embora, no íntimo, soubesse que o fim se aproximava, dada a gravidade da patologia que o acometia, em estágio terminal. Pensava em provocá-lo com reminiscências de suas viagens – os doutorados que obtivera em Portugal e na Alemanha, os professores e amizades que lá deixara e mantinha em suas recordações, estórias que tinha prazer em recontar –, as missões do governo brasileiro que cumprira nos Estados Unidos – mais estórias e diversidades culturais que, didaticamente, gostava de comparar –, a juventude que vivera no sul do Brasil, com frequentes visitas aos vizinhos argentinos – redesenhava cenas urbanas e campesinas, gastronomia, vinhos, mais estórias.

Desnecessárias as provocações que eu ensaiara. Em minutos de conversa, sem queixar-se da enfermidade, Diogo já relembrava episódios. Não das viagens ou das várias épocas de suas tertúlias acadêmicas. Falava de passagens que protagonizara na Procuradoria do Estado, nas bancas de concursos que presidira, no trato com colegas, nas dificuldades administrativas e funcionais que enfrentara quando foi procurador geral. Lembrei de haver participado com ele de uma daquelas bancas examinadoras de concurso ao cargo de procurador do estado. O ponto sorteado incluía terrenos de marinha. Como o candidato mostrava pouca familiaridade com o tema, Diogo perguntou qual seria a diferença entre terrenos de marinha, do exército e da aeronáutica... Descontração geral e o candidato foi encontrando respostas satisfatórias, resultando aprovado.

Diogo arrematou aquele nosso último encontro com duas observações, outra síntese do homem fiel a seus valores até o último suspiro: a primeira, a de que ainda teríamos a oportunidade de comemorarmos o aniversário seguinte dele em viagens evocativas de seu doutoramento, regadas a vinhos portugueses e alemães; a segunda, a de que das tantas pessoas com as quais administrou a procuradoria, todas permaneceram suas amigas. Fez questão de dizer-me, como se disto eu já não soubesse, que jamais fizera inimigos, nem praticara atos que pudessem causar prejuízo funcional ou pessoal e alguém. Aos nos despedirmos, perguntou quanto tempo havia que eu fora seu aluno; respondi que 49 anos. E ele: mais uma razão para viajarmos à Europa em 2018 e celebrarmos os 50 anos exatos.

Diogo era um humanista agnóstico. Jamais trocamos ideias sobre a possibilidade de uma vida espiritual após a morte física. Não sei se, ao final, ele estaria a cogitar disso. Não parecia. Preferia tratar das perspectivas civilizatórias da humanidade e como o direito e a cidadania poderiam contribuir. Onde quer que o seu espírito ou a sua alma possam estar, decerto que Diogo será uma inspiração, nos termos em que ele a definia em seus escritos, dos quais reproduzo, daquele primeiro tomo que Diogo planejava que viesse a ser um tratado de direito administrativo, trecho elucidativo de sua compreensão sobre o mundo e as pessoas diante de paradigmas que se compõem e recompõem ao longo dos tempos históricos:

> Encompassando todo o espectro cultural no curso dessa transição de Eras, o Direito não ficou à margem das *mudanças de paradigmas* que se sucederam, envolvendo a ciência, a literatura, as artes e, de modo geral, a convivência social, senão que os absorveram, na configuração de novos *princípios jurídicos*, a espelhar os valores capitais provindos da Política e da Sociologia, que substituiriam os modelos estatocêntricos e autoritários, inerentes à tradição regaliana, já longa de cinco séculos. O término da Segunda Guerra Mundial, na metade do Século XX, abriria as condições culturais e políticas para um processo de *juridicização pós-moderna* em escala global, iniciada logo depois do Armistício de 22 de junho de 1940,

gerando benéficos reflexos sobre o Brasil, que, incitado pela repatriação da Força Expedicionária Brasileira, vitoriosa sobre o autoritarismo nazifascista, provocou a redemocratização e a reconstitucionalização do País e, graças a ambas, a institucionalização de um Direito Público inspirado pelos novos *valores* trazidos pela Pós-Modernidade, neles destacados e fundamentalmente os da *democracia* e dos *direitos humanos.*

3 As convicções doutrinárias

Retome-se o primeiro tomo do que seria o tratado de direito administrativo que Diogo estava a elaborar quando veio a óbito. De suas considerações se pode extrair a visão doutrinária do professor, testemunho de sua afável personalidade e das firmes convicções principiológicas e conceituais que lhe presidiam o espírito, no presente e para o futuro que descortinava com agudeza e sabedoria.

O estudioso resultará convencido, da leitura destas últimas lições que Diogo de Figueiredo Moreira Neto redigiu ao final de seu cinquentenário magistério, como refinado acabamento axiológico de suas ideias, de que o direito pós-moderno em formação no século XXI não se limita ao aporte do Estado, nem se esgota na legislação, senão que a ambos transcende.

Os alunos de direito público, nos cursos de graduação e de pós-graduação ministrados, nas últimas décadas, em centros acadêmicos de nomeada, tiveram, continuarão a ter, o ensejo de conhecer o que Diogo entendia ser um processo cultural de doma do Estado pela cidadania, a partir do princípio da participação. A doma da onipotência do Estado pelo exercício da cidadania era, ainda é, o que se reconhecia ser o traço distintivo de uma escola de direito administrativo do Rio de Janeiro.

Repetem os professores – muitos ex-alunos de Diogo –, como se pode prever que permanecerão reiterando durante, pelo menos, as próximas duas décadas, à vista da realidade política e cultural do país, que cumpre "Aproximar o administrado de todas as discussões e, se possível, das decisões em que seus interesses estejam mais diretamente envolvidos, multiplicando, paulatinamente, os instrumentos de participação administrativa, com a necessária prudência, mas decididamente, com vistas à legitimação das decisões que, como ensina a ciência política, serão por isso mais aceitáveis e facilmente cumpridas pelas pessoas [...] Como consectária da participação, a consensualidade aparece tanto como uma técnica de coordenação de interesses e de ações, como uma nova forma de valorização do indivíduo [...], parceria que potencializa a ação desses dois atores protagônicos: a sociedade e o Estado".[1]

A tese de Diogo é universal. A participação dos interessados e a consensualidade passam a integrar o devido processo administrativo, tanto que consultas e audiências públicas (*right to a fair hearing* – USA, França, Bélgica, Alemanha, Suíça, México, Argentina) são previstas como integrantes do processo, tanto na Lei federal brasileira nº 9.784/99, art. 32, quanto na lei estadual do processo administrativo fluminense (Lei nº 5.427/09, art. 46), certamente inspiradas pela mesma orientação – No exercício de sua função decisória, poderá a administração firmar acordos com os interessados, a fim de estabelecer o conteúdo discricionário do ato terminativo do processo, salvo impedimento legal ou decorrente da natureza e das circunstâncias da relação jurídica envolvida, observados os princípios previstos no art. 2º desta lei, desde que a opção pela solução consensual, devidamente motivada, seja compatível com o interesse público.

Arrematava Diogo que o instituto da audiência pública é um processo administrativo de participação aberta a indivíduos e a grupos sociais determinados, visando ao aperfeiçoamento da legitimidade das decisões da AP, criado por lei, que lhe preceitua a forma e a eficácia vinculativa, pela qual os administrados exercem o direito de expor tendências, preferências e opções que possam conduzir o Poder Público a decisões de maior aceitação consensual (*idem, ibidem*).

O direito positivo brasileiro dos últimos vinte anos também foi aos poucos se impregnando da pregação de Diogo, disseminada por discípulos, ao que se extrai da CF/88, art. 58, §2º; da Lei Geral de Telecomunicações, nº 9.472/97, art. 19, III; da Lei de Normas Gerais sobre Licitações e Contratos, nº 8.666/93, art. 39; da Lei de Responsabilidade Fiscal, art. 9º, §4º; da Lei do Meio Ambiente, nº 6.938/81, art. 8º, II; da Resolução CONAMA nº 237/97, art. 10, V; da Lei nº 9.427/96, de Energia Elétrica, art. 4º, §3º; da Lei nº 9.478/97, de exploração e comercialização de petróleo, art. 19; da Lei nº 10.257/01, Estatuto da Cidade, artigos 2º, 4º e 43; da Lei nº 9.868/99 (processo e julgamento de Adin no STF), art. 9º, §1º; culminando com o acolhimento, pelo Código de Processo Civil promulgado em 2015, da figura do *amicus curiae*, bem como dos princípios da não surpresa e da colaboração, artigos 10 e 15.

---

[1] MOREIRA NETO, Diogo de Figueiredo. *Mutações de Direito Administrativo*. Rio de Janeiro: Ed. Renovar, 2000. p. 22–26.

Releiam-se as linhas introdutórias do que Diogo aspirava que fosse o primeiro volume de um novo tratado de direito administrativo brasileiro, comprometido com a pós-modernidade:

> A laboriosa construção de um *Direito Administrativo Pós-Moderno* brasileiro, da qual resultou sua vitoriosa evolução em nosso País, ao transcender de uma tradicional percepção de mera *legalidade* das ações estatais coercitivas unilaterais voltadas à satisfação de interesses públicos pelo Estado e suas agências, para se expandir a uma percepção ampliada e enriquecida da *juridicidade* do atendimento de interesses gerais da sociedade, quer por agentes públicos ou privados, estendido às possibilidades abertas pela ação consensual e cooperativa entre ambos, é uma ciclópica obra enriquecedora que deve ser creditada a toda uma geração de administrativistas criativos, que se ocuparam entre nós, desde a Segunda Guerra Mundial, de perfazer essa exitosa transição com seus estudos e aportes científicos, graças aos quais toda e qualquer Ciência sobrevive e viceja atual e prestante... A essa plêiade se roga vênia para destacar três momentos... [dessa] transição do Direito Administrativo Moderno para o Pós-Moderno... com a qualidade requerida e uma fácil absorção dos novos paradigmas transformadores. A *Era Moderna*, que se estendeu do Renascimento até o Século XX, se esgota, convencionalmente, com o fim da *belle époque* e do período de paz que antecedeu a 1ª Guerra Mundial, em 1914, com as grandes mudanças culturais que, desde então, nos vem tornando a vida civilizada cada vez mais complexa e problemática, como bem descreve e estuda JEAN-FRANÇOIS LYOTARD, filósofo francês, assim batizando esta Era, que adentramos, em sua obra *A condição Pós-Moderna* (1979). Encompassando todo o espectro cultural no curso dessa transição de Eras, o Direito não ficou à margem das *mudanças de paradigmas* que se sucederam, envolvendo a ciência, a literatura, as artes e, de modo geral, a convivência social, senão que os absorveram, na configuração de novos *princípios jurídicos*, a espelhar os valores capitais provindos da Política e da Sociologia, que substituiriam os modelos estatocêntricos e autoritários, inerentes à tradição regaliana, já longa de cinco séculos. O término da Segunda Guerra Mundial, na metade do Século XX, abriria as condições culturais e políticas para um processo de *juridicização pós-moderna* em escala global, iniciada logo depois do Armistício de 22 de junho de 1940, gerando benéficos reflexos sobre o Brasil, que, incitado pela repatriação da Força Expedicionária Brasileira, vitoriosa sobre o autoritarismo nazifascista, provocou a redemocratização e a reconstitucionalização do País e, graças a ambas, a institucionalização de um Direito Público inspirado pelos novos *valores* trazidos pela Pós-Modernidade, neles destacados e fundamentalmente os da *democracia* e dos *direitos humanos*" (*op. cit.*).

Atravesse-se, aqui, a ponte entre a saudade e a posteridade – do passado recente ao futuro previsível –, estendida pelo compromisso de Diogo com a dignidade humana.

Os direitos humanos são direitos subjetivos cujo titular exclusivo é a pessoa humana. São oponíveis, de um lado, ao Estado (e subsidiariamente à comunidade internacional); de outro, aos demais indivíduos e diferentes grupos que integram. Em outras palavras, os direitos do homem estão hoje inseridos no direito positivo e o seu descumprimento é objeto de sanções.

Definidos nas constituições nacionais e nos principais instrumentos internacionais (como na Declaração Universal dos Direitos do Homem, de 1948), esses direitos são de ordinário agrupados em duas categorias, ao que registra o *Dicionário Enciclopédico de Teoria e de Sociologia do Direito:*[2]

> (i) os direitos civis e políticos, que visam, em primeiro lugar, proteger a integridade, a liberdade e a segurança da pessoa humana (como direito à vida, a proibição de tortura, o direito à justiça, à liberdade de pensar e à liberdade religiosa, além do direito de voto); essa primeira categoria de direitos, qualificada de "direitos-faculdades" ou "direitos-autonomia", delimita a esfera de liberdade e de iniciativa da pessoa humana que o estado deve respeitar, abstendo-se de intervir, a não ser para salvaguardá-la;
> (ii) os direitos econômicos, sociais e culturais, que exigem uma atuação específica por parte da sociedade e por parte do estado (como o direito ao trabalho, à seguridade social, a um nível de vida suficiente, à proteção da saúde, à educação e à cultura); essa segunda categoria de direitos, chamada também de "direitos-crédito" ou de "direitos-participação", abrange o campo das condições necessárias para assegurar o bem-estar e o florescimento da pessoa humana no seio da sociedade e implica a intervenção do estado na qualidade de devedor de prestações que tornem efetivos aqueles direitos para todos, sem exclusão.

Paralelamente a essa classificação, que corresponde à evolução histórica do rol dos direitos reconhecidos, é possível distinguir entre os direitos fundamentais do homem e os outros direitos humanos que devem ser preservados a qualquer tempo e em qualquer lugar, quaisquer que sejam as circunstâncias. São os direitos mais elementares, como

---

2 ARNAUD, André-Jean. *Dicionário Enciclopédico de Teoria e de Sociologia do Direito*. Rio de Janeiro: Ed. Renovar, 1999, p. 272–273.

o direito à vida e à integridade da pessoa, acerca dos quais nenhuma derrogação é permitida nas convenções internacionais, de sorte a concluir-se que os direitos humanos são indivisíveis e interdependentes.

Não obstante, o reconhecimento dos princípios e das normas pela comunidade internacional não resolve o problema do fundamento dos direitos humanos, mas apenas o posterga. Persistem justificações que diferem e interpretações que divergem. Resultam incerteza e fragilidade do conceito.

O processo de universalização dos princípios e das normas choca-se também com a diversidade das culturas às quais estes se pretendem aplicar, considerando, ademais, que esse movimento provém de circunstâncias históricas que afetam as sociedades, desafiadas a escolher um sistema de organização política que permita a concretização desses direitos.

As garantias continuam insuficientes, ineficazes ou mesmo inexistentes no âmbito nacional; os sistemas internacionais de proteção permanecem subdesenvolvidos, mesmo que se tenham logrado avanços em certas regiões, notadamente no âmbito do Conselho da Europa e da Organização dos Estados Americanos, e novos caminhos se abram em outras regiões (como o que foi inaugurado com a entrada em vigor da Carta da África dos Direitos Humanos dos Povos, já ao findar do século XX). O desrespeito tão comum aos direitos humanos coloca em questão o caráter "operário" das normas universalmente definidas e a sua credibilidade.

Frente a esses desafios contemporâneos e em face daqueles especificamente ligados ao progresso das ciências e das técnicas, aos novos meios de comunicação, aos problemas do desenvolvimento e da paz, os direitos humanos carecem de pontos de apoio inafastáveis e inadiáveis nas ordens jurídicas internas. Daí a relevância da participação e do consenso.

Em primeiro lugar, a universalidade que caracteriza o reconhecimento das normas constitui evolução de raiz; além das diferentes concepções e ideologias, concerta-se um tipo de acordo com objetivos pragmáticos que faz com que a Declaração Universal dos Direitos do Homem seja referida praticamente em todos os pontos do globo. E sobre essa base constrói-se um edifício normativo em nível mundial e regional, a consagrar a definitiva inserção dos direitos humanos no direito positivo. Não somente as normas são definidas com precisão cada vez maior, mas as modalidades de sua efetivação estão incluídas em instrumentos internacionais juridicamente obrigatórios para os Estados que os ratificam, em número crescente.

Os direitos humanos não mais traduzem apenas um "estado de alma" ou um devaneio, porém estão inscritos na maioria das constituições e nos tratados, e se transformaram em uma *realidade jurídica*. A opinião pública mundial, representada na cena internacional pelas organizações não governamentais, desempenhou um papel essencial nesse evolver normativo, e é nele que continua a repousar, em grande parte, o progresso da etapa atual: a da aplicação concreta do direito efetivo.

Na medida em que os direitos humanos correspondem a uma reivindicação universal, devem, quaisquer que sejam as particularidades de sua emergência histórica, encontrar raízes na diversidade das culturas, bem assim procurar contribuir para o enriquecimento de um conceito cujo monopólio não pertence a nenhuma delas. Mais do que a universalidade, é o potencial de inovação que está em questão.

A redemocratização do país ensejou a elaboração da Constituição vigente de 1988. Seu Título II dedica-se aos "Direitos e Garantias Fundamentais". O Capítulo I é intitulado "Dos Direitos e Deveres Individuais e Coletivos"; o Capítulo II alude aos "Direitos Sociais" e o capítulo IV, aos "Direitos Políticos." O que se pode observar, averbava o saudoso Celso de Albuquerque Melo,

> é a predominância de uma ótica que podemos considerar como pertencendo ao liberalismo, que é o estabelecimento de uma distinção entre os direitos civis e políticos, de um lado, e os direitos sociais, de outro. Não há dúvida de que é uma divisão metodológica, mas que significa uma diferenciação e se esquece de que na realidade os direitos humanos são indivisíveis. A realização de um depende da efetivação do outro. De um modo geral, o Brasil conta com um bom texto constitucional sobre os direitos humanos, bem como tem ratificado os principais tratados sobre o tema. Contudo, há uma imensa distância entre a Constituição, os tratados e a realidade. No caso da Carta Magna, falta implementá-la; em relação aos tratados, falta ao Poder Judiciário aprender a aplicá-los. O Direito Internacional Público é ignorado pelos juristas brasileiros. Vários tratados não foram implementados pela legislação brasileira, como, por exemplo, as convenções de direito humanitário de 1949, que ratificamos faz mais de 40 anos. Os direitos humanos são, ainda, privilégio de uma pequena parcela da população.[3]

---

[3] ARNAUD, *op. cit.*, p. 275-276.

Outro ângulo sob o qual se deve perscrutar o tema é o de sua utilidade para o manejo da administração responsiva e de resultados, no estado democrático de direito. Expressando este, como expressa, a contemporânea versão do estado servidor e regulador, é de exigir-se que todos os seus poderes, órgãos e agentes estejam persuadidos de que devem respostas e satisfações à sociedade civil. Ou seja, esta é a titular do poder político de decidir sobre os seus próprios destinos, incumbindo àqueles realizá-los na conformidade das opções da sociedade, na medida em que harmonizadas com a ordem jurídica constitucional e os direitos fundamentais que consagra e prescreve.

Em outras palavras, os planos de ação governamental não são concebidos, como outrora, para atender aos desígnios das autoridades estatais. Estas devem colher os reclamos legítimos da sociedade e atendê-los. Daí a visceral importância de elos permanentes e hábeis de comunicação entre a sociedade e o estado, de sorte a que este absorva os comandos daquela e os implemente no que consensuais. O estado democrático de direito é o garante da efetivação dos direitos elevados à Constituição, sejam os individuais, os econômicos, os políticos ou os sociais. Ser-lhe fiel é o dever jurídico indeclinável do Estado.

Essa fidelidade há de estar presente em todos os níveis do planejamento. Cada plano de ação governamental deve ser uma resposta à efetivação dos direitos fundamentais e do respeito à dignidade humana que os inspira. Se assim não for, não haverá estado democrático de direito, nem a administração responsiva e de resultados que lhe deve corresponder.

Nada obstante, há uma condição cultural, em seu sentido sociológico, para que tal ocorra: a sociedade há de emancipar-se da polarizada relação entre tutores e tutelados, que caracteriza a cultura brasileira desde o seu berço colonial. Entendendo-se por tutor todo aquele que ocupe posição de prestígio e poder na hierarquia social – seja qual for a natureza dessa hierarquia – e por tutelado todo aquele que se socorra do tutor para obter vantagem ou proteção de toda sorte.

Não seria necessária maior digressão para perceber-se como essa relação compromete a emancipação da sociedade brasileira; basta lembrar os critérios segundo os quais grande número de candidatos se elege, por prometer vantagens e ganhos pessoais a seus eleitores (material de construção, empréstimos, empregos, cargos, apadrinhamentos, atendimentos pelos serviços públicos etc.). O socialmente patológico dessa relação está em que o tutor compraz-se em ser tutor e o tutelado anseia por encontrar o seu tutor e permanecer como tutelado. Em outras palavras: emancipação não há, nem espaço há para o mérito nessa relação, prevalecendo os interesses egoísticos. Logo, tampouco há real preocupação em controlar e avaliar resultados, com o fim de dar-se início a novo ciclo virtuoso de gestão mediante a correção de erros acaso cometidos no planejamento da ação anterior, na medida em que esses erros refletem aqueles interesses personalistas e partidários, distantes do interesse público e do bem comum.

4 A última homenagem ao evolver do Estado Democrático de Direito

Para Diogo, a evolução juspolítica recente do Brasil se devia às contribuições de três eminentes juristas, aos quais se deve a significante transição que, partindo de uma Disciplina, então autocrática, para uma *democrática* e, antes estatocêntrica, para uma *antropocêntrica*, pode ser claramente apreciada escandida em três distintos momentos: no primeiro – *doutrinal*, por estar voltado à alteração de valores na doutrina administrativista; no segundo – *didático*, por dedicado à sua difusão acadêmica, e em terceiro momento – *de remate*, como o necessário acabamento axiológico para consolidar a ideia de que o direito pós-moderno em formação não se limita ao aporte do Estado, nem se esgota na legislação, senão que a ambos transcende.

Transcreva-se a classificação de Diogo, *verbis*:

"Assim, no primeiro momento, que se denominou *doutrinal*, assoma a pessoa e a obra de MIGUEL SEABRA FAGUNDES, marcando a transição que se iniciava, sobre a qual, na primeira edição de meu *Curso de Direito Administrativo*, em 1970 – obra que mereceu o seu honroso Prefácio –, já deixava, há quase meio século, assim registrada essa importância da sua lúcida contribuição para as mutações que se lhe seguiriam:

> *Apenas preparatória do surto que o Direito Administrativo viria a experimentar a partir de 1941 sob o influxo de uma obra capital para o País, que, embora não sendo sistemática, foi, pelo seu avançado método e precisos conceitos, a responsável pela orientação doutrinária fundamental da Disciplina no Brasil no Século XX – O controle dos atos administrativos pelo poder judiciário – de MIGUEL SEABRA FAGUNDES.*

"Com efeito, iniciando a década de 40 do século findo afastando-se da corrente majoritária, SEABRA FAGUNDES inovava e rasgava novos horizontes ao tratar o Direito Administrativo como um *conjunto de instituições e instrumentos destinados à proteção, promoção e realização dos direitos fundamentais*, apresentando, em contraste com a forte tendência impulsionada pela, então ainda vigente, Ditadura Vargas, *um renovado direito público comprometido com as pessoas, com o cidadão*, do qual, afinal, Estado e Administração estão a serviço, portanto, atribuindo plena significação ao que, a partir de então, se deveria entender por *público*.

"Rompendo com o magistério que havia prevalecido por dois séculos, que no Direito Administrativo via o *estatuto da autoridade*, ele preferiu ensiná-lo às futuras gerações como *o estatuto da cidadania*, afirmando, com essa inversão de notável descortino, *oito anos antes da Lei Fundamental de Bonn* (promulgada em 23 de maio de 1949), as suas duas grandes inovações à época:

> 1º – a insuficiência do conceito de *Estado de Direito*; e
> 2º – a necessidade de *juridicizar os valores cidadãos próprios da democracia* – daí o conceito, então em surgimento, de *Estado Democrático de Direito*.

"Com efeito, tais foram os dois grandes vetores de valor juspolíticos que emergiram dos escombros da 2ª Guerra Mundial e dos quais partiriam todas as *mutações* da Disciplina que se seguiriam: a *democracia* e a *fundamentalidade dos direitos humanos*.

"Durante a 2ª Guerra Mundial, os aliados adotaram as chamadas quatro liberdades: da palavra e livre expressão, da liberdade de religião, da liberdade de satisfazer necessidades e da liberdade de viver livre do medo. Nesta mesma linha, a Carta das Nações Unidas "*reafirmou a fé nos direitos humanos, na dignidade, e nos valores humanos das pessoas*" e convocou todos os seus Estados-Membros a promover "*respeito universal e observância dos direitos humanos e liberdades fundamentais para todos, sem distinção de raça, sexo, língua, ou religião*".

"Terminada a Guerra, havia consenso na comunidade mundial de que *a Carta das Nações Unidas não tinha definido suficientemente os direitos a que se referia* e que, portanto, uma *declaração universal*, que especificasse os direitos individuais, seria necessária para dar a devida eficácia ecumênica aos direitos humanos. Essa *declaração* foi adotada pela Assembléia Geral no dia 10 de dezembro de 1948, com 48 votos a favor, nenhum contra e 8 abstenções (todas do, então, bloco soviético

– Bielorússia, Tchecoslováquia, Polônia, Uucrânia, URSS e Iugoslávia, além da África do Sul e da Arábia Saudita).

"Pois bem: para orgulho de todas as gerações de brasileiros e ufania dos juristas que se lhe seguiriam, SEABRA FAGUNDES, em seu clássico *O Controle*, e sete anos antes da declaração da ONU, por várias vezes já enunciava esses supervalores do Direito Pós-Moderno, como se pode apreciar nas seguintes passagens.

"Logo no primeiro parágrafo da obra, abrindo o capítulo I, reconceitua o constitucionalismo partindo do direito político *inerente ao indivíduo*, uma vez que este é que "*cria o Estado ou o reconstroi, por meio da Constituição*"... que, "*assim, é a expressão primária e fundamental da vontade coletiva*" (item nº 1 da obra); a mesma visão que, dezoito anos depois, em 1959, inspiraria HABERMAS, em seu *Direito e Democracia – entre facticidade e validade*, ao sustentar sua teoria democrática da *ação comunicativa* gerada entre os indivíduos.

"Quanto à segunda ideia força – a *democracia* – entendida sinteticamente, não obstante a impressionante diversidade de conceitos existentes, como o *regime de governo em que o poder de tomar importantes decisões políticas está com os cidadãos*, direta ou indiretamente, por meio de representantes eleitos, ela só se havia tornado possível com a derrubada de antigos mitos que sustentavam o poder absoluto das monarquias.

"No Brasil, a ditadura instaurada com o Estado Novo – uma monarquia absoluta não coroada vigente desde 1937 – suspendera as eleições, de modo que a superação dessa quadra autocrática teria que esperar a vitória dos aliados em 1945 e o retorno da Força Expedicionária Brasileira, fatos que geraram forte pressão popular a favor do restabelecimento da democracia.

"Na vanguarda intelectual desse movimento, SEABRA FAGUNDES foi uma das vozes peregrinas que sustentaram a democracia e, ao cabo, resultaram na promulgação da Constituição de 1946, em atuação coerente, como sempre o foi, com seus valores, tal como várias vezes versou em seu *Controle*.

"Como eloquente exemplo, recolhe-se a surpreendente distinção – à época raríssima – que o Mestre fazia entre *a democracia formal e a material*, hoje, um tema sempre presente nos debates de Direito e de Ciência Política. Com efeito, ao comentar a ação popular, ressaltava que o exercício da cidadania não se restringe ao sufrágio, instituto materializado pela *democracia formal*, estendendo-se na obrigação dos cidadãos de exercerem um controle direto da legalidade e (impressionante) da

moralidade dos atos administrativos, atuação que hoje corresponde ao relevante conceito pós-moderno de *democracia material* (em seu viés participativo), assim se expressando:

> *'Qualquer cidadão é parte legítima para propor ação popular. O interesse à propositura (legitimatio ad processum), individualizado na generalidade das ações, de sorte a competir com o próprio direito material ou a terceiro expressamente em lei (substituto processual), tratando-se de actio popularis, compete a qualquer dos integrantes ativos da comunidade (eleitor) que delibere investir-se em defensor da legalidade e da moralidade dos atos administrativos, ou de atos de pessoas privadas a esses outros equiparados'.* (Nº 131 de *O Controle*).

"Gerando consequências importantíssimas sobre o Direito Administrativo, esses dois vetores se desdobram, no *Controle*, em inúmeros temas, com que SEABRA FAGUNDES marca seu pioneirismo e sua decisiva influência na própria percepção do Direito Administrativo contemporâneo, *rompendo, assim, com o magistério que havia prevalecido por dois séculos*, que sustentava um *estatuto da autoridade*, para apresentá-lo, renovado, atualizado e humanizado, como o *estatuto da cidadania*.

"Alinham-se, assim, em sua obra, vários temas de vanguarda, hoje todos na ordem-do-dia, desdobrados a partir dos dois supervalores – os *direitos humanos* e a *democracia* – tais como o são a l*egitimidade, a consensualidade, a processualidade, a ampliação do sistema de controle, a administração por resultados, o policentrismo do poder e a metodologia*, seguindo-se alguns exemplos.

"O *Controle* ressalta, para a Administração, o dever de observância *não só do princípio da legalidade*, mas o dever de submeter a sua atividade ao *princípio da legitimidade* nos procedimentos administrativos:

> *'Todas as atividades da Administração Pública são limitadas pela subordinação à ordem jurídica, ou seja, à legalidade. O procedimento administrativo não tem existência jurídica se lhe falta, como fonte primária, um texto de lei. Mas não basta que tenha sempre por fonte a lei.* É preciso, ainda, que se exerça segundo a orientação dela e dentro dos limites nela traçados. Só assim o procedimento da Administração é legítimo' (*O Controle*, nº 51, n/ destaque).

"Mas há mais quanto à *legitimidade*: observava SEABRA FAGUNDES, que, para DUGUIT, o princípio de legalidade *deveria* ser entendido em seu sentido *material* – pois só assim exprimiria "*uma real garantia do indivíduo contra o arbítrio*" –, uma vez que a própria lei

poderia ser arbitrária... aguda observação que assim o fazia, como precursor do *princípio de legitimidade* e, na mesma nota, lamentando que este ponto de vista – que afirmava ser "*doutrinariamente o melhor*" – não correspondia à conceituação então vigente, puramente formal, de *legalidade* (*O Controle*, nº 51, nota 3).

"A necessidade de *ampliação do controle* é outro moderníssimo tema enfrentado no *Controle*, por vezes com notável antecipação, como o despertado por sua leitura – então restrita a poucos – do Tratado de GASCÓN Y MARÍN, até mesmo por ser obra, então, recente, de 1935, na qual se lia "*a tendência moderna de limitar pelas vias de controle a ação administrativa, mesmo quando discricionária*" (*Tratado*, Vol I, p. 117 a 119), ou seja, como adiante ainda registraria em reforço: "*pelo diário aperfeiçoamento da técnica jurídica, se tende, nos nossos dias, à ampliação dos meios de controle sobre os órgãos do Estado*" (*O Controle*, nº 52, nota 6).

"Essa asseveração se reforça adiante com uma referência que SEABRA faz à, também então, recentíssima obra de ANTONIO AMORTH – *Il merito dell'atto amministrativo*" –, publicada apenas dois anos antes de *O Controle* – em que registra "*a evidente preocupação*", desse emérito discípulo de ORESTE RANELLETTI, "*de ampliar o controle jurisdicional*" para atender às novas tendências que começavam a surgir no Direito Público.

"Como hoje sobejamente se constata, essa necessidade de desenvolver um *sistema abrangente de controle* da complexidade a que havia alcançado a atividade administrativa pública, por sinal observada nos Estados Unidos desde 1905 na obra de FRANK GOODNOW ("*a elaboração de um sistema de controle sobre a administração é tão difícil quanto necessária...*"), e cuidadosamente recolhida na doutrina norte-americana por SEABRA FAGUNDES (*O Controle*, nº 53, nota 1), tornou-se mais do que evidente na época atual, em que se trata com naturalidade do *policentrismo*, tanto de fontes como de controles (a respeito, nosso *Poder, Direito e Estado – O Direito Administrativo em tempos de globalização* – in memoriam de *Marcos Juruena Villela Souto*).

"Ainda nesse sentido, a ampliação do controle, mesmo sem a definitividade própria da decisão judiciária, pode ser encontrada no reconhecimento de função judicante dos tribunais de contas, ao se lhes "*cometer o julgamento das contas dos administradores e demais responsáveis por bens ou dinheiros públicos*" (*O Controle*, nº 68 e sua nota 1), sendo de notar que a extensão do critério de aferição da juridicidade afeta a esses tribunais *seria ampliada à legitimidade* na Constituição de 1988.

"Em acréscimo, ainda sobre o esforço doutrinário e jurisprudencial desenvolvido quanto à ampliação do controle – especificamente com relação à apreciação dos *motivos* do ato administrativo –, aí se tem uma batalha em que a lição sustentada por SEABRA FAGUNDES acabou prevalecendo, como ele o comunica na 4ª edição (1967) em longa nota (*O Controle*, nº 72, nota 9) – que se refere ao, então, estado da arte do exame do mérito, o que resume nesta simples frase: "*ao examinar a motivação do ato, para dizer de sua validez, o juiz o aprecia sob o prisma da* legalidade *e não do* merecimento", daí considerem-se ilegais três hipóteses: 1ª – nos atos de "*não-aplicação*" do direito vigente; 2ª – nos atos de "*indevida aplicação*" do direito vigente", e 3ª – nos atos praticados com "*excesso de poder*" (*O Controle*, nota 9).

"Quanto à *administração por resultados*, este também atualíssimo conceito, pois que somente neste século vem de receber ampla aceitação, quiçá como um dos paradigmas contemporâneos mais significativos da ampliação da disciplina, também leva ao deslocamento do mero valor burocrático da *legalidade*, apenas atento ao processamento correto, para o valor político da *legitimidade*, voltado à realização efetiva do *resultado* esperado, um importante princípio também trabalhado em obra nossa (*Os quatro paradigmas do Direito Administrativo pós-moderno*).

"Com efeito, SEABRA já vislumbrava, de forma prospectiva, a necessidade de uma "*Administração por Resultados*", que valorizasse as *consequências* das atividades administrativas, como se pode apreciar desse excerto:

> *A atividade administrativa, sendo condicionada, pela lei, à* obtenção de determinadas consequências, não pode o administrador, ao exercê-la, ensejar consequências diversas *das visadas pelo legislador. Os atos administrativos devem procurar atingir as consequências que a lei teve em vista quando autorizou a sua prática, sob pena de nulidade* (*O Controle*, nº 39).

"Outra menção aos resultados vem em rodapé (*O controle*, n° 5, nota 2) citando ORESTE RANELLETTI, em que este ilustre professor da Universidade de Milão (em 1934) afirmava que "*o que caracteriza a atividade administrativa é a satisfação das necessidades coletivas (do Estado ou do povo)*"; como se observa, já está então, ali claramente esboçada, a importante distinção – que equivocadamente se a tem por mais recente – entre o *interesse público primário* e o *secundário*... fielmente, nesses termos, encampada por SEABRA FAGUNDES nada menos que há setenta e cinco anos.

"Quanto ao tema do *policentrismo*, vale apreciar a incrível percepção antecipativa de SEABRA FAGUNDES a respeito deste tema candente da Pós-Modernidade, partindo do entendimento, ainda rarefeito à época, de que o Estado desempenha *funções* e não exerce *poderes* que lhes sejam próprios. Primeiro, em razão de o poder estatal ser hoje reconhecidamente uno e não fracionado e, segundo, com mais razão, porque tais poderes são inerentes à cidadania – o que SEABRA FAGUNDES sustenta, logo nas primeiras páginas de sua pequena obra prima (*O Controle*, nº 1) e prossegue afirmando: "*o Estado, uma vez constituído, realiza seus fins através de três funções em que se reparte a sua atividade*" (*O Controle*, nº 2), explicando, em nota, que MONTESQUIEU jamais usou a expressão "*separação de poderes*", razão pela qual, acrescia, não merecia que se o recriminasse pelos defeitos decorrentes desta concepção tipicamente estatocêntrica, em que se se poderia subentender um desprezo pela democracia... (*O Controle*, nota 2).

"No tocante à *metodologia*, todos esses avanços apontados já demandavam à época uma adequada *sistematização de um novo Direito Administrativo*, distinto da visão clássica, que iniciava então sua mutação democratizante. SEABRA FAGUNDES o percebeu e registrou na seguinte passagem:

> *A deficiência e a falta de sistematização dos textos de direito administrativo embaraçam a construção da teoria das nulidades dos atos da administração pública. Não é possível disciplinar a matéria, utilizando apenas os elementos que tais textos fornecem* (*O Controle*, nº 28).

"Assim, passando da crítica à construção, SEABRA esquematizou, na própria metodologia expositiva de *O Controle*, as linhas mestras do que, quase meio século mais tarde e com a superação de vários dos mitos cristalizados antes e durante a Modernidade, viria a inspirar as obras pós-modernas do Direito e da Disciplina, como resta claríssimo na ordem posta em seu índice sistemático: *funções do Estado > atos funcionais > controle jurisdicional da administração pública > dos direitos públicos subjetivos do indivíduo > das obrigações públicas do indivíduo*. Terminando com as modalidades específicas de controle, na jurisdição criminal e na civil. É difícil encontrar hoje obra sistemática que não haja recebido influência desta metodologia.

"Destacadamente, mas não menos importante, por ter aproximado o *método* do *propósito de controle*, é de se recordar sua classificação

dos elementos do ato administrativo – competência, finalidade, forma, motivo e objeto –, que se tornou amplamente aceita e testada na doutrina e na jurisprudência, para ser, finalmente, recolhida pelo legislador, no art. 2º da Lei da Ação Popular, nº 4.717, de 29 de junho de 1965 (*O Controle*, nº 13).

"A crescente presença do Estado no quotidiano e o fenômeno do incessante dinamismo da administração pública, provocando a necessidade de rever sempre as classificações das atividades estatais, opondo, em sua síntese: "*reservas a simplórias simplificações com que se pretendem sujeitar os rebeldes fenômenos da dinâmica administrativa à geometria de regras escritas*" (*O Controle*, 3º parágrafo, pag. xv, *op. cit.*).

"Não lhe faltou pioneirismo e ousadia, como em sua incrível antecipação da *transestatalidade* e no tratamento da *consensualidade*, que estão contidas na menção às "*pessoas de interesse coletivo destinatárias de delegações atípicas*" e a novos coparticipantes da administração de interesses públicos, vislumbrando no horizonte do que hoje se designa, apropriadamente, como o *espaço público não estatal*, ou seja, não mais como um monopólio do Estado, mas, fundamentalmente, *um espaço societal*, que, este sim, pelos meios democráticos, é que delimitará constitucionalmente o domínio do *espaço público estatal* (*O Controle*; 4º parágrafo, pag. xv).

"Como sucede com visionários excepcionais, que, em suas antecipações, contribuíram para mudar a realidade, procurou-se evidenciar que o toque de genialidade da visão de SEABRA FAGUNDES *prenunciou e concorreu para a paulatina reversão da mentalidade autoritária no Direito Administrativo* no Brasil, a mesma ainda herdada do *Droit Administratif* do *Ancien Régime*, de modo a, como se pretendeu marcar como ponto central desta exposição, tratar-se o *homem enquanto cidadão*, e não mais como *súdito*, portanto, como *a origem e o fim da atividade estatal administrando interesses públicos.*

"É nessa luminosa linha que ALMIRO DO COUTO E SILVA o vê como "*o primeiro a aperceber-se*", no Brasil, do significado e da importância do *princípio da proteção da segurança jurídica* nas "*numerosas situações alcançadas e beneficiadas pelo ato vicioso*", que, não obstante defeituoso, "*podem aconselhar a subsistência de seus efeitos*" (*O Controle*, Rio de Janeiro: Konfino, 1950, p. 60–1), tal como o destaca em seu precioso ensaio pioneiro "*Princípios da legalidade da Administração Pública e da segurança jurídica no Estado de Direito Contemporâneo*" (*in Conceitos*

fundamentais do Direito no Estado constitucional, São Paulo: Malheiros Editores, 2015, p. 19).

"Todas essas, em seu tempo ainda solitárias, mas robustas, afirmações de *valores* – que muitos outros centros de cultura jurídica do País tantas vezes depois repetiriam e disseminariam – prenunciaram, auspiciosamente, todo o processo de democratização pós-moderna do Direito Administrativo brasileiro, com o consequente abandono dos restolhos autocráticos que se haviam nele mantido, renitentes *mitos históricos,* tais como o *monopólio estatal da dicção do interesse público;* o *de sua supremacia sobre quaisquer outros interesses;* o *da insindicabilidade da decisão discricionária* e a renitente marca de *imperatividade,* que não abria à promissora e multifacética *consensualidade* nada mais que estritas exceções.

"Para encerrar, sumarizando as apreciações sobre SEABRA FAGUNDES, que poderiam continuar a ser desfiadas com proveito do leitor por muito mais tempo, nunca é demais afirmar que, sobretudo em razão de sua entranhada formação humanista, que a *grande herança que deixou ao País se sintetiza na visão ética* com que sustentou e marcou o Direito Administrativo brasileiro, atravessando dois períodos ditatoriais com sua mensagem de esperança e superação.

"Além de nos haver deixado uma extraordinária obra antecipativa, orientando o Direito Administrativo da Pós-Modernidade, MIGUEL SEABRA FAGUNDES deixou-nos, a todos, outra e inestimável herança – que foi tão justamente celebrada em seu centésimo aniversário de nascimento –, a do *exemplo de sua vida: coerente, heróica, criativa e coroada pela modéstia.*

"No segundo momento evolutivo, aqui designado de *didático,* assoma a pessoa e a obra de ODETE MEDAUAR, a marcar, no País, com sua produção científica, a *transição doutrinária e acadêmica* de um Direito Administrativo encanecido, autocrático e autoritário, centrado no Estado, à Disciplina modernizada, democrática e liberal de hoje, identificada por estar centrada na pessoa e não no Estado e por ser a mais apropriada para a superação dos multiplicados desafios propostos pelas complexas sociedades contemporâneas.

"Sobre essa extraordinária mestra paulista muito se poderia discorrer, antes de apontar a sua importante influência nessa transição, que se manifestou de pleno na virada do século: sobre os seus títulos, a sua experiência internacional, a sua intensa dedicação à cátedra e o seu impactante legado docente, mencionáveis entre tantos outros

predicados acrescidos em longa e intensa vida acadêmica, desde logo, sua persistente dedicação ao estudo e à pesquisa, desenvolvida em sua Universidade de São Paulo e estendida a grandes centros do pensamento jurídico, como, destacada e prolongadamente, na França e na Bélgica.

"Mas o propósito da distinção, que aqui merecidamente se lhe faz, é o de realçar sua importante *contribuição didática à atualização do Direito Administrativo brasileiro*, notadamente com duas obras que têm mudado a percepção da Disciplina no Brasil e guiado doutrina e jurisprudência na temática e no espírito avançados do Direito Público da Pós-Modernidade.

"O seu intenso percurso autoral já alcança duas décadas e meia, pois que se inicia em 1992, com a 1ª edição de *O Direito Administrativo em Evolução*, distinguido por uma paciente, persistente e coerente semeadura nacional, que se fazia tão necessária para inserir nosso País, depois de muitos anos de distanciamento dos centros de pensamento e produção jus administrativista, entre aqueles que adentraram a nova era, não apenas em termos de *técnica*, mas, sobretudo, de *valores*, como adiante se exporá.

"Com sua extensa bibliografia, que conta com 51 entradas de livros publicados, destaca-se, todavia, como o mais reeditado, sua obra sistemática, que recolhe e expõe didaticamente o conjunto de mutações pelas quais tem passado o Direito Administrativo brasileiro em sua evolução: o *Direito Administrativo Moderno*, obra que tem registrado duas décadas de transformações, desde a sua 1ª edição, pela Editora Revista dos Tribunais, São Paulo, em 1996, até a atual 20ª edição, pela Editora Thompson Reuters, São Paulo, em 2016.

"Basta remontar-se à *Apresentação* da primeira edição de seu *Direito Administrativo Moderno*, para encontrar-se claramente sintetizada a orientação ético-doutrinária de ODETE, exposta em longo parágrafo, destacando quatro tópicos, que balizariam não apenas todas as demais edições como toda a sua obra jurídica, infundindo-a de *valores*, o que já a distinguia das exposições sistemáticas mais comuns à época: 1 – a *atualização*; 2 – a *efetivação de direitos dos administrados*; 3 – a *prioridade do cidadão, isolado ou em grupo, e não da autoridade* e 4 – o *aprimoramento do Direito como técnica do justo* (p. 8).

"A orientação seminal de sua mensagem – marca que nitidamente a distingue das herdadas de um passado doutrinariamente desgastado, não obstante ainda encastelado em grupos minoritários renitentes à permeação de valores na vida do Direito – está exposta, claramente condensada, no Capítulo I da obra, intitulado *Premissas político-institucionais do estudo do Direito Administrativo* (*op. cit.*, p. 23 a 30).

Em síntese, nela estão destacados os reconhecidos *fundamentos da Pós-Modernidade*, que essa obra disseminaria vitoriosamente na comunidade acadêmica nos últimos vinte anos, formando gerações de atualizados profissionais do Direito: 1 – o inextricável *elo de interdependência* que se desenvolveu entre o Direito Administrativo e o quadro social, político, econômico e institucional do País (p. 23); 2 – o conceito básico do *Estado garantidor de direitos*, envolvendo os acrescidos em declarações de terceira e quarta geração (p. 24); 3 – a *policracia*, que se disseminaria descentralizando órgãos de planejamento, execução e controle, "*compondo uma rede de poderes*" (p. 24); 4 – o surgimento e atuação de uma *democracia de valor*, além da censitária e a complementá-la: portanto, em seus termos, uma "*democracia mais completa*" (p. 25) e, 5 – em consequência, a pregação central, segura e transformadora de sua obra, a da "*concepção de Estado de Direito ligado a um contexto de valores e à ideia de que o direito não se resume na regra escrita*" (p. 25, *in fine*).

"Não cabe, neste exórdio, que já se faz longo e sequer alcançou o terceiro homenageado, entre outras razões desta escolha, respigar sobre o muito de atualidade doutrinária contida nesta obra que se vem amealhando nessas duas décadas de contínua atualização pela Autora, de modo que, em sua percepção, há vinte anos, sobre o que hoje se tornou amplamente considerado como uma revisão necessária e irreversível sobre o conceito de *separação de poderes*, ela assim a expressa (p. 28):

> Hoje, embora na maioria dos ordenamentos se mantenha o princípio da separação de poderes, a fórmula originária não se ajusta totalmente à realidade política institucional dos Estados.

"Com efeito, na realidade política institucional dos estados contemporâneos, entre os quais se inclui o Brasil, a clássica separação tripartite, o curso do policentrismo levou ao surgimento de novos centros constitucionalmente independentes, somando-se aos três tradicionais. E, adiante, entre outras razões da multiplicação desses centros de poder, assim explica:

> Além do mais, verifica-se, neste fim de século, realidade dotada de maior complexidade em relação à época de Montesquieu; muitas instituições são dificilmente enquadráveis em alguns dos três clássicos poderes, como é o caso do Ministério Público e dos Tribunais de Contas.

"Hoje, a esses dois exemplos podem ser acrescentados, no Brasil, os seguintes órgãos constitucionalmente independentes: a Advocacia Pública, a Defensoria Pública, a OAB, o Conselho Nacional da Magistratura e o Conselho Nacional do Ministério Público, e, em outros países destacam-se ainda, com o mesmo *status* constitucional, os Ombudsmen e os Conselhos Cidadãos.

"Finalmente, não poderia faltar, para afirmar essa extraordinária visão prospectiva do Direito Administrativo da Pós-Modernidade, a referência de ODETE a um dos temas que hoje se apresentam com elevado grau de prioridade e a que faz menção ao expor um rol de nove medidas que desencadeariam um processo contínuo de reforma administrativa (p. 30): o da implantação do *controle de resultados*, tema ao qual este Primeiro Volume dedica especial cuidado.

"Fica, aqui, a homenagem devida a ODETE MEDAUAR, pela importante contribuição para o salto de qualidade do ensino e da aplicação do Direito Administrativo, nesta épica quadra de renovação de suas bases em nosso País, no momento didático mais transformador de sua história.

"No terceiro momento, que aqui se apresenta como o já de um *remate* no processo de transformação do Direito Administrativo brasileiro, protagoniza a cena, fechando esta nômina de escol, ALMIRO DO COUTO E SILVA, que, com sua trilogia dedicada a definir em profundidade os *Princípios fundamentais do Direito Público* (in *Conceitos Fundamentais do Direito no Estado Constitucional*, São Paulo: Malheiros Editores, 2015, p. 19 a 119), consolida no Brasil a imprescindível diferença entre um *Estado de Direito formal* e distante, praticado por órgãos estatais descomprometidos com a justiça material, e um *Estado de Direito substancial* e presente, com seus órgãos voltados à realização dos valores fundamentais da *justiça* e da *segurança jurídica*.

"Eis a razão pela qual a obra de ALMIRO vem a ser a peça-chave, a maçaneta arquitetural, que fecha arco ou abóbada, que a torna apta a sustentar uma plenitude da construção brasileira da *Pós-Modernidade jurídica* – e, também, aqui, o motivo pelo qual esse jurista desponta, entre nós, com seu persistente magistério voltado à afirmação de *valores*, o nosso arquiteto do *direito justo*, no exato sentido em que o tratou, e a todos nos ensinou, KARL LARENZ, como aquele que se funda na *confiança, superior valor da vida em sociedade*, daí ser, a nação em que impera esse direito justo, a *sociedade de confiança*, sobre a qual discorreu

ALAIN PEYREFITTE[4] –, a que cultiva esse valor essencial a ser, por isso, firmemente instituído e protegido nos ordenamentos eticamente avançados, pois que, em sua ausência, nenhum direito justo se sustenta.

"O denso pensamento desse Mestre gaúcho da precisão e da elegância, que figura, sem favor, em qualquer nômina de grandes juristas brasileiros, vem de, recentemente, ser compendiado sob o título *Conceitos Fundamentais do Direito no Estado Constitucional* (São Paulo: Malheiros Editores, 2015) e, justamente para ressaltar essa essencialidade desde logo, abre sua Parte I, *Princípios Fundamentais do Direito Público*, com três ensaios tematicamente afins, dispostos como em um *crescendo*, que alcança a sua culminância com o último deles: *O princípio da proteção da Confiança e a teoria da invalidade dos atos administrativos no direito brasileiro* (p. 91, *op. cit.*), com o qual integra uma trilogia dedicada à afirmação e realização entre nós desse *princípio maior do Estado Democrático de Direito*, ou seja, do *direito justo*. Como o próprio Autor o expõe:

> Este estudo propõe a revisão dos conceitos de nulidade e anulabilidade dos atos administrativos a partir do reconhecimento, pelo Supremo Tribunal Federal e pela legislação ordinária federal, da segurança jurídica, sob a forma de proteção da confiança, como princípio constitucional, integrante, juntamente com o princípio da legalidade, do princípio maior do Estado Democrático de Direito (CF, art. 1°).

"O primeiro ensaio dessa trilogia em torno do valor da confiança, *Princípios da legalidade da Administração Pública e da segurança jurídica no Estado de Direito contemporâneo* (Revista de Direito Público, Vol. 84, 1987, p. 46), introduz distinção essencial na noção de Estado Democrático de Direito em seus dois aspectos: o *material*, com os elementos de valor, *estruturantes* para o Autor – *justiça* e *segurança jurídica* –, e o *formal*, com elementos legalizados para constituírem um correspondente sistema de direitos e garantias fundamentais para a sua realização, entre os quais os que efetivam, em cada distinta ordem jurídica, a submissão da Administração Pública não apenas ao *princípio da legalidade*, como – e aqui o seu legado – ao *princípio da proteção da boa-fé ou da confiança*.

---

[4] A referência é feita à obra sociológica PEYREFITTE, Alain. *A sociedade de confiança*: ensaios sobre as origens e a natureza do desenvolvimento. Rio de Janeiro: Instituto Liberal, 2013, que busca explicar porque algumas sociedades se desenvolvem e outras não, a partir do elo sociológico da *confiança* que as integra.

"Com essas soberbas premissas, ALMIRO, ao reafirmar que o Estado contemporâneo não se superpõe às *pessoas*, senão que nelas reconhece a *titularidade do duplo primado estruturante* – esse que lhes garante a proteção da justiça, sustentando-lhes a *segurança jurídica* –, não apenas antecipou como inspirou, ao desvendar o bom caminho, a reconstitucionalização, que se nos chegaria no ano seguinte, em 1988.

"Não obstante, esse elevado magistério só se afirmaria entre nós, na legislação e na jurisprudência pátrias, após uma lenta maturação: na *legislação*, onze anos mais tarde, com três Leis coincidentemente editadas no mesmo ano de 1999: 1ª – a Lei nº 9.748, de 29 de janeiro, que dispõe sobre o Processo Administrativo no âmbito federal; 2 – a Lei nº 9.868, de 11 de novembro, que institui a Ação Direta de Inconstitucionalidade e a Ação Declaratória de Constitucionalidade, e 3 – a Lei nº 9.882, de 3 de dezembro, que trata da Arguição de Descumprimento de Preceito Fundamental.

"Da primeira dessa série, a Lei nº 9.748, de 29 de janeiro de 1.999, destaca-se a importância do art. 54, por haver introduzido formalmente o princípio da *segurança jurídica* no ordenamento pátrio, afirmação de valor que, para ALMIRO, deve ser "*entendida como proteção da confiança tendo como pressuposto a boa-fé dos destinatários*" (2º ensaio da trilogia acima referida).

"Quanto à *jurisprudência*, a afirmação viria poucos anos depois, com os julgados pioneiros do Supremo Tribunal Federal: o MC 2.900-RS, 2ª Turma, 08.03.2003; o MS 24.368-MG, 15.03.2004 e o MS 22.357-DF, DJU de 24.05.2004, todos da relatoria do Ministro GILMAR MENDES, constando dos dois primeiros acórdãos, enfatiza ALMIRO, "*pela primeira vez na jurisprudência daquela Corte, que a segurança jurídica é um* princípio constitucional, *como subprincípio do princípio do Estado de Direito (CF art. 1º)*" (2º ensaio da mencionada trilogia, p. 62, nosso destaque).

"Assim entronizado entre nós, o valor da *segurança jurídica* – muito pela persistência de doutrinador cônscio de sua missão, posta em marcha por ALMIRO há quase três décadas, seguramente apoiado nas lições que remontam a FRITZ FLEINER (1911), WALTER JELLINEK (1929), OTTO BACHOF (1966) e do seu próprio Mestre e Orientador na Universidade de Heidelberg, ERNST FORSTHOFF – fecha um ciclo conformador das bases de um *Estado de Justiça*, com o *princípio da segurança jurídica* assim alçado ao mesmo nível hierárquico que o da *legalidade*.

"Em suma, como um *princípio constitucional* inerente ao conceito de *Estado de Direito* e, acrescente-se, uma vez que a constitucionalização da *democracia,* em 1988, corrobora e reafirma a igualdade das pessoas perante a lei, passa a se entender, *a fortiori,* que o princípio em causa é, do mesmo modo, intrínseco ao conceito do então instituído *Estado Democrático de Direito.*

"Três administrativistas brasileiros, em distintos períodos e espaços culturais, convergiram seus talentos para a mesma missão transcendental imbuída em seus respectivos magistérios: a de *resgatar de secular abandono o lastro ético do Direito*, tão esquecido, durante tanto tempo de predomínio de toda sorte de autocracias, em que valores eram invocados não mais que como pretexto hipócrita, se não que cínico, para emprestar às elitistas ordens jurídicas de então uma aparência de eticidade...

"SEABRA, como pioneiro e voz peregrina, a invocar o retorno do Direito à sua vera fonte de valores; ODETE, como destemida líder da transição doutrinária, cônscia de sua missão acadêmica de recuperar e disseminar, a partir de sua cátedra, os valores esquecidos, e ALMIRO, como meticuloso *scholar*, que, na doutrina, na cátedra e na advocacia, atuou persistentemente para que se fechasse o ciclo do reconhecimento, que ao cabo se deu, da imperativa estatura do valor *confiança,* como princípio constitucional, a par da *legalidade* – uma vez que esta sem aquela, não compõe a Justiça.

5 Peroração

Em toda a inexcedível obra de Diogo sobrelevam os direitos humanos como norte inspirador do direito justo e este como resultado esperável da ordem jurídica. Na qualidade de garante da dignidade das pessoas e do respeito devido a seus direitos fundamentais, erguem-se os agentes públicos entre os principais protagonistas dos esforços tendentes a converter a pauta enunciada desses direitos na Constituição e nas leis, em realidade pulsante do cotidiano da cidadania. Há de retratá-lo em todas as suas escolhas e na gestão de todos os seus meios organizacionais, materiais e de pessoas. Que o último texto de Diogo de Figueiredo Moreira Neto – o primeiro tomo do que viria a ser seu sonhado tratado de direito administrativo, que a Ed. Fórum publicou, em 2018, sob o título *O Direito Administrativo no Século XXI* – guie os agentes do estado – agentes públicos ou não, posto que cidadãos todos são – nesse desafio da adolescente história da pós-modernidade, que teve em Diogo um de seus principais arautos.

BREVES REFLEXÕES SOBRE ALGUMAS LIÇÕES DO PROF. MANOEL DE OLIVEIRA FRANCO SOBRINHO ACERCA DO CONTROLE DA ATIVIDADE ADMINISTRATIVA DO ESTADO

Phillip Gil França

1 Introdução

Nesta iluminada coletânea de artigos, coube-me a honra de escrever sobre o Jurista Paranaense, Professor, Juiz Federal, Jornalista, Administrador Público, Político, Advogado e um dos mais ilustres Pilares do Direito nacional, Prof. Manoel de Oliveira Franco Sobrinho.

Como paranaense, também, reverencio de modo especial o Jurista que aqui é homenageado, pois sua história e obra representa o marcante brilho que o Estado do Paraná traz para a República, pois ensina, dentre outras lições, a indispensável necessidade dos agentes públicos – destacadamente – desenvolverem suas atividades sobre os trilhos da legalidade, impessoalidade, moralidade, moralidade e transparência, submetendo-se a um republicano regime de atuação estatal responsável e responsabilizável.

Assim, ao tempo que registro meus agradecimentos aos idealizadores e coordenadores desta fantástica obra, com destaque ao Prof. Rafael Ramos (talentoso jurista idealizador de encontros científicos excepcionais, tal como o presente), sigo com a aprazível missão de refletir sobre o legado e sobre algumas lições do Prof. Manoel de Oliveira Franco Sobrinho.

Dentre tantos marcos históricos possíveis sobre diversas e merecidas homenagens realizadas sobre sua vida em obra, para introduzir o tema a ser brevemente explorado neste texto, indico duas passagens marcantes acerca do Jurista em realce: o primeiro fato ocorreu em 2002, quando a sede da Justiça Federal na cidade de Curitiba – Paraná recebeu o nome do Prof. Manoel de Oliveira Franco Sobrinho. Não é por menos, pois foi 1º Juiz Federal nomeado após a reinstalação da Justiça Federal no Paraná, em 1967.[1] O segundo fato foi em 1975, quando foi, por aclamação, alçado a presidente do Instituto Brasileiro de Direito Administrativo, criado durante o 1º Congresso Brasileiro de Direito Administrativo, realizado em Curitiba.

Assim, será sob esse enfoque de mais uma merecida homenagem, que remonta o magistrado administrativista, acerca do "controle da atividade administrativa estatal", que o presente texto será desenvolvido.[2]

2 Controle da atividade administrativa do Estado

Dentre tantas lições do Prof. Manoel de Oliveira Franco Sobrinho, importa destacar a seguinte: "Professar o Direito é servir à justiça e à liberdade!"

Servir aos valores de justiça e liberdade demanda, talvez, no âmbito da atividade estatal, compreender que o desenvolvimento da sociedade e a proteção do cidadão frente à atividade administrativa estatal possuem uma estreita e destacada relação que possibilitam um efetivo controle sobre o desvio de poder e o abuso do poder.

Torna-se importante essa compreensão, a partir das lições do Jurista aqui homenageado, ao lembrar que o Prof. Oliveira Franco é um dos precursores da aplicação de teses jurídicas que realçam a necessidade de o Direito dialogar diretamente com os problemas concretos da sociedade, em especial quando tais problemas nascem das relações interativas com o Estado.

Para tanto, compreender as mais variadas perspectivas de controle da moralidade administrativa pode representar, talvez, uma bússola eficaz para seguir nos caminhos sugeridos pelo Prof. Oliveira Franco, quais sejam: de justiça e liberdade.

Assim apresentado, então, é de se adiantar uma das premissas que o presente texto toma como base: Controle depende de motivação,

---

1 Conforme informações do Tribunal Federal da 4ª Região. *Vide*: https://intrapr2.trf4.jus.br/wp-content/uploads/2022/07/c3d0c832e35e96de68c14b04909bd496.pdf. Acesso em: ago. 2025.

2 Indica-se o *website* do Instituto Manoel de Oliveira Franco Sobrinho para maiores detalhes sobre sua vida e obra: http://www.institutooliveirafranco.org.br/perfil.htm. Acesso em: ago. 2025.

ou da ausência de motivação. Assim, instrumentos jurídicos que viabilizem a análise sobre o que o Estado faz, bem como quais as razões do que foi feito (ou, não foi feito) remonta a perspectiva de legitimação do exercício do Poder estatal que representa um dos essenciais alicerces do atual Estado Democrático de Direito vivenciado no Brasil.

Isso porque, a constituição de poder sem controle é dominação. Da dominação decorre humilhação que, em longo prazo, por meio de superação, gera o fim deste poder. Isto é, *controle é elemento mantenedor do poder legitimamente constituído.*

Deixa-se claro que o poder estatal só consegue alcançar seus objetivos produtivos de promoção do bem de todos por meio de um estreito, eficiente e efetivo *sistema de controle do que é público*, com destaque ao papel do Judiciário, conforme determinação constitucional estampada no art. 5º, XXXV, da CF/1988.

Nesses termos, sublinhe-se, *não há liberdades no agir público*. Todo e qualquer ato estatal precisa de linhas limítrofes objetivamente estabelecidas para que se viabilize o *controle de tudo aquilo que é público* – pois não pertence ou está disponível a este ou a aquele, mas a todos e para o bem de todos (nos limites da possibilidade de alcance do maior número de pessoas possível).

O controle da atividade administrativa estatal se faz necessário, destarte, quando o Estado atua de maneira furtiva aos valores que conformam o Direito como um sistema harmônico e concatenado, ou, até mesmo, quando se faz necessária a chancela do ato administrativo questionado, concedendo maior força coercitiva e legitimidade para as atividades administrativas eventualmente questionadas.

Essencialmente, o *Controle da Administração Pública* é a força aplicada ao maquinário estatal com o objetivo de impedir sua atuação fora dos limites do sistema legal institucionalizado, contrariando os valores que conformam o Direito. É, basicamente, *a atividade que determina como a Administração deve se portar para cumprir sua missão constitucional.*

A partir das lições de Roberto Dromi, depreende-se que o controle da Administração tem por objetivo verificar a legitimidade (razão jurídica) e oportunidade (razão política) da forma (procedimento) e o fim (causa final) da atuação pública, como modo de constatar a correspondência entre "antecedente e consequente", entre "forma prevista e fim proposto" com "forma executada e finalidade realizada".[3]

O poder de controle é um dever, considerando a obrigatoriedade que implica seu exercício e sua natureza integradora a uma função estatal, de conteúdo jurídico. É, ao mesmo tempo, um poder-dever estruturado sobre a ideia de tutela, cuidado e salvaguarda da ordem jurídica, que adquire uma importância fundamental dentro do Estado delineado pelo constitucionalismo moderno.[4]

Aquele que administra tem o dever jurídico de dar conta de sua administração e de responder por seus atos, conforme essa noção de controle. Significa, então, pedir conta (controlar) por uma parte e responder (ser controlado) por outra. Estes princípios, fundadores de todo ordenamento jurídico, são aplicáveis ao administrar a *coisa pública* e constituem o princípio da juridicidade da atuação da Administração.[5]

Outrossim, sabe-se que a máquina estatal, por determinação constitucional, está sujeita a um efetivo controle externo do Poder Legislativo – com auxílio do Tribunal de Contas –, do Ministério Público, da sociedade e do Judiciário, além do mister essencial de zelar pela excelência de sua própria atuação, conforme o obrigatório exercício do *autocontrole*.

Vale destacar que o desenvolvimento do presente estudo fundamenta-se na concepção de que a Administração Pública deve funcionar de forma diáfana, para tanto, é essencial a existência de órgãos de controle *legitimamente* constituídos que atuem harmonicamente de maneira a vigiar, guiar e corrigir suas condutas.

Fundamentalmente, todos os entes administrativos estão adstritos a regras estreitamente dirigidas e, para seu estrito cumprimento, encontra-se imprescindível o estabelecimento de meios procedimentais viáveis de verificação de sua atuação. Portanto, faz-se necessária a manutenção do convívio regular entre os poderes do Estado, conforme reza o art. 2.º da CF de 1988, bem como a criteriosa proteção da finalidade do bem comum dos atos provenientes do Poder Executivo.

Segundo Maria Sylvia Zanella Di Pietro, "a finalidade do controle é a de assegurar que a Administração atue em consonância com

---

3 DROMI, Roberto. *Derecho administrativo*. 10. ed. Buenos Aires: Ciudad Argentina, 2004. p. 172.

4 *Ibidem*.

5 *Ibidem*.

os princípios que lhe são impostos pelo ordenamento jurídico, como os da legalidade, moralidade, finalidade pública, publicidade, motivação, impessoalidade; em determinadas circunstâncias, abrange também o controle chamado de mérito e que diz respeito aos aspectos discricionários da atuação administrativa".[6] Para a autora, "o controle constitui poder-dever dos órgãos a que a lei atribui essa função, precisamente pela sua finalidade corretiva; ele não pode ser renunciado nem retardado, sob pena de responsabilidade de quem se omitiu".[7]

Nesta seara, cita-se as lições de Caio Tácito como introito à apresentação dos meios de controle da atividade da Administração Pública:

> O controle da legalidade da administração não é, afinal, monopólio ou privilégio de ninguém. Dele compartilham os vários poderes do Estado. Dele se utiliza qualquer do povo quando ferido em direito seu ou em interesse legítimo.
> A defesa da ordem jurídica é, sobretudo, um dever de cidadania: a mística da lei e a fidelidade ao interesse público são a essência mesma da sociedade livre e moralizada. O culto à liberdade não se coaduna com a tolerância do arbítrio ou aceno à violência.
> A legalidade não é uma simples criação de juristas, dosada em fórmulas técnicas e símbolos latinos. É o próprio instinto de conservação da comunidade. A todos incumbe, assim, o dever elementar de vigilância, a paz social traduzida na lei e no direito.[8]

O controle da atividade estatal, então, justifica-se quando se acolhe a noção doutrinária e jurisprudencial de que não é possível aceitar a existência de espaços de sombra na atuação estatal divorciada de mecanismos controle externo e interno próprio de regimes democráticos republicanos.

Desse modo, torna-se fundamental a *valorização e a permanente atualização de instrumentos que selem e mantenham firmes os trilhos dos valores fundamentais de um Estado criado para o claro propósito de fazer e trazer benefícios concretos para a sociedade e cidadãos que representa e que precisa promover seu desenvolvimento intersubjetivo.*

---

6 DI PIETRO, Maria Sylvia Zanella. *Direito administrativo*. 17. ed. São Paulo: Atlas, 2004. p. 622–623.

7 *Ibidem*.

8 TÁCITO, Caio. *Direito administrativo*. São Paulo: Saraiva, 1975. p. 136.

3 Controle da atividade administrativa discricionária estatal

O Estado funciona a partir de escolhas. A possibilidade de optar por um caminho, dentre alguns, que estão à disposição do gestor público, mediante um contexto de legalidade para o alcance de um concretizável interesse público, pode indicar o que se denomina *discricionariedade administrativa.*

Mas, não apenas isso. Discricionariedade administrativa sugere a margem legal de atuação estatal,[9] conforme a realização dos valores que constituem o Direito, sob o eixo da dignidade da pessoa humana. Nesse sentido, em que pese a utilização desta expressão por respeitada doutrina,[10] nenhuma *liberdade* (ou faculdade) existe para a efetivação das *escolhas públicas* que fundam o aspecto discricionário administrativo.

Na verdade, não há a faculdade[11] do administrador público para escolher entre duas ou mais opções legais, mas, sim, existe a apresentação legal de dois caminhos possíveis a serem seguidos e, de acordo com o caso concreto, um deles será o melhor a ser realizado.

A opção (escolha, liberdade ou faculdade) não está no administrador. O que se tem é a possibilidade legal de se promover determinado (ou determinável) interesse público por meio de duas ou mais possibilidades legais que, apenas após o juízo de *conveniência e oportunidade* do administrador, conforme os valores do Direito – por meio de um racional exercício de ponderação dos valores envolvidos em dado caso concreto – o administrador poderá prosseguir na construção da melhor resposta à situação com que se defronte.

Assim exposto, entende-se por *discricionariedade administrativa* o revestimento discricionário do ato administrativo, conforme todas as prerrogativas e sujeições estatais inerentes ao regime jurídico

---

9 Discricionariedade administrativa é a margem legal de atuação administrativa do Estado. É diferente de margem legal de atuação política do Estado. Porque uma se refere à atuação do Estado, como Administração (seja na Função Legislativa, Jurisdicional ou Executiva) e outra à atuação do Governo.

10 Por exemplo, nos cursos de Celso Antônio Bandeira de Mello e Maria Sylvia Zanella di Pietro.

11 Maria Sylvia Zanella di Pietro, por exemplo, assim leciona sobre discricionariedade: "Pode-se, portanto, definir a discricionariedade administrativa como a faculdade que a lei confere à Administração para apreciar o caso concreto, segundo critérios de oportunidade e conveniência, e escolher uma dentre duas ou mais soluções, todas válidas perante o direito" (DI PIETRO, Maria Sylvia Zanella. *Discricionariedade administrativa na Constituição de 1988.* 2. ed. São Paulo: Atlas, 2001. p. 67).

administrativo próprio desta atividade pública. Como assevera Luiz Guilherme Marinoni, discricionariedade é compreendida como latitude de poder.[12]

O poder discricionário da Administração Pública (ou a característica discricionária do ato administrativo) se conforma no momento em que a lei estabelece a possibilidade de o gestor público escolher como poderá realizar o interesse público a ser concretizado a partir dos valores do Direito; como proporcionalidade, por exemplo. A discricionariedade administrativa determina a necessária abertura do sistema para que possa desenvolver-se, a partir da superação de situações que a dicção legal vinculada não supre. Entretanto, tal escolha não significa liberdade, tampouco insindicabilidade pelos legítimos meios de controle da Administração Pública.

Vladimir da Rocha França leciona que "a discricionariedade administrativa compreende um processo de decisão regulado pela lei, no qual se autoriza à autoridade estatal, no exercício de competência administrativa, o emprego de critérios de conveniência e oportunidade na concretização do interesse público".[13] Afirma o autor que "na discricionariedade administrativa há a convivência entre o juízo de juridicidade e o juízo de oportunidade da Administração, em razão de sua proximidade com a realidade social e da insuficiência da lei para prever todos os pressupostos de ação necessários para as demandas dos casos enfrentados pela Administração".[14]

É cediço que o conceito de discricionariedade não permanece estático no tempo. Sua evolução acompanha a evolução do princípio da legalidade. Quanto mais se amplia o conceito de legalidade, mais se reduz a amplitude do aspecto discricionário do ato administrativo.[15]

---

[12] Cf. MARINONI, Luiz Guilherme. *Precedentes obrigatórios*. 2. ed. São Paulo: Revista dos Tribunais, 2011. p. 161.

[13] FRANÇA, Vladimir da Rocha. *Estrutura e motivação do ato administrativo*. São Paulo: Malheiros, 2007. p. 85.

[14] *Ibidem*.

[15] "No período do Estado Liberal de Direito, a legalidade somente se aplicava a uma esfera restrita de atuação administrativa, naquilo que dissesse respeito às restrições aos direitos individuais; em tudo o mais, a Administração Pública era livre para agir; ela dispunha de ampla margem de discricionariedade. Nesse período, a legalidade significava a sujeição à lei editada pelo Parlamento, que era visto como o único ente que representa a vontade geral do povo. Com o Estado Social de Direito, houve um fortalecimento do Poder Executivo, com a outorga de novas funções na área social e econômica e, paralelamente, com a atribuição de competência normativa, envolvendo a possibilidade de editar normas com a força de lei (medidas provisórias, regulamentos autônomos, decretos-leis, leis delegadas ou outras modalidades). [...] o princípio da legalidade ampliou-se para abranger as leis e os atos

Conforme lições de Manoel de Oliveira Franco Sobrinho,[16] "os atos discricionários sugerem algo diverso do que são, como a representação de ocorrência de um poder aberto decorrente da atividade administrativa, uma *liberdade* de ação de que a Administração não desfruta e efetivamente não pode desfrutar diante do ordenamento constitucional e do regramento jurídico". O autor acompanha a reflexão de André Pereira, para dizer "como 'a grande maioria dos atos administrativos comporta uma medida variável de discricionariedade e de vinculação', a rigor deveríamos falar 'em discricionariedade do ato ou discricionariedade do poder'".[17]

Na verdade, adverte Oliveira Franco, "a imprecisão conceitual decorre de especulações doutrinárias quanto aos meios e finalidade, não deixando o ato chamado *discricionário* de possuir todos aqueles elementos dos atos administrativos *comuns*, ou seja, de causa, competência, objeto e forma".[18] Desse modo, observa o autor, que "compete ao hermeneuta, tomado um ato *in concreto*, extrair do ato discricionário a vontade discricionária, a causa determinante da discricionariedade, o limite da [margem legal de atuação] que se dá à Administração para realizar objetivos públicos conforme pressupostos qualificados".[19]

E acaba por concluir que: "Tais pressupostos, contudo, fazem-se de poder, de um poder que resulta necessariamente da lei ou da ordem jurídica, de fatos que afetam finalidade onde os critérios decisórios são apenas admissíveis na oportunidade que venha consequente de um dado momento conjuntural".[20] Segue sua reflexão, afirmando que "nada supera, nos sistemas ou regimes jurídicos, a legalidade institucionalizada, a existência de ordenamento jurídico ao qual se ajusta a legalidade administrativa, já que a juridicidade domina o exercício da

---

normativos baixados no âmbito do Poder Executivo. Além disso, passou a abranger toda a esfera de atuação da Administração Pública, dando origem ao postulado segundo o qual a Administração Pública só pode fazer o que a lei permite. Com o Estado Democrático do Direito, conforme assinalado, a legalidade passou a significar a sujeição ao Direito (lei, valores, princípios). Além disso, verifica-se nova ampliação da função normativa, agora não do Poder Executivo, encarnado pelo Presidente da República, mas da Administração Pública, com a chamada função reguladora exercida pelas agências" (DI PIETRO, *Direito administrativo*, p. 32).

[16] Cf. FRANCO SOBRINHO, Manoel de Oliveira. *Atos administrativos*. São Paulo: Saraiva, 1980. p. 106–107.

[17] PEREIRA, André G. *Erro e ilegalidade no acto administrativo*. Lisboa, 1962. p. 263 *apud* FRANCO SOBRINHO, *Atos administrativos*, p. 106-107.

[18] *Ibidem*.

[19] *Ibidem*.

[20] *Ibidem*.

função pública. Logo, não há qualquer tipo de oposição entre discricionariedade e legalidade".[21]

Sobre a abordagem interpretativa da discricionariedade administrativa, hoje, pode-se dizer que existem, basicamente, duas tendências opostas, revelando mais um paradoxo do direito administrativo:[22]

a) de um lado, os neoliberais, sob inspiração do direito estrangeiro, propugnam pela ampliação da discricionariedade: a ideia de substituir a Administração burocrática pela Administração gerencial depende, em grande parte, do reconhecimento de maior liberdade decisória aos dirigentes; por isso se diz que o direito administrativo atrapalha as reformas, porque ele se apoia no princípio da legalidade, que exige lei para dar fundamento a decisões administrativas; o princípio da legalidade também 'atrapalha' a função normativa das agências reguladoras, por exemplo;

b) de outro lado, há a tendência também bastante forte dos chamados "conservadores", calcada no direito positivo e na Constituição, que defende os maiores limites à discricionariedade administrativa, exatamente pelo fato de que a sua atuação tem que ter fundamento na lei, mas também tem de observar os limites impostos pelos princípios e valores adotados explícita ou implicitamente pela CF.

Hoje a discricionariedade é limitada por princípios, dentre outros aplicáveis, como os da razoabilidade, proporcionalidade, moralidade, interesse público, impessoalidade, segurança jurídica, sem mencionar os valores inseridos nos arts. 1º a 4º da CF.

São princípios e valores que devem ser observados pelo legislador e pela autoridade administrativa e que, em consequência, podem ser apreciados pelo Poder Judiciário, seja para decretar a inconstitucionalidade de leis, seja para declarar a nulidade de atos administrativos.

Como anota Maria Sylvia Zanella di Pietro, "essa mesma dualidade de tendências verifica-se com a relação à chamada *discricionariedade técnica:* os da primeira corrente defendem a impossibilidade de apreciação judicial, extremamente por envolver aspecto técnico que compete à Administração Pública definir; os da segunda corrente defendem, com razão, a possibilidade de apreciação judicial, já que

---

[21] *Ibidem.*

[22] Cf. DI PIETRO, *Direito administrativo*, 24. ed., p. 29–32.

não se trata de verdadeira discricionariedade; se é técnica, pode levar a uma solução única com o auxílio de peritos".[23]

O que se consente é que "onde não existe possibilidade de opção para a Administração Pública entre duas ou mais soluções válidas perante o direito não se pode falar em discricionariedade. Em consequência, a apreciação judicial é sempre possível".[24]

Para a autora, "ao examinar-se a justificação da discricionariedade administrativa, já ficou implícita a ideia de que seu *fundamento* se encontra no ordenamento jurídico positivo; é a própria lei que deixa ao administrador espaço para apreciação discricionária; trata-se de decorrência do princípio da legalidade".[25]

Longe está o tempo em que a discricionariedade era vista como poder puramente político. Embora seja difícil, senão impossível, definir aprioristicamente todas as hipóteses em que existe discricionariedade, pode-se afirmar que ela está presente, em regra, quando:[26]

i) a lei expressamente confere à Administração, como ocorre no caso da norma que permite a remoção *ex officio* do funcionário, a critério da Administração, para atender à conveniência do serviço;

ii) a lei é insuficiente, porque não lhe é possível prever todas as situações supervenientes ao momento de sua promulgação, hipótese em que a autoridade deverá decidir de acordo com princípios extraídos do ordenamento jurídico;

iii) a lei prevê determinada competência, mas não estabelece a conduta a ser adotada; exemplos dessa hipótese encontram-se em matéria de poder de polícia, em que é impossível traçar todas as condutas diante de lesão ou ameaça de lesão à vida, à segurança pública, à saúde e ao meio ambiente;

iv) a lei usa certos conceitos indeterminados ou, nas palavras de Linares,[27] "formas elásticas", assim consideradas aquelas que encerram valorações, isto é, sentidos axiológicos, jurídicos, tais como comoção interna, utilidade pública, bem comum, justiça, equidade, decoro, moralidade, dentre outros.

Na lei, tanto se encontra o fundamento da discricionariedade como se definem seus limites. Por outras palavras, a lei não confere

---

[23] *Ibidem.*

[24] *Ibidem.*

[25] *Ibidem.*

[26] DI PIETRO, *Discricionariedade administrativa na Constituição de 1988*, p. 75–76.

[27] *Ibidem.*

discricionariedade total à Administração. É preciso, portanto, verificar onde ela se localiza.[28]

A discricionariedade administrativa é a expressão de que o Estado possui capacidade de evoluir e de desenvolver-se ao momento de superação de questões sobre o melhor caminho a seguir.

Assim, ao conceder a oportunidade de se estabelecer a melhor resposta a ser apreendida em suas escolhas públicas, a lei e os valores que conformam o Direito estabelecem abertura para que os gestores públicos possam manter a sustentabilidade do sistema jurídico.

Caio Tácito esclarece que: "Não se compõe a legalidade do ato administrativo unicamente de fatores externos relacionados com a competência, a forma ou o objeto. Ela se interioriza nos motivos e, sobretudo, nos fins prescritos à autoridade administrativa. O requisito da finalidade é a disciplina principal do ato em relação ao interesse público". Enfatiza o autor que a finalidade procede "sempre almejando um objetivo prefixado na sua competência própria. A finalidade é um elemento de vinculação permanente da conduta administrativa: se pode haver discricionariedade no tocante à escolha dos motivos ou à determinação do objeto, em nenhuma hipótese ela ocorrerá em relação ao fim".[29]

Saber como agir, quando agir e se agir em prol do interesse público é um dos maiores desafios da Administração Pública. Se ao Estado é concedido esse poder, o respectivo exercício precisa estar acompanhado da proporcional atividade de controle, destacadamente do Poder Judicial, em função da dicção constitucional que assegura e exige sua eficaz atuação contra eventuais disparates de desvios da discricionariedade administrativa.

A operacionalidade desse exercício estatal, pela sua primordialidade no sistema jurídico estabelecido, é o objeto nuclear deste estudo.

4 Mérito do ato administrativo: limites dos critérios de conveniência e oportunidade do Estado

Decorre da discricionariedade o *mérito* do ato administrativo – entendido como o conteúdo de *conveniência e oportunidade* do ato – no sentido da melhor solução da Administração a casos concretos. Conforme

---

[28] *Ibidem.*

[29] TÁCITO, Caio. *Direito administrativo.* São Paulo: Saraiva, 1975. p. 101.

a margem discricionária de atuação administrativa conferida por lei, precisa ser determinado sempre de forma justificada o bastante para viabilizar o controle de sua conformidade com os aspectos de Direito, mediante os meios de controle dos atos da Administração Pública.

Em outros termos, para que se possa determinar qual é a *melhor* escolha administrativa para a *máxima* promoção do interesse público a ser concretizado, faz-se necessário definir critérios de possibilidade fática e jurídica (conveniência), bem como o momento adequado (oportunidade) para a realização do ato.

A questão que emerge está relacionada à operacionalização do mérito administrativo, no sentido da busca da melhor solução da Administração a casos concretos, conforme a margem discricionária conferida por lei, mediante a possibilidade de demonstração de um nexo de causalidade entre a produção do ato administrativo (aspecto subjetivo do ato) e a realização de determinado interesse público a ser concretizado (aspecto objetivo do ato).

Faz-se necessário, então, que a Administração Pública externe, de forma clara e objetiva, quais são os *interesses que serão promovidos pelo ato; quais serão os meios empregados para o ato; quais são as causas da produção do ato* e, principalmente, *qual é o nexo causal existente na relação desses fatores para a legitimação do ato.*

Todo ato administrativo, para sua conformidade com o direito, precisa ser suficientemente construído e moldado para que esteja apto a exteriorizar tais requisitos porque, dessa forma, torna-se viável o seu devido controle – inclusive, material (nuclear) – das razões que levaram à conclusão que devem aproximar-se ao máximo possível da esperada objetividade administrativa.

Importante ressaltar que nenhum dos meios de controle da atividade estatal pode agir de modo a substituir a atuação administrativa da Administração Pública, da mesma forma que nenhum ato da Administração Pública deve estar voltado a furtar-se da necessária sindicabilidade jurisdicional de verificação da adequação de meios e fins da atuação executiva estatal. Não *substituir* não significa não *corrigir*, quando necessário e com a devida competência para tanto.

Isso é, respeitar a competência legal para a produção do ato, conforme a mesma intensidade de atendimento da competência legal de plena verificação dos seus aspectos *objetivos*. Ainda, acerca dos aspectos *subjetivos*, devem-se utilizar os respectivos instrumentos *objetivadores* do ato administrativo (v.g., princípios da razoabilidade, proporcionalidade, moralidade) para verificação de adequação legal do mérito que o conforma.

Destaca-se, nesse entendimento, o mencionado aspecto da suposta discricionariedade técnica dos atos administrativos, uma vez que – *de forma descabida – há quem defenda que não há*, no atual ordenamento jurídico, formas de atingir o mérito extremamente técnico de atos administrativos pelo controle judicial.

Assim, considerando o exercício de sua tecnicidade específica, tornar-se-ia impossível aferir eventuais exageros acerca da razoabilidade e da proporcionalidade do conteúdo de tal ato administrativo – conclusão que deve ser afastada, em respeito ao acato do direito fundamental de ação e do dever de prestação da tutela jurisdicional pelo Estado.

E tal atuação não configura a simples substituição de um ato do Executivo por um ato judicial. Trata-se sim, de respeito ao sistema constitucional estabelecido de possibilidade de amplo controle da atividade pública, conforme interpretação sistemática da Constituição, a partir da possibilidade de revisão jurisdicional de toda e qualquer ameaça ou lesão a direitos.[30]

Quando se vincula o que fazer e quando fazer com os valores do Direito, tem-se um atuar administrativo legítimo e ressonante da expressão constitucional que determina um agir administrativo voltado ao bem comum e ao desenvolvimento intersubjetivo.

Os limites da conveniência e oportunidade administrativa encontram-se em equivalente lugar nas fronteiras de verificação da boa Administração Pública, ou seja, na capacidade de objetivação do ato administrativo e no constante empenho de afastamento de aspecto subjetivos que dificultam o respectivo controle judicial e que deixam a Administração Pública a serviço de alguns e não de todos.

---

[30] Em sentido contrário, Hely Lopes Meirelles afirma que "o objeto, nos atos discricionários, fica na dependência da escolha do Poder Público, constituindo essa liberdade opcional o mérito administrativo. Não se pode, pois, em tal elemento, substituir o critério da Administração pelo pronunciamento do Judiciário, porque isto importaria revisão do mérito administrativo, por uma simples mudança de juízo subjetivo – do administrador pelo do juiz – sem qualquer fundamento em lei" (MEIRELLES, Hely Lopes. *Direito administrativo brasileiro*. São Paulo: Malheiros, 2010. p. 150).

5 Considerações finais

Primeiramente, não é exagero lembrar que os meios responsáveis pelo controle estatal têm caráter imprescindível para a manutenção da segurança dos atos administrativos.

Estado que se autodenomina *democrático de direito* deve não apenas ter a consciência do exercício da justiça como meio de pacificação e de desenvolvimento social, mas também deve saber instrumentalizar tais meios para conceder efetivos resultados de suas pretensões.

Esse é o papel do Judiciário. O controle do Poder Judiciário da Administração Pública existe para aqueles que concederam parcelas de sua *autodeterminação* (liberdade individual) ao ente criado para agir em prol do seu *bem-estar* possam encontrar a paz e a segurança de que seus direitos não serão ameaçados, e, na ocorrência de ameaça ou dano, prontamente se verificará a correspondente ação pacificadora legítima.

O controle realizado pelo Judiciário é a engrenagem final da atividade estatal, é o eixo da balança do poder do Estado, é – finalmente – o modo como se consegue determinar o grau de exercício *democrático de direito* de um dado Estado.

O que se sabe sobre a limitação administrativa coincide com aquilo que se pretende para o detentor de coisa alheia.

O controle exercido diretamente pelo dono da coisa – ou por fiscais indicadas por essa – deve ter parâmetros e regras claras, com meios, inclusive, que garantam sua efetividade empírica.

Nessa linha, o Estado – que gere a coisa pública (de todos) – deve atuar sempre em prol do atendimento do interesse do titular dessa coisa pública: o cidadão. Nesta esteira, daqueles que exercem o ônus público de segurança e promoção do cidadão e da própria coisa pública, indispensável se faz o estabelecimento de regras objetivas, coerentes, factíveis e conectadas aos anseios dos partícipes do Estado, equitativamente.

O legítimo controle do Estado possui essa característica, então, de conceder ao titular da coisa a oportunidade de confiar que o detentor dessa coisa está atuando com o nobre fim de desenvolvimento de todos, sinergicamente.

O Estado, conforme almeja a Constituição, é voltado ao bem do cidadão, assim, é essencial que seus instrumentos de proteção e correição de suas engrenagens corroídas – ou de eventuais falhas de seu sistema – possuam um tratamento atento para tornar-se um maquinário moderno e ágil para alcançar tal finalidade.

As eventuais normas emanadas pelo Estado, por meio dos órgãos constituídos pelos seus três Poderes (no sentido de funções estatais) – que confrontem, limitem (direta ou indiretamente) irregularmente a eficácia dos princípios fundamentais (com destaque ao princípio tratado neste momento) – devem ser relativizadas, conforme uma concreta ponderação racional dos valores envolvidos.

O *Estado* é a conjugação de um complexo de interesses criado para a manutenção do interesse de quem controla sua gestão sem que, para isso, destrua ou ignore os demais interesses envolvidos. *Poder* é a força impressa para que o interesse preponderante se mantenha nessa situação, independente dos demais interesses envolvidos.

Logo, poder estatal é o resultado da gestão dos interesses interdependentes sob o vetor do interesse daquele escolhido para executar tal gestão.

O cidadão, como o titular do poder propulsor da máquina pública – gerenciado por aquele detentor provisório desse poder (Estado) – invariavelmente apresenta-se na condição de hipossuficiência perante a ordem estatal, justificando, assim, o vasto rol de instrumentos garantidores do seu desenvolvimento individual e intersubjetivo.

Exemplo claro desse caráter constitucional de proteção e promoção do cidadão é o *status* de *fundamentabilidade* conferido a alguns direitos subjetivos que o homem detém em face da atividade do Estado, expressados em sua maioria no art. 5.º da CF.

Além desses valores fundamentais, outros devem ser somados (como os princípios constitucionais que coordenam a Administração Pública, estampados no *caput* do art. 37 da CF/88), com intento da consagração das atividades públicas exercidas pela Administração, ou por quem lhe represente.

Assim, imperioso se faz – para o alcance de seu principal objetivo constitucional – a manutenção da constante busca dos fatores de *eficiência*, *transparência*, *desburocratização* e *democratização* de sua estrutura e do serviço público que presta e regula.

Promover o bem-estar do povo é a proposta vital do Estado e dos seus governantes, e começa com a satisfação de suas necessidades materiais.

Mas o povo não pode esperar de braços cruzados a salvação pelo Estado. Deve, sim, ter consciência que a máquina estatal é um instrumento que, como outros, depende da boa habilidade de manejo.

Sair da situação passiva, com o fito de autoinvestimento em bem-estar, é essencial para o amadurecimento social com vistas ao desenvolvimento de um povo. Deixar a posição de latência significa voltar os olhos a si próprio, perceber os defeitos e as virtudes, e equalizá-las para que cada indivíduo encontre sua possibilidade de contribuição à sociedade que faz parte.

6 Referências

DI PIETRO, Maria Sylvia Zanella. *Discricionariedade administrativa na Constituição de 1988*. 2. ed. São Paulo: Atlas, 2001.

DI PIETRO, Maria Sylvia Zanella. *Direito administrativo*. 17. ed. São Paulo: Atlas, 2004.

DROMI, Roberto. *Derecho administrativo*. 10. ed. Buenos Aires: Ciudad Argentina, 2004.

FAGUNDES, Miguel Seabra. *O controle dos atos administrativos pelo Poder Judiciário*. 7. ed. Atualização de Gustavo Binenboam. Rio de Janeiro: Forense, 2005.

FRANÇA, Phillip Gil. *O Controle da Administração Pública*. 4. ed. Saraiva. São Paulo, 2016.

FRANÇA, Phillip Gil. *O Controle do Ato Administrativo*. 5. ed. RT. São Paulo, 2021.

FRANÇA, Vladimir da Rocha. *Estrutura e motivação do ato administrativo*. São Paulo: Malheiros, 2007.

FRANCO SOBRINHO, Manoel de Oliveira. *O controle da moralidade administrativa*. São Paulo: Saraiva, 1974.

FRANCO SOBRINHO, Manoel de Oliveira. *Atos administrativos*. São Paulo: Saraiva, 1980.

GONZÁLEZ PÉREZ, Jesús. *El derecho a la tutela jurisdiccional*. 3. ed. Civitas: Madrid, 2001.

MARINONI, Luiz Guilherme. *Precedentes obrigatórios*. 2. ed. São Paulo: Revista dos Tribunais, 2011.

MEIRELLES, Hely Lopes. *Direito administrativo brasileiro*. São Paulo: Malheiros, 2010.

PEREIRA, André G. *Erro e ilegalidade no acto administrativo*. Lisboa, 1962.

SUNDFELD, Carlos Ari. *Fundamentos do Direito Público*. São Paulo: Malheiros Editores, 2011.

TÁCITO, Caio. *Direito administrativo*. São Paulo: Saraiva, 1975.

ALMIRO DO COUTO E SILVA: UM MESTRE DO DIREITO E UM MESTRE DE VIDA

Rafael Maffini

1 A formação do jurista

Almiro Regis Matos do Couto e Silva nasceu em 10 de janeiro de 1933 para ser – e sempre o foi – uma pessoa muito especial. Em 1942, aos 9 anos de idade, ingressou nos bancos escolares do tradicional Ginásio (hoje Colégio) Anchieta, escola de confissão religiosa, para lá percorrer todas as etapas do ensino vigentes à época (cursos primários, secundários e colegial). De lá saiu em 1950, para ingressar, no ano seguinte (1951), na Faculdade de Direito da Universidade Federal do Rio Grande do Sul.[1]

Sua trajetória no Direito parece ter sido a Almiro do Couto e Silva muito natural e, até mesmo, familiar. Seu pai, Waldemar do Couto e Silva, conhecido advogado em Porto Alegre, fundou escritório de advocacia em 1926 e criou três filhos que seguiram brilhantemente suas carreiras jurídicas. Além do caçula Almiro do Couto e Silva, seus irmãos Paulo e Clóvis cultuaram, cada uma a seu modo, o Direito. Paulo do Couto e Silva foi um brilhante e aguerrido advogado. Clóvis do Couto e Silva, além de advogado foi também um professor e um cientista magnífico, com importante atuação também na advocacia.[2]

---

1 Algumas das informações aqui constantes encontram-se em APERGS. *MEMÓRIAS*: histórias de quem fez a história da PGE/RS. Porto Alegre: APERGS, 2021. v. 1, p. 21–54. Demais disso, as datas e informações pessoais constantes do texto contaram com a revisão de Marilia Py Moreira do Couto e Silva, filha do homenageado e que, por certo, teve dele as melhores perspectivas possíveis.

2 FRADERA, Vera Jacob. Almiro do Couto e Silva, os três irmãos advogados e o Direito. Revista Consultor Jurídico, São Paulo, 2 maio 2018. Disponível em: https://www.conjur.com.br/2018-mai-02/vera-fradera-almiro-couto-silva-tres-irmaos-direito/. Acesso em maio 2018.

Quando cursou a Faculdade de Direito, na UFRGS, a instituição encontrava-se sujeita ao princípio germânico da "liberdade acadêmica" (*Akademische Freiheit*), sobretudo quanto à ausência de quaisquer controles de frequência. Aprovados em provas semestrais, com a média 7, os alunos eram aprovados. Caso tal média não fosse obtida, havia uma prova oral realizada por banca composta por três professores. Caso ainda assim não se alcançasse a média necessária à aprovação, ainda havia como última chance, a figura da "dependência", consistente num novo exame realizado no início do ano seguinte. Tal liberdade produzia, como efeito colateral um importante comércio de polígrafos emergentes das anotações que os alunos faziam nas aulas assistidas, as quais eram posteriormente revisadas e complementadas com as informações a que se tinha acesso. A circulação destas "sebentas", por seu turno, ocasionou o que os alunos da época denominavam jocosamente de "*jus sebentarum*".[3]

Os alunos cujas famílias residiam em Porto Alegre, ou aqueles que tinham condições de residir na Capital do Rio Grande do Sul, tinham condições de assistir as aulas de seus mestres. Nas palavras de Almiro do Couto e Silva:

> Dentre os mais famosos pelo saber e pela clareza ou elegância da exposição destacavam-se os Professores Darcy Azambuja (Teoria Geral do Estado), Elpídio Paes (Direito Romano), Armando Câmara (Introdução à Ciência do Direito e Filosofia do Direito), João Leitão de Abreu (Introdução à Ciência do Direito), Mem de Sá (Economia Política), Edgar Schneider (Ciência das Finanças); José Luiz de Almeida Martins Costa (Direito Penal), Eloy José da Rocha (Direito do Trabalho), Ernani Estrela (Direito Comercial), João Bonumá (Direito Processual Civil), Francisco Simch Junior (Direito Processual Penal), e, sem agravo aos demais, mas o melhor de todos, pela cultura enciclopédica, Ruy Cirne Lima (Direito Administrativo).[4]

---

[3] Este relato foi feito pelo próprio Almiro do Couto e Silva, no discurso por ele realizado em novembro de 2016 na Academia Brasileira de Letras Jurídicas, ao ensejo do recebimento da Medalha Pontes de Miranda, em razão de seu livro "Conceitos Fundamentais do Direito no Estado Constitucional" ter sido reconhecido pela referida academia como a melhor obra jurídica publicada em 2015. Vide parte de tal pronunciamento em APERGS, *MEMÓRIAS*, p. 43–53. Trata-se de livro realmente merecedor desta de outras premiações por compilar várias das ideias doutrinariamente expostas durante toda a sua carreira (COUTO E SILVA, Almiro do. *Conceitos fundamentais do Direito no Estado Constitucional*. São Paulo: Malheiros, 2015).

[4] Tal referência especial ao seu professor de Direito Administrativo não deixa de ser uma espécie de vaticínio das futuras preferências de Almiro do Couto e Silva (APERGS, *MEMÓRIAS*, p.

Afirmando-se condutor de uma trajetória diversa de seu irmão Clóvis, que desde os primórdios do curso de Direito, até mesmo em razão de seus estudos de língua alemã, no Instituto Goethe, de Porto Alegre, teria se interessado pelo Direito Comparado, especialmente quanto ao Direito das Obrigações, Almiro do Couto e Silva disse ter trilhado caminhos diversos nos tempos da Faculdade, caminhos estes mais afetos à literatura, ao teatro e ao cinema.[5] Se, de um lado, este seu confesso interesse pelas artes explica o modo culto e erudito que Almiro do Couto e Silva dominava a literatura, o teatro e o cinema, sempre referidas com uma paradoxal simplicidade, de outro, pede-se licença para se afirmar que tal relato mais parece decorrer de uma modéstia que somente os gênios se autorizam a ter, eis que não se mostra cogitável que o seu grande cabedal jurídico adviesse de um curso de graduação em Direito transcorrido sem grande interesse e qualidade.

Aos 22 anos, em 1955, formou-se em Direito e – novamente por manifestação de modéstia – entendeu que

> teria de começar a estudar Direito, o que pode parecer um paradoxo pois, as minhas notas na Faculdade sempre foram satisfatórias e nunca fui reprovado, só tendo ficado para exame oral em uma única matéria, em Medicina legal, no 4º ano.[6]

Pouco mais de um lustro após sua formatura, Almiro do Couto e Silva, já casado e com dois filhos, interessou-se por uma bolsa de pós-graduação oferecida pelo Serviço Alemão de Intercâmbio Acadêmico (*DAAD – Deutsche Akademische Austausch Dienst*). Apesar de usualmente tais bolsas serem destinadas para as chamadas áreas técnicas (Medicina, Engenharia, Física, Química, Matemática e outras especialidades desse gênero), Almiro do Couto e Silva, tendo apresentado uma dissertação sobre a influência do Direito alemão, no Direito brasileiro, sobretudo no Código Civil de 1916 e contando com uma carta de recomendação assinada por Ruy Cirne Lima, a qual, segundo o próprio recomendado, seria "extremamente generosa na avaliação" de suas qualidades, foi o único agraciado naquele ano com a bolsa oferecida pelo Governo alemão.[7]

45). Em relação ao professor José Luiz de Almeida Martins Costa, acredita-se que o texto conte com um erro material eis que o referido professor foi um ilustre lente de Direito Civil.

5 APERGS, *MEMÓRIAS*, p. 46–48.

6 *Ibidem*, p. 50.

7 *Ibidem*, p. 51–52.

Após um período inicial destinado aos estudos de língua alemã, matriculou-se na Universidade de Heidelberg, onde se matriculou

> [...] nos cursos de História do Direito Romano, ministrado pelo Professor Gerardo Broggioni, sucessor de Kunkel na cátedra de Romano, e de Direito Administrativo, ministrado pelo Professor Ernst Forsthoff, então o maior administrativista alemão do pós-guerra, sucedendo nessa posição ao Professor Walter Jellinek, a maior expressão do Direito Administrativo no período anterior ao segundo conflito mundial, por quem, aliás, o Professor Ruy Cirne Lima tinha grande admiração e de quem se tornara amigo pelas cartas que trocavam, embora nunca tivessem se encontrado.[8]

Tal situação explica, em grande medida, as razões pelas quais Almiro do Couto e Silva optou, na docência pelas disciplinas de Direito Romano e de Direito Administrativo.

Marcados os principais eventos que determinaram a formação de Almiro do Couto e Silva, passa-se, agora, para uma breve consideração sobre o grande jurista que ele se transformou.

2 O jurista

Almiro do Couto e Silva foi um jurista brilhante em todas as atividades profissionais que desenvolveu no curso do seu tempo.

Foi um destacado advogado público,[9] tendo exercido funções de Consultor Jurídico do DAER[10] e da Secretaria do Interior e Justiça. Foi também membro do histórico Conselho dos Serviços Públicos. Foi designado, em 1974, para o cargo de Consultor Jurídico da Consultoria-Geral do Estado do Rio Grande do Sul, função transformada no cargo de Procurador do Estado da PGE. Também no serviço público, ocupou nos anos de 1972 e 1973 a função de Subchefe da Casa Civil da

---

[8] *Ibidem*, p. 53.

[9] Há uma revista da PGE/RS inteiramente destinada a homenagear Almiro do Couto e Silva, da qual parte das informações presentes no texto foi extraída (Revista da PGE – Procuradoria-Geral do Estado RS. Nº 57, dezembro/2003. Cadernos de Direito Público – Almiro do Couto e Silva).

[10] O Departamento Autônomo de Estradas de Rodagem – DAER consiste numa autarquia estadual fundada em 11 de agosto de 1937 e atualmente vinculada à Secretaria de Logística e Transportes, a quem compete a gestão do transporte rodoviário no estado do Rio Grande do Sul.

Presidência da República, em período no qual o Ministro da pasta era um ex-professor seu (Min. João Leitão de Abreu).

Também exerceu, com muito destaque no cenário nacional, a advocacia, tendo atuado em questões muito relevantes.

Mas, sem prejuízo de seus méritos na advocacia pública e privada, Almiro do Couto e Silva protagonizou uma majestosa carreira docente. Foi, sem dúvida, um professor amigo de seus alunos e um grande incentivador de carreiras.

Na PUC/RS, foi professor de Direito Romano de 1963 a 1972. Na sua *alma mater* (UFRGS), atuou como Auxiliar de Ensino, também na disciplina de Direito Romano, de 1965 a 1978. Classificado em 1º lugar em concurso para Professor de Direito Administrativo, ocupou tal posição, antes ocupada por seu mestre, Ruy Cirne Lima, também na Faculdade de Direito da UFRGS, da qual foi Diretor entre 1984 e 1988. Foi um dos fundadores do Programa de Pós-Graduação em Direito e nela conduziu disciplinas de Direito Público, tendo orientado dezenas de alunos de mestrado e doutorado[11]. Coordenou o PPGD entre 1992 e 1996, na qual deu início a um processo de internacionalização do curso, reproduzindo uma característica que marcou sua trajetória pessoal , eis que atuou como Professor Visitante na Universidade de Paris XII (St. Maur) em 1988[12] e na Universidade de Paris I (Panthéon-Sorbone) em 1995[13].

Almiro do Couto e Silva atuou também com destaque na produção de anteprojetos legislativos tendo sido, por exemplo, membro de comissão designado pelo TSE para a reformulação da legislação eleitoral (1995). Foi também designado, pelo Ministério da Justiça (1996), como membro de comissão incumbida da criação de uma lei federal do processo administrativo.[14] Também foi designado, pelo Ministério

[11] Em lista informada pelo PPGD da UFRGS, constam os seguintes orientandos de mestrado e/ou doutorado: Ana Paula Oliveira Ávila, Carin Simone Prediger, Carlos Ernesto Maranhao Busatto, Ernesto José Toniolo, Gilberto Schafer, Gustavo Martins Baini, Jamile Azambuja Moroszczuk, Juliana Follmer, Lauro Mazzini Panichi, Luiz Gustavo Kaercher Loureiro, Marcos de Campos Ludwig, Maren Guimarães Taborda, Matheus Rocha Faganello, Mauro Hiane de Moura, Pedro Henrique Poli de Figueiredo, Rafael Da Cás Maffini, Rooger Raupp Rios, Rozangela Motiska Bertolo, Sérgio Viana Severo.

[12] Nesta instituição, ministrou curso sobre "Le Contrôle Jurisdicionel de l'Etat au Brésil".

[13] Em tal instituição, ministrou os seguintes cursos: "Les Entreprises Publiques et les Societés d'Economie Mixte em Droit Brésilien" e "L'Action Civile Publique et la Protection de L'Environement au Brésil".

[14] Que redundou na Lei nº 9.784/99, para a qual teve grande contribuição, tendo se incumbido diretamente da redação dos seus artigos 53 a 55.

do Planejamento, Orçamento e Gestão (2007), membro de comissão destinada à revisão da legislação acerca da organização administrativa brasileira.

Em todas as facetas de sua atuação como jurista, Almiro do Couto e Silva sempre manifestou evidentes virtudes, muito bem apontadas por Humberto Ávila:

> A primeira característica é o *pioneirismo*. As novidades doutrinárias de hoje, pontificadas em livros e artigos nacionais e estrangeiros supostamente inaugurais, sobre a ponderação e a concordância prática de princípios ou sobre a relativização do princípio da legalidade da Administração Pública, já eram antecipadas de modo inaugural e marcante pelo Homenageado, já na década de oitenta. "Não há erro maior do que acreditar que a palavra dita por último seja sempre a melhor, que toda coisa escrita mais tarde seja um melhoramento daquilo que foi escrito antes", são as palavras de Schopenhauer, que recobram viva a atualidade no exemplo do homenageado.
>
> A segunda característica é o *método peculiar de análise*. O Mestre aproxima-se do tema como que fazendo uma hermenêutica histórica: reconstrói, com filtros adequados de conceitos e de linguagem, surgiu o problema. Com isso, permite compreender o presente como uma dimensão atemporal frágil; o passado como uma realidade só ilusoriamente extinta; e os valores como de algum modo permanentes e universais. O Mestre não confunde a história com catalogação de dados e de datas. O que ele faz é recompor, com sua conhecida maestria, a diversidade variável numa unidade permanente de valores.
>
> A terceira característica é a *profundidade de análise*. Não há aspecto do tema que seja tratado de modo superficial. A opção do autor sempre foi – e continua sendo – pela qualidade, característica essa digna de mais louvores em nossa época, em que proliferam trabalhos de compilação, feitos às pressas, para se transformar numa novidade editorial, quando não mesmo num mero oportunismo. O que a pena do homenageado produz é obra pensada e repensada, fruto de pesquisa vertical na leitura alemã, italiana, francesa, espanhola, portuguesa, quando não mesmo nos clássicos da literatura universal.
>
> A quarta característica, para pôr fim a esta lista, de resto interminável, é a *simplicidade*. No emaranhado de informações, no meio de culturas tão diversas no seio de épocas tão distintas, na obra de autores tão diferentes surge a unidade de maneira límpida, a provocar no leitor a sensação de obviedade de que só as verdades são portadoras.
>
> Mas se o homenageado busca incessantemente a verdade, não a tem por única, nem a vê como seu titular. Bem ao contrário. Uma das características marcantes do Mestre ALMIRO na docência é a sua serenidade. Não

> apenas a modéstia, como uma subavaliação, nem sempre sincera e muitas vezes hipócrita, de si mesmo. Não só a simplicidade, como a capacidade de fugir de complicações inúteis e praticamente das posições ambíguas. Também, e sobretudo, a serenidade: qualidade daquele que deixa o outro ser como é, ainda quando o outro é o insolente, o arrogante, o prepotente (Bobbio). Como professor, o homenageado deixa os alunos serem como são. Presta ajuda para que os alunos alcancem os seus propósitos. Se há mestres pelo poder, e mestres pelo saber, pode-se dizer, sem medo de errar, que o Professor ALMIRO, mais ainda do que mestre pelo saber, é mestre pelo ser: tornou-se respeitado e reconhecido porque ensinou, segundo preconizava o Pe. Vieira, muito mais com a vida e o exemplo do que com meras palavras.[15]

De tais predicados emergiu uma produção intelectual e doutrinária ímpar no nosso país, sempre com uma mesma característica: Almiro do Couto e Silva preferia aprofundar questões teóricas muito específicas, normalmente decorrentes de situações práticas oriundas de sua experiência como advogado público ou privado. Não parecia simpatizar por grandes abstrações. Provavelmente esta a razão pela qual não houve, em sua vasta produção, espaços para livros manuais, ainda que sobejasse conhecimento, método e capacidade para produzir manuais que certamente contribuiriam para a formação do Direito Público brasileiro. A sua produção intelectual é marcada por textos sobre temas bastante delimitados, mas desenvolvidos com um elevadíssimo nível de profundidade, de sorte que sobre temas por ele tratados dificilmente surgiria algo a mais para se dizer.

Há, neste sentido, um livro que compila boa parte de sua grande produção[16], livro este premiado com a Medalha Pontes de Miranda, concedido pela Academia Brasileira de Letras Jurídicas por ter sido reconhecido pela referida academia como a melhor obra jurídica publicada em 2015.

Em tal livro é possível encontrarmos textos sobre os princípios fundamentais do Direito Público, entre os quais se destacam os

---

[15] Tal texto é fragmento de discurso de saudação, proferido por Humberto Ávila, quando da homenagem prestada ao Prof. Almiro do Couto e Silva, em 15 de junho de 2004, pelo Curso de Pós-Graduação em Direito da Faculdade de Direito da UFRGS (ÁVILA, Humberto (Org.). Fundamentos do Estado de Direito – Estudos em homenagem ao Professor Almiro do Couto e Silva. São Paulo: Malheiros, 2005. p. 15–16).

[16] COUTO E SILVA, Almiro do. *Conceitos fundamentais do Direito no Estado Constitucional*. São Paulo: Malheiros, 2015.

trabalhos sobre segurança jurídica e proteção da confiança,[17] [18] [19] temas estes dos quais Almiro do Couto e Silva foi precursor no nosso país, tendo influenciado diretamente até mesmo a primeira decisão em que o STF reconhece expressamente tais princípios como dotados de índole constitucional.[20] Também há na referida obra textos pertinentes a conceitos fundamentais do Direito Administrativo, tais como o tema dos atos administrativos[21] [22] e da discricionariedade administrativa.[23] **Há um compartimento bastante destacado, na obra de Almiro do Couto e Silva, pertinente à atividade econômica e aos serviços públicos,**[24] [25] [26] notadamente acerca do fenômeno da privatização no Brasil[27]. Demais de tais temas, tal obra de Almiro do Couto e Silva trata de questões pertinentes à organização administrativa,[28] responsabilidade civil do

---

[17] *Idem.* Princípios da legalidade da Administração Pública e da segurança jurídica no Estado de Direito contemporâneo. *In: Conceitos fundamentais do Direito no Estado Constitucional.* São Paulo: Malheiros, 2015.

[18] *Idem.* O princípio da segurança jurídica (proteção à confiança) no Direito Público brasileiro e o direito da administração pública de anular seus próprios atos administrativos: o prazo decadencial do art. 54 da Lei do Processo Administrativo da União (Lei 9.784/1999). *In: Conceitos fundamentais do Direito no Estado Constitucional.* São Paulo: Malheiros, 2015.

[19] *Idem.* O princípio da proteção da confiança e a teoria da invalidade dos atos administrativos no direito brasileiro. *In: Conceitos fundamentais do Direito no Estado Constitucional.* São Paulo: Malheiros, 2015.

[20] QO-Pet. 2.900, Rel. Min. Gilmar Mendes, j. 27/05/2003.

[21] COUTO E SILVA, Almiro do. Atos jurídicos de direito administrativa praticados por particulares e direito formativos. *In: Conceitos fundamentais do Direito no Estado Constitucional.* São Paulo: Malheiros, 2015.

[22] *Idem.* Notas sobre o conceito de ato administrativo. *In: Conceitos fundamentais do Direito no Estado Constitucional.* São Paulo: Malheiros, 2015.

[23] *Idem.* Poder discricionário no direito administrativo brasileiro. *In: Conceitos fundamentais do Direito no Estado Constitucional.* São Paulo: Malheiros, 2015.

[24] *Idem.* Notas sobre terminais portuários privativos mistos: a natureza pública da exploração dos portos. *In* Conceitos fundamentais do Direito no Estado Constitucional. São Paulo: Malheiros, 2015.

[25] *Idem.* Atividade econômica e serviços públicos. *In: Conceitos fundamentais do Direito no Estado Constitucional.* São Paulo: Malheiros, 2015.

[26] *Idem.* Os indivíduos e o Estado na realização de tarefas públicas. *In: Conceitos fundamentais do Direito no Estado Constitucional.* São Paulo: Malheiros, 2015.

[27] *Idem.* Privatização no Brasil e o novo exercício de funções públicas por particulares. Serviços públicos "à brasileira"? *In: Conceitos fundamentais do Direito no Estado Constitucional.* São Paulo: Malheiros, 2015.

[28] Cita-se, por exemplo: COUTO E SILVA, Almiro do. A administração direta e as autarquias: autarquias especiais, agências reguladoras e agências executivas. *In: Conceitos fundamentais do Direito no Estado Constitucional.* São Paulo: Malheiros, 2015.

Estado,[29] inclusive por questões atreladas ao planejamento[30] e, sobretudo, à falta de planejamento,[31] entre outros tantos textos precursores que, estreme de dúvidas, aprimoraram o Direito Público brasileiro.

3 Um ser humano muito especial

Como já referido nas primeiras linhas desta homenagem, Almiro do Couto e Silva nasceu para ser uma pessoa muito especial.

Foi um jurista especial, mas foi, sobretudo, um ser humano dotado de qualidades incomparáveis. Foi um ótimo esposo, um pai exemplar (procuro tratar minhas filhas com o amor que vi o Prof. Almiro destinar aos seus filhos), um amigo sem igual, um professor cativante, um advogado muito atencioso e engajado com seus clientes. E tudo o que fazia era muito leve e agradável, provavelmente pelo senso de humor muito refinado e sempre apropriado, mesmo em alguns momentos tensos, que a vida sempre acaba por proporcionar.

Permitimo-nos condensar tais impressões, as quais certamente não conseguirão condensar as incontáveis características e predicados de Almiro do Couto e Silva, reproduzindo uma passagem inserida em outra homenagem destinada a este meu grande e eterno professor:

> Não há como lembrar do Prof. Almiro do Couto e Silva sem que isso propicie um sentimento de grande saudade. Ele, no curso de sua vida, personificou com maestria a mais genuína acepção do que pode significar a expressão "mestre".
> Muitos são eruditos. Outros tantos são simples. Mas são pouquíssimos aqueles que são, a um só tempo, eruditos e simples. O Prof. Almiro foi um deles, pois era agradavelmente erudito e também dotado de uma simplicidade que somente as pessoas geniais conseguem ser.
> Embora, no campo científico, tenha tratado predominantemente do Direito Administrativo e do Direito Romano, permeava tudo o quanto fazia, escrevia e falava com algumas maravilhosas pitadas de poesia, de história, de música etc. Fazia tudo isso com uma condição humana verdadeiramente inigualável.

---

[29] Cita-se, por exemplo: COUTO E SILVA, Almiro do. A responsabilidade extracontratual do Estado no direito brasileiro. *In: Conceitos fundamentais do Direito no Estado Constitucional*. São Paulo: Malheiros, 2015.

[30] *Idem*. Problemas jurídicos do planejamento. *In: Conceitos fundamentais do Direito no Estado Constitucional*. São Paulo: Malheiros, 2015.

[31] *Idem*. Responsabilidade do Estado e problemas jurídicos resultantes do planejamento. *In* Conceitos fundamentais do Direito no Estado Constitucional. São Paulo: Malheiros, 2015.

Permito-me aqui um relato de cunho pessoal para denotar tal humano modo de ser: quando até o seu escritório fui para entregar meu convite de casamento, ele me brindou de um dos mais agradáveis relatos sobre a origem e a história do instituto do casamento, o qual veio seguido de uma declaração de amor por sua esposa e por seus filhos. Lembro, como se fosse ontem, de ouvir, juntamente com sua indefectível gargalhada, que de todas as decisões que ele havia tomado na vida, a única sobre a qual ele nunca teve qualquer dúvida foi a de ter se casado com a D. Berenice. A vida é mesmo surpreendente: eu achei que me tornaria, com os ensinamentos do Prof. Almiro, um professor de Direito Administrativo melhor, e ele acabou lançando mão de lições aptas a me tornarem a ser um ser humano melhor.

As aulas por ele ministradas materializavam suas marcas pessoais: eram profundas e simples. O gigantismo de seu conhecimento era transmitido a partir do mesmo patamar ocupado pelos seus alunos. Ele fazia questão de parecer estar aprendendo com seus alunos, quando em verdade estava a eles ensinando um conteúdo de qualidade por meio de uma forma acolhedora a ser seguida por todos que almejam o sacerdócio da docência.

Como pesquisador e doutrinador, o Prof. Almiro era igualmente especial. Uma das manifestações de genialidade consiste em se perceber obviedades antes de todos as perceberem. E isso o Prof. Almiro fazia com maestria. Tratar de "proteção da confiança", de "consensualidade administrativa", de "assimetria regulatória em matéria de serviços públicos" na atualidade, qualquer um trata. Fazê-lo décadas antes de todos, só alguém como o Prof. Almiro. Outra marca peculiar do Prof. Almiro era a de que ele não parecia ter muito interesse por abstrações jurídicas. Dificilmente haveria um livro manual de Direito Administrativo escrito pelo Prof. Almiro, a despeito de ter qualidades suficientes para que houvesse escrito o melhor deles. Ele pesquisava e escrevia com certa nota de indignação teórica, sempre a partir de situações concretas que geravam nele uma curiosidade que rendia, sobre tal tema, o melhor texto possível.

Tudo isso gera muita saudade a quem teve a sorte de tê-lo como professor, a qual só é compensada pelo modo marcante que o Prof. Almiro marcou a história de todos nós que fomos seus alunos e pelo som de sua deliciosa gargalhada que ainda ecoa, especialmente nos corredores do castelinho.[32]

Porto Alegre, RS, primavera de 2024.

[32] MAFFINI, Rafael. MEMÓRIAS: histórias de quem fez a história da PGE/RS. Porto Alegre: APERGS, 2021. v. 1, p. 26–27.

4 Referências

ÁVILA, Humberto (Org.). *Fundamentos do Estado de Direito: estudos em homenagem ao Professor Almiro do Couto e Silva*. São Paulo: Malheiros, 2005. p. 15–16.

COUTO E SILVA, Almiro do. A responsabilidade extracontratual do Estado no direito brasileiro. *In*: COUTO E SILVA, Almiro do. *Conceitos fundamentais do Direito no Estado Constitucional*. São Paulo: Malheiros, 2015.

COUTO E SILVA, Almiro do. Atividade econômica e serviços públicos. *In*: COUTO E SILVA, Almiro do. *Conceitos fundamentais do Direito no Estado Constitucional*. São Paulo: Malheiros, 2015.

COUTO E SILVA, Almiro do. Atos jurídicos de direito administrativo praticados por particulares e direitos formativos. *In*: COUTO E SILVA, Almiro do. *Conceitos fundamentais do Direito no Estado Constitucional*. São Paulo: Malheiros, 2015.

COUTO E SILVA, Almiro do. Notas sobre o conceito de ato administrativo. *In*: COUTO E SILVA, Almiro do. *Conceitos fundamentais do Direito no Estado Constitucional*. São Paulo: Malheiros, 2015.

COUTO E SILVA, Almiro do. Notas sobre terminais portuários privativos mistos: a natureza pública da exploração dos portos. *In*: COUTO E SILVA, Almiro do. *Conceitos fundamentais do Direito no Estado Constitucional*. São Paulo: Malheiros, 2015.

COUTO E SILVA, Almiro do. O princípio da proteção da confiança e a teoria da invalidade dos atos administrativos no direito brasileiro. *In*: COUTO E SILVA, Almiro do. *Conceitos fundamentais do Direito no Estado Constitucional*. São Paulo: Malheiros, 2015.

COUTO E SILVA, Almiro do. O princípio da segurança jurídica (proteção à confiança) no Direito Público brasileiro e o direito da administração pública de anular seus próprios atos administrativos: o prazo decadencial do art. 54 da Lei do Processo Administrativo da União (Lei 9.784/1999). *In*: COUTO E SILVA, Almiro do. *Conceitos fundamentais do Direito no Estado Constitucional*. São Paulo: Malheiros, 2015.

COUTO E SILVA, Almiro do. Os indivíduos e o Estado na realização de tarefas públicas. *In*: COUTO E SILVA, Almiro do. *Conceitos fundamentais do Direito no Estado Constitucional*. São Paulo: Malheiros, 2015.

COUTO E SILVA, Almiro do. Poder discricionário no direito administrativo brasileiro. *In*: COUTO E SILVA, Almiro do. *Conceitos fundamentais do Direito no Estado Constitucional*. São Paulo: Malheiros, 2015.

COUTO E SILVA, Almiro do. Princípios da legalidade da Administração Pública e da segurança jurídica no Estado de Direito contemporâneo. *In*: COUTO E SILVA, Almiro do. *Conceitos fundamentais do Direito no Estado Constitucional*. São Paulo: Malheiros, 2015.

COUTO E SILVA, Almiro do. Privatização no Brasil e o novo exercício de funções públicas por particulares. Serviços públicos 'à brasileira'? *In*: COUTO E SILVA, Almiro do. *Conceitos fundamentais do Direito no Estado Constitucional*. São Paulo: Malheiros, 2015.

COUTO E SILVA, Almiro do. Problemas jurídicos do planejamento. *In*: COUTO E SILVA, Almiro do. *Conceitos fundamentais do Direito no Estado Constitucional*. São Paulo: Malheiros, 2015.

COUTO E SILVA, Almiro do. Responsabilidade do Estado e problemas jurídicos resultantes do planejamento. *In*: COUTO E SILVA, Almiro do. *Conceitos fundamentais do Direito no Estado Constitucional*. São Paulo: Malheiros, 2015.

FRADERA, Vera Jacob. Almiro do Couto e Silva, os três irmãos advogados e o Direito. *Revista Consultor Jurídico*, São Paulo, 2 maio 2018. Disponível em: https://www.conjur.com.br/2018-mai-02/vera-fradera-almiro-couto-silva-tres-irmaos-direito. Acesso em: maio 2018.

MAFFINI, Rafael. *Memórias: histórias de quem fez a história da PGE/RS*. Porto Alegre: APERGS, 2021.

APERGS. *Memórias: histórias de quem fez a história da PGE/RS*. Porto Alegre: APERGS, 2021. v. 1, p. 21–54.

PROCURADORIA-GERAL DO ESTADO DO RIO GRANDE DO SUL. *Revista da PGE*, Cadernos de Direito Público – Almiro do Couto e Silva, n. 57, dez. 2003.

O PENSAMENTO JURÍDICO DE CELSO ANTÔNIO BANDEIRA DE MELLO

Carolina Zancaner Zockun
Maurício Zockun
Weida Zancaner

Introdução

Celso Antônio Bandeira de Mello é uma figura central no Direito Administrativo brasileiro, conhecido por sua defesa de um Estado Democrático de Direito fundamentado na cidadania e pela crítica incisiva ao autoritarismo que marcou historicamente essa área do Direito.

Sua trajetória combina a produção teórica rigorosa, representada pelo clássico *Curso de Direito Administrativo*, com uma postura ativa em debates sobre democracia, instituições públicas e o papel do Direito como instrumento de transformação social.

O presente artigo tem como objetivo apresentar e analisar o pensamento jurídico de Bandeira de Mello, com foco em sua visão sobre o Direito Administrativo como guardião da cidadania, as relações entre Direito e Democracia, e as dinâmicas institucionais do Brasil contemporâneo.

Para tanto, utiliza-se como base entrevistas concedidas pelo autor,[33] enriquecida por trechos de sua obra[34] [35] [36] que permitem contextualizar suas reflexões pessoais em um quadro teórico mais amplo.

---

33 TV JUSTIÇA. Celso Antônio Bandeira de Mello – Iluminuras. *YouTube*, 17 nov. 2016. Disponível em: https://www.youtube.com/watch?v=eHa6Bpt-7XQ. Acesso em: ago. 2025.

34 BANDEIRA DE MELLO, Celso Antônio. Entrevista: Celso Antônio Bandeira de Mello, advogado constitucionalista. *Consultor Jurídico*, São Paulo, 12 ago. 2012. Disponível em: https://www.conjur.com.br/2012-ago-12/entrevista-celso-antonio-bandeira-mello-advogado-constitucionalista/. Acesso em: ago. 2025.

35 TV JUSTIÇA. Iluminuras – Especial Almiro do Couto e Silva. *YouTube*, 6 dez. 2019. Disponível em: https://www.youtube.com/watch?v=PasOYyGJdlo. Acesso em: ago. 2025.

36 *Idem*. Iluminuras – Especial Celso Antônio Bandeira de Mello. *YouTube*, 13 dez. 2019. Disponível em: https://www.youtube.com/watch?v=iN6_1AsvKyQ. Acesso em: ago. 2025.

O texto está estruturado em cinco seções principais.

A **primeira** discute a concepção de Direito Administrativo defendida por Celso Antônio Bandeira de Mello, destacando sua crítica ao autoritarismo e sua ênfase nos princípios da legalidade e do desvio de poder.

Em **seguida**, abordamos as reflexões do autor sobre democracia e cultura política, com especial atenção aos desafios para a construção de uma democracia substantiva no Brasil.

A **terceira** seção analisa o papel das instituições públicas, incluindo o Judiciário, o Ministério Público e a Defensoria Pública, na concretização dos direitos fundamentais.

Na **quarta** seção, exploram-se os desafios e caminhos apontados por Celso Antônio Bandeira de Mello para fortalecer a cidadania e promover a inclusão social.

Por fim, a conclusão sintetiza o pensamento do autor e sugere direções para a aplicação de suas ideias no contexto contemporâneo.

Ao apresentar o pensamento de Celso Antônio Bandeira de Mello, busca-se contribuir para o aprofundamento das discussões sobre o papel do Direito Administrativo e das instituições públicas na consolidação da democracia brasileira. Em um momento de crescente desconfiança nas instituições e de questionamentos sobre os limites do poder estatal, as reflexões do autor permanecem não apenas relevantes, mas essenciais.

1 O Direito Administrativo e a defesa da cidadania

Celso Antônio Bandeira de Mello entende o Direito Administrativo como uma ferramenta essencial para conter os abusos do poder estatal e promover a cidadania. Sua visão contrapõe-se ao histórico autoritarismo que marcou essa área do Direito no Brasil, onde predominou a ideia de que as normas administrativas deveriam priorizar os interesses do Estado em detrimento do cidadão. Para Celso Antônio Bandeira de Mello, essa perspectiva é equivocada e contrária aos princípios que sustentam o Estado Democrático de Direito.

Segundo Bandeira de Mello, o Direito Administrativo deve ser compreendido como um mecanismo de proteção dos direitos fundamentais, colocando o cidadão no centro das preocupações estatais. Em entrevistas, ele destaca que "o Direito Administrativo nasce com o Estado de Direito, como um esforço para conter os poderes do Estado e valorizar o cidadão". Esse entendimento reforça a necessidade de o

Direito Administrativo atuar como um limite ao poder e um promotor da justiça social.

Na PUC-SP, onde desenvolveu grande parte de sua trajetória acadêmica, Celso Antônio Bandeira de Mello liderou iniciativas que buscavam reformular o ensino e a prática do Direito Administrativo no Brasil. Ele formou gerações de juristas comprometidos com a cidadania, muitos dos quais abraçaram a visão de que o Direito Administrativo deve funcionar como um instrumento de defesa dos interesses coletivos e dos direitos individuais. Embora reconheça que algumas figuras proeminentes da área mantiveram posições conservadoras, Bandeira de Mello sustenta que a construção de um Direito Administrativo cidadão é um projeto coletivo que envolve resistência ao autoritarismo e comprometimento com os valores democráticos.

Um dos pilares desse pensamento é o princípio da legalidade. Celso Antônio Bandeira de Mello critica severamente os abusos cometidos em nome de decretos que extrapolam os limites da norma legal, enfraquecendo o Estado de Direito. Para ele, "a força integral do princípio da legalidade não pode ser apenas formal, mas também substancial." Essa abordagem sustenta a ideia de que o Direito não deve ser usado como uma fachada para legitimar interesses autoritários, mas como uma ferramenta efetiva para proteger os direitos dos cidadãos.

Outro conceito central no pensamento de Bandeira de Mello é a teoria do desvio de poder, que ele considera essencial para identificar e combater as práticas administrativas que, embora formalmente legais, violam o interesse público. Essa teoria permite a análise crítica de atos administrativos, revelando como eles podem ser usados de forma a beneficiar interesses específicos em detrimento do coletivo. Essa perspectiva reforça a necessidade de supervisão rigorosa e de controle democrático sobre as ações do Estado.

Por fim, Bandeira de Mello ressalta que a construção de um Direito Administrativo voltado para a cidadania não se limita ao campo teórico. Ele menciona que, por meio de cursos e debates realizados na PUC-SP, sua equipe de colaboradores influenciou a formação de administrativistas de várias regiões do Brasil, contribuindo para disseminar uma visão mais inclusiva e democrática do Direito Administrativo. Essa atuação evidencia o compromisso do autor com a transformação social por meio do ensino e da prática jurídica no campo do direito administrativo.

2 Direito e democracia no Brasil

Para Celso Antônio Bandeira de Mello, a relação entre Direito e democracia é central para a construção de um Estado efetivamente voltado à cidadania. No entanto, ele reconhece que o Brasil enfrenta barreiras históricas e culturais que dificultam o avanço de uma democracia substantiva. Sua crítica vai além do diagnóstico jurídico, abordando questões estruturais e culturais que limitam o desenvolvimento de uma cultura política democrática.

Celso Antônio Bandeira de Mello destaca que, apesar de o Brasil ser formalmente um Estado Democrático de Direito, a democracia em sua plenitude substantiva ainda está longe de ser alcançada. Ele recorre a uma reflexão de um jurista italiano, segundo o qual "a democracia é um sistema que pressupõe uma cultura política." Para Celso Antônio Bandeira de Mello, essa cultura política é exatamente o que falta no Brasil para a definitiva evolução do estado civilizatório da sociedade e da sua formação jurídica. Sem ela, os valores democráticos não se enraízam na sociedade e nas instituições.

Um exemplo concreto dessa deficiência cultural é o episódio mencionado por Celso Antônio Bandeira de Mello em que um deputado federal fez uma declaração misógina, ameaçando uma colega de violência sexual. Para ele, o fato de esse indivíduo ter chegado à Presidência da República reflete a gravidade da baixa cultura política do país. "Quando alguém se sente à vontade para fazer uma declaração dessas, isso é uma prova de quão baixa é a nossa cultura política", afirma.

Além da falta de cultura política, Celso Antônio Bandeira de Mello ressalta a ausência de mecanismos efetivos para aproximar as instituições do cidadão comum.

Ele menciona que o Judiciário, historicamente, era distante da população. Mesmo figuras como o Juizado de Pequenas Causas, que têm como objetivo aproximar a Justiça das pessoas, enfrentam dificuldades em operar plenamente.

Ele também observa que, embora os trabalhadores tenham alguma confiança na Justiça do Trabalho, muitas outras áreas do Judiciário permanecem inacessíveis ou pouco compreendidas pela população.

Para fortalecer a democracia, Celso Antônio Bandeira de Mello defende reformas institucionais significativas, especialmente no Poder Judiciário. Ele propõe, por exemplo, a introdução de mandatos limitados para os ministros do Supremo Tribunal Federal, com o objetivo de evitar que permaneçam desconectados das transformações sociais. "Os Ministros do Supremo deveriam ter mandatos de no máximo oito anos", sugere, apontando que períodos mais longos fazem com que percam a perspectiva de como as coisas realmente são.

Outro ponto central na visão de Celso Antônio Bandeira de Mello é a necessidade de superar o autoritarismo que permeia muitas das instituições brasileiras. Ele critica a tradição conservadora do meio jurídico, que muitas vezes tolerou práticas autoritárias, como os atos institucionais do período ditatorial ou mesmo em governo federal recentemente encerrado. Apesar disso, Celso Antônio Bandeira de Mello acredita que o Direito pode e deve desempenhar um papel fundamental no fortalecimento da cidadania e no combate às práticas que comprometem a democracia.

Por fim, Celso Antônio Bandeira de Mello reconhece que o Direito Administrativo possui um papel estratégico nesse processo. Ao priorizar a legalidade substancial e combater o desvio de poder, o Direito Administrativo pode contribuir para a criação de uma cultura institucional mais alinhada aos princípios democráticos. No entanto, isso exige uma transformação profunda nas práticas jurídicas e na formação dos operadores do Direito.

3 O papel das instituições públicas

Celso Antônio Bandeira de Mello dedica parte significativa de sua análise às instituições públicas, enfatizando seu papel central na consolidação da cidadania e na manutenção da democracia. Ele destaca, porém, que essas instituições frequentemente enfrentam desafios que comprometem sua legitimidade e sua capacidade de atender às necessidades da sociedade. Entre elas, o Poder Judiciário, o Ministério Público, a Defensoria Pública e a Justiça do Trabalho são temas recorrentes em suas reflexões.

3.1 O Poder Judiciário: sacralidade e espetacularização

Celso Antônio Bandeira de Mello considera o Poder Judiciário uma instituição essencial, mas critica seu afastamento da sacralidade que deveria caracterizá-lo. Ele observa que, no passado, o Judiciário gozava de um respeito absoluto, simbolizado pela máxima "a decisão judicial não se discute, cumpre-se". Contudo, nos dias atuais, essa sacralidade foi perdida, em grande parte devido à espetacularização da função judicial.

"Hoje, a imprensa critica o Judiciário à vontade, e o Judiciário também interage livremente com a imprensa", afirma. Celso Antônio Bandeira de Mello aponta como fator determinante desse fenômeno a ascensão do que ele chama de "juiz-ator", aquele que busca protagonismo midiático em vez de se limitar aos autos do processo. Para ele, qualquer manifestação de juízes fora dos autos compromete a imparcialidade e a credibilidade do Judiciário.

Celso Antônio Bandeira de Mello defende uma postura mais reservada e técnica por parte dos magistrados, enfatizando que o Judiciário deve ser um modelo de isenção e rigor institucional. "Os juízes não devem falar fora dos autos, pois, ao fazê-lo, passam a se apresentar como indivíduos comuns, revelando inclinações políticas e comprometendo sua função essencial", argumenta.

3.2 O Ministério Público: entre potencialidades e limitações

No que se refere ao Ministério Público, Celso Antônio Bandeira de Mello expressa uma visão crítica. Embora reconheça a importância do órgão como defensor dos direitos difusos, ele acredita que o Ministério Público tem enfrentado problemas de vaidade institucional e desvios de foco.

"Inicialmente, o Ministério Público atuava exclusivamente como acusador. Com o tempo, passou a se encantar com as luzes da ribalta, o que, na minha opinião, foi sua ruína", comenta. Celso Antônio Bandeira de Mello alerta para o impacto negativo da busca por protagonismo no desempenho do Ministério Público, enfraquecendo sua credibilidade. Ele também questiona a relevância prática de algumas de suas atuações, afirmando que, em muitos casos, o órgão parece mais interessado em acumular prerrogativas do que em cumprir seu papel de forma efetiva.

3.3 A Defensoria Pública e a Justiça do Trabalho: instrumentos de inclusão

Celso Antônio Bandeira de Mello enxerga na Defensoria Pública e na Justiça do Trabalho dois importantes mecanismos de inclusão social. Ele destaca a Defensoria Pública como uma instituição fundamental para garantir o acesso à Justiça, especialmente para as populações mais vulneráveis. Contudo, lamenta a falta de visibilidade e reconhecimento de sua relevância. "A Defensoria Pública é uma maravilha, mas não tem a divulgação que merece", afirma.

Em relação à Justiça do Trabalho, Celso Antônio Bandeira de Mello reconhece que, apesar de preconceitos iniciais, passou a perceber sua importância como uma das poucas esferas do Judiciário realmente acessíveis ao cidadão comum. Ele relata que, enquanto os trabalhadores frequentemente manifestam confiança na Justiça do Trabalho para reivindicar seus direitos, outras áreas do Judiciário permanecem distantes e inacessíveis. "A única justiça realmente acessível ao povo é a Justiça do Trabalho", conclui.

3.4 O desafio da reforma institucional

Celso Antônio Bandeira de Mello acredita que a consolidação democrática no Brasil depende de reformas estruturais nas instituições públicas. Ele propõe, por exemplo, a limitação dos mandatos dos ministros do Supremo Tribunal Federal, argumentando que períodos excessivamente longos comprometem a renovação e a conexão do Judiciário com a realidade social. Além disso, enfatiza a necessidade de maior transparência e responsabilidade por parte das instituições, que devem estar sempre a serviço do interesse público.

4 Desafios e Caminhos para a Democracia

Celso Antônio Bandeira de Mello identifica diversos desafios que impedem a consolidação de uma democracia substantiva no Brasil. Esses desafios incluem não apenas limitações institucionais, mas também barreiras culturais e políticas que dificultam o fortalecimento da cidadania e a efetividade do Estado de Direito. Ao mesmo tempo, ele oferece reflexões sobre os caminhos possíveis para superar essas dificuldades, enfatizando a importância de reformas estruturais e de uma transformação cultural.

4.1 A cultura política e a democracia substantiva

Celso Antônio Bandeira de Mello frequentemente menciona a ausência de uma cultura política como um dos principais entraves à democracia brasileira. Para ele, a democracia não é apenas um regime formal, mas um sistema que pressupõe um compromisso cultural com valores como a igualdade, a justiça social e o respeito aos direitos fundamentais. Sem esses alicerces culturais, as instituições democráticas tornam-se frágeis e suscetíveis a retrocessos.

Ele ilustra essa carência cultural com episódios emblemáticos de baixa moralidade na política brasileira. Um exemplo é o caso de um deputado federal que, apesar de ter feito declarações abertamente misóginas e inaceitáveis, chegou à Presidência da República. "Quando alguém se sente à vontade para fazer uma declaração dessas, isso é uma prova de quão baixa é a nossa cultura política", afirma. Para Celso Antônio Bandeira de Mello, a superação dessa deficiência exige um esforço coletivo de educação cívica e fortalecimento dos valores democráticos.

4.2 Reformas institucionais necessárias

Entre as reformas defendidas por Celso Antônio Bandeira de Mello, destaca-se a proposta de limitação dos mandatos dos ministros do Supremo Tribunal Federal (STF). Ele acredita que mandatos de no máximo oito anos seriam mais adequados para evitar que os ministros percam a conexão com as transformações sociais e políticas do país. Além disso, ele critica o modelo atual de escolha dos ministros, que concentra esse poder no Executivo, argumentando que isso compromete a independência do Judiciário.

Outra proposta relevante é a revisão das práticas administrativas no Estado brasileiro, com foco na ampliação da transparência e da *accountability*. Celso Antônio Bandeira de Mello considera que o combate ao autoritarismo deve começar pela criação de mecanismos que impeçam a centralização excessiva de poder no Executivo, promovendo maior participação social e controle democrático.

4.3 Fortalecimento do papel do Direito

Celso Antônio Bandeira de Mello defende que o Direito pode e deve desempenhar um papel central na transformação social e no fortalecimento da democracia. Para isso, ele enfatiza a importância de uma abordagem substancial do princípio da legalidade, que vá além do cumprimento formal das normas e promova efetivamente a justiça social.

A teoria do desvio de poder, tão central em sua obra, é apresentada como um exemplo de como o Direito Administrativo pode ser usado para limitar os abusos do Estado e proteger os interesses coletivos. Ele também destaca a importância de formar operadores do Direito que compreendam o papel transformador das normas jurídicas, defendendo a cidadania em todas as suas dimensões.

4.4 A Educação como pilar da democracia

Celso Antônio Bandeira de Mello acredita que a educação é um dos pilares fundamentais para a construção de uma cultura democrática. Ele menciona que sua atuação na PUC-SP foi orientada por esse princípio, com o objetivo de formar juristas comprometidos com a cidadania e com o combate ao autoritarismo. Para ele, a universidade deve ser um espaço de reflexão crítica e de preparação para a prática democrática, capaz de influenciar positivamente o funcionamento das instituições públicas.

4.5 Um projeto coletivo para o futuro

Para Celso Antônio Bandeira de Mello, a construção de uma democracia substantiva no Brasil não é uma tarefa individual, mas um projeto coletivo que exige a participação de diversos atores sociais. Ele reconhece que o caminho para alcançar esse objetivo é longo e cheio de desafios, mas acredita que, com um compromisso genuíno com os valores democráticos, é possível avançar.

5 Conclusão

Celso Antônio Bandeira de Mello é uma referência incontornável no Direito Administrativo brasileiro, mas seu legado transcende os limites dessa disciplina jurídica. Ao longo de sua trajetória acadêmica e intelectual, ele não apenas reformulou a teoria do Direito Administrativo, mas também utilizou sua posição para defender a democracia, a cidadania e a transformação social. Suas ideias permanecem profundamente relevantes em um contexto de crescentes desafios institucionais e sociais no Brasil.

Uma das contribuições mais marcantes de Celso Antônio Bandeira de Mello é sua visão do Direito Administrativo como guardião da cidadania. Ele rompe com a tradição autoritária da área, enfatizando a importância de princípios como a legalidade substancial e a teoria do desvio de poder. Para ele, essas ferramentas são fundamentais para conter os abusos do poder estatal e assegurar que o Estado atue em benefício da sociedade, e não em detrimento dela.

Outro ponto central no pensamento de Celso Antônio Bandeira de Mello é sua crítica à falta de uma cultura política democrática no Brasil. Ele observa que, apesar de o país ser formalmente uma democracia, ainda enfrenta barreiras culturais que dificultam a consolidação de valores como igualdade, justiça social e respeito aos direitos fundamentais. Essa ausência de cultura política, combinada com a fragilidade das instituições públicas, limita o potencial transformador do Estado e do Direito.

No que se refere às instituições, Celso Antônio Bandeira de Mello aborda com lucidez as deficiências do Poder Judiciário, do Ministério Público, da Defensoria Pública e da Justiça do Trabalho. Ele propõe reformas estruturais, como a limitação dos mandatos dos ministros do Supremo Tribunal Federal, e destaca a importância de aproximar essas instituições do cidadão comum. Para ele, apenas por meio de maior transparência, autocontrole e compromisso com o interesse público será possível fortalecer a confiança da sociedade nas instituições democráticas.

Por fim, Celso Antônio Bandeira de Mello enfatiza o papel da educação e da formação acadêmica na construção de uma sociedade mais justa e democrática. Seu trabalho na PUC-SP exemplifica sua visão de que o Direito não deve ser apenas uma ferramenta técnica, mas também um instrumento de transformação social. Ele acreditava que a formação de novas gerações de juristas comprometidos com a cidadania era essencial para superar o legado autoritário do passado e construir um futuro mais inclusivo.

Com isso, sintetizamos o pensamento de Celso Antônio Bandeira de Mello, destacando suas principais ideias sobre Direito Administrativo, democracia e cidadania. Suas reflexões continuam sendo uma fonte de inspiração para aqueles que acreditam no potencial do Direito como uma força para o bem comum. Em um momento de incertezas políticas e institucionais, seu legado nos lembra da importância de resistir ao autoritarismo, valorizar a cidadania e trabalhar pela construção de uma democracia substantiva.

Ainda, Celso Antônio é um ser humano inigualável: marido dedicado, pai incentivador e avô extremamente carinhoso. Sempre com uma palavra de apoio e disposto a ensinar não apenas lições de Direito, mas lições de vida, Celso Antônio brinda seus familiares e amigos com inteligência e amor. Vida longa ao mestre!

MARIA SYLVIA ZANELLA DI PIETRO: ÍCONE DO DIREITO ADMINISTRATIVO BRASILEIRO

Irene Patrícia Nohara

1 Considerações Introdutórias

Inicialmente quero agradecer ao Rafael Ramos o convite de fazer o relato da vida e obra dos administrativistas brasileiros, e ter tido a honra de celebrar Maria Sylvia Zanella di Pietro. Quando se fala em Direito Administrativo no Brasil, do Oiapoque ao Chuí, entre os dois extremos territoriais e da variabilidade cultural de nosso País, de norte a sul, se associa a importante e dinâmica matéria impreterivelmente à Professora Maria Sylvia, quase que como se fossem sinônimos.

Maria Sylvia Zanella di Pietro é um ícone, que influencia e influenciou diversas gerações de administrativistas do País. Cultuada por mais de onze milhões de servidores públicos, respeitada por Juízes e Desembargadores, referenciada por Ministros das mais altas Cortes do Brasil, cuja opinião é levada em consideração nos mais de trinta Tribunais de Contas brasileiros, admirada simultaneamente por administrativistas dos mais variados espectros políticos, tanto na esquerda, como na direita, com a doutrina presente nos planos de ensino dos milhares de cursos jurídicos distribuídos por nosso País, Maria Sylvia é associada aos valores de seriedade, integridade e consistência.

Trata-se de nome que, pelo menos por quarenta anos e certamente que por muitas décadas adiante, ressoa retumbante todos os dias nos mais variados rincões do Brasil. Enquanto houver pessoas ministrando Direito Administrativo, seja nos bancos universitários, nos cursinhos preparatórios para concursos públicos, nos milhares de cursos de capacitação de servidores públicos, nas pós-graduações lato e *stricto sensu*, perpassando pelos debates das mais intrincadas questões de aplicação da matéria nos tribunais, di Pietro é um mantra que carimba os debates com o peso da autoridade de alguém que conquistou grande respeito e cuja opinião será invariavelmente levada em consideração com a devida deferência.

Para se ter uma breve noção do que a Professora representa, em levantamento datado de 2021, no motor de busca do google acadêmico (*google scholar*), Maria Sylvia Zanella di Pietro foi o segundo lugar em citações do *ranking* de direito público, com um total de 18.990, só ficando atrás do eminente Celso Antônio Bandeira de Mello, que obteve 20.171, número, aliás, bastante aproximado entre os dois, sendo, então, eles as duas lideranças soberanas da área. Trata-se, portanto, da mulher mais referenciada da área do direito público no Brasil!

Essa justa conquista, que já faz parte do inconsciente coletivo brasileiro, associada imediatamente a sólidos valores, como todas a grandes personalidades, não foi produto simplesmente de uma dádiva celeste, obtida sem sacrifícios e suor acadêmico, mas a estrela foi se lapidando, com a superação de uma grande timidez até atingir o inconfundível brilho das juristas de *escol*, a partir da constância, do estudo, das reflexões, dos escritos, bem como do exemplo, derivado de atitudes de coragem, ousadia, enfrentamento daqueles que não desejavam sua arrebatadora ascensão e sobretudo do labor permanente, persistente, plantado com firmeza e regado pelo alicerce do amor nutrido por seus familiares, admiradores, amigos e amigas mais próximas.

2 Uma biografia exemplar... um tempo de gigantes

Maria Sylvia Zanella di Pietro, conforme dito, influencia e influenciou diversas gerações de administrativistas do Brasil. Trata-se de um ícone, e merece precisamente essa alcunha da maior mulher administrativista a ser reconhecida em vida e que, ao longo de sua trajetória, sempre manteve a produção e a transmissão do Direito Administrativo no "estado da arte", tendo inclusive sido precursora do debate crítico e reflexivo de diversas questões candentes e de alto impacto concreto nos rumos de aplicação da matéria no País.

Nasceu em 17 de maio de 1943, em São Paulo, mas foi criada em Poá, numa chácara do município da região metropolitana de São Paulo, até os quatorze anos, com suas três irmãs: Antónia Maria, Heloiza e Marília. Foi a segunda das quatro filhas de Carmén com Alcides.

Neta de italiano por parte de pai, e com demais ascendentes brasileiros de diversas gerações.[1]

Desenvolveu desde cedo o gosto pela música, dedicando-se ao estudo e à prática do piano. Por influência de sua mãe, formou-se professora, mas logo que tomou contato com a docência para o terceiro ano, já descobriu, em cerca de um mês, que não seria nesse tipo de docência que se realizaria, demonstrando desejar fazer faculdade e seguir outros rumos.

Maria Sylvia foi inclusive aluna de sua mãe, do segundo ao quarto ano do grupo escolar. Um fato que marca sua infância, que ela sempre se recorda quando menciona o passado, é que Cármen era tão rigorosa que fazia questão de diminuir as notas das filhas que foram suas alunas (Maria Sylvia e a irmã mais velha), para comprovar publicamente não haver privilégios em lecionar para elas, obrigando-as a se esforçarem cada vez mais, pois queria ser sempre justa e tal postura certamente que moldou o caráter sólido e íntegro de Maria Sylvia, apesar de se indagar sobre o que teria sido mais correto fazer naquele contexto.

Cármen foi longeva e inspirou a comunhão entre as filhas, que são de fato muito unidas. Era respeitada em Poá, num tempo em que os professores eram figuras cultuadas socialmente. Já o pai, Alcides, era representante comercial, que trabalhava em diversas localidades, sendo músico nato (tocava de ouvido acordeom, piano e cantava muito bem). Quando voltava para casa de suas incursões de trabalho, a alegria e a diversão tomavam conta do ambiente. Foi ele quem inspirou Maria Sylvia a gostar e se dedicar à música, trazendo leveza e felicidade àquele núcleo familiar.

Maria Sylvia prestou vestibular, depois de não apreciar lidar com o labor de professora do ensino médio, na correspondência da atualidade. Sua mãe havia a orientado a fazer o curso normal, então, teve de se inscrever num cursinho para complementar o aprendizado com o latim, condição necessária para prestar o vestibular.

Cursou o tradicional cursinho Castelões, em São Paulo, em 1961 (onde lecionava o seu futuro colega de Departamento Sérgio Resende de Barros). Quando prestou vestibular foi aprovada em dois cursos da Universidade de São Paulo: Letras e Direito. Inicialmente, mostrou

---

1 Cf. Entrevista de Clarissa Piterman Gross, Muriel Soares e Rafael Mafei Rabelo Queiroz. *In:* DI PIETRO, Maria Sylvia Zanella. *Depoimento 2012*. Rio de Janeiro; CPDOC/FGV, 2012. p. 1. Projeto História Oral do Campo Jurídico de São Paulo.

inclinação para as Letras, inspirada a fazer línguas neolatinas, mas, depois, a partir do segundo ano de faculdade, decidiu dedicar-se exclusivamente ao Direito, para a sorte da área jurídica.[2]

Desde o segundo ano da faculdade, onde correu atrás das disciplinas do primeiro ano, pois ela se arrependeu de ter dado prioridade à Letras e fez todas as provas para integrar o segundo ano do Direito, trabalhava como escriturária na Secretaria da Educação, ocasião em que conheceu Michel Temer, com quem veio a trabalhar depois na carreira de Procuradora do Estado, tendo sido, portanto, desde cedo servidora pública.

Contudo, como tinha uma bagagem grande de atividades, estudava todos os dias da semana, aproveitando muito também os fins de semana. Sempre levou a sério tudo o que se envolveu, comprometendo-se com responsabilidade em todos os projetos pessoais assumidos.

Ela sempre foi de tomar notas nas aulas, sentava-se na primeira fila das cadeiras e anotava tudo, sendo que os colegas a procuravam na época das provas para pedir as anotações emprestadas. Conforme será visto, Maria Sylvia tem uma biografia exemplar, correspondente à legítima imagem que emana, baseada em persistência, constante estudo, autenticidade e dedicação, num tempo em que se abria espaço para que pessoas conquistassem o respeito pelos méritos e não simplesmente por dinheiro e/ou influência política, por isso que é universal celebrar o sucesso da Professora, pois, ao verificar seu histórico, não dá para não ficar com uma sensação agradável de que os bons, corretos e justos também conseguem chegar ao apogeu do Olimpo dos juristas brasileiros.

Aliás, outro ponto que se torna óbvio para aqueles que a conhecem, mas não é assim tão comum: mesmo após alcançar toda a fama e o reconhecimento, ainda assim preserva, de forma surpreendente, atitudes de simplicidade, humildade e contato humano, sabe de seu valor e de suas conquistas, mas atende telefone, conversa com pessoas e, com um jeitinho encantador, familiar até, vai deixando as pessoas que a cercam à vontade e com uma sensação que aquece o coração, de modo que quando alguém diz: falei com a Maria Sylvia, a pessoa não está blefando, pois ela de fato tem a horizontalidade de não se colocar acima, o que aproxima, e, ainda, sabe tanto ser doce, como ser firme,

---

2 MARQUES NETO, Floriano de Azevedo; ALMEIDA, Fernando Dias Menezes de; NOHARA, Irene Patrícia; MARRARA, Thiago (Org.). *Direito e Administração Pública*: estudos em homenagem a Maria Sylvia Zanella di Pietro. São Paulo: Atlas, 2013. p. ix.

para não se deixar explorar ou mesmo abusarem de sua boa vontade, ou melhor, como prefere dizer: tem dois sobrenomes italianos – "Zanella" e "di Pietro", referindo-se ao fato de que os italianos "elevados ao quadrado" são amáveis, divertidos, mas também sabem ser enfáticos na comunicação, sem deixar dúvida do recado.

Essa assertividade própria de sua comunicação foi ingrediente que fez com que Maria Sylvia fosse altamente respeitada no ambiente jurídico, pois ela fala o que não lhe agrada, fala também o que agrada e, assim, todos podem ter a certeza de que se trata de uma pessoa verdadeira e autêntica, que não esconde o que sente e que, portanto, não deixa de ser acurada em suas falas. Ela consegue passar o recado, não engole desaforo, não esconde sentimentos e, ainda assim, consegue transmitir, com doçura, suas peculiares percepções, externando ao mesmo tempo, calma, equilíbrio e ênfase, quando necessário.

3 Alicerce na família e amor edificante de Walter, seu eterno esposo

Maria Sylvia sempre se reporta ao seu núcleo familiar, no passado e no presente, com afeição. O amado esposo de Maria Sylvia, Walter di Pietro, tem de estar presente em todas as biografias da Professora, refletido não apenas em um item ou capítulo específico, mas pressuposto de forma transversal e transcendental até, pois se trata de um amor tão edificante, tão companheiro, que fortaleceu, deu apoio, se deu, na máxima entrega, enquanto ser humano e marido fiel, devotado e entusiasmado admirador das qualidades ímpares de sua amada.

Como a *Carta de São Paulo aos Coríntios* afirma: "ainda que eu falasse as línguas dos homens e dos anjos, e não tivesse amor, seria como o metal que soa ou como o címbalo que retine. E ainda que eu tivesse o dom de profecia, e conhecesse todos os mistérios e toda a ciência, e ainda que tivesse toda a fé, de maneira tal que transportasse os montes, e não tivesse amor, nada seria", ou, na versão mais contemporânea de Renato Russo, personificada na canção *Monte Castelo*, com notas de Camões, ao se referir ao amor: "ainda que eu falasse a língua dos homens e falasse a língua dos anjos sem amor eu nada seria [...]"

Maria Sylvia escolheu, correspondeu e se apoiou no amor de Walter, retribuindo grandemente ao amor e a admiração de seu esposo. Soube, portanto, dar valor ao que importa e se fortalecer naquele laço profundo, de mais de cinquenta anos de convívio constante, dedicado e, mesmo em face de todas as adversidades da vida, deu ao marido todos os cuidados sempre e em todas as situações, considerando-o e validando sua presença com imenso carinho.

Maria Sylvia escolheu o amor e, com o potencial dele, em mais de cinquenta anos de convívio edificante, conquistou o mundo, na repetida frase que, de tão genial, costuma ser atribuída ao Einstein.

Os orientandos da Professora brincavam que estavam na disputa pela Presidência do fã clube, que é imenso, mas logo Maria Sylvia lacrava a brincadeira com a resposta do próprio marido, de que – "a Presidência do fã clube será eternamente do Walter", uma frase de fato muito justa, pois Walter fazia questão de acompanhar Maria Sylvia em todos os lançamentos de livros, sentava-se à frente dos inúmeros congressos que sua amada participava, sofreu ainda mais do que ela todas as conspirações e dificuldades dos disputados concursos que Maria Sylvia se sagrou vencedora na Faculdade de Direito da USP e, não obstante presenciar incontáveis homenagens, jamais se entediou ou banalizou qualquer faceta do imenso reconhecimento obtido por Maria Sylvia, pois era, desde sempre, numa constância de vários eventos em homenagem, o primeiro a se emocionar e aplaudir, realmente curtindo o grande e merecido prestígio alcançado por sua esposa.

Ficava de pé ao lado da grande fila que sempre ser formava para Maria Sylvia dar os autógrafos em seus livros, e ainda reforçava com muito orgulho cada elogio que os fãs teciam na trama dos seus incontáveis admiradores. Maria Sylvia por vezes chegava até a se cansar do excesso de tietagem em torno de si, apesar de sempre prestigiar seu público, mas ele não: estava lá firme e desfrutando de cada um que se aproximasse para reforçar o que ele já sabia: que estavam diante de uma pessoa muito especial.

Sabia que Maria Sylvia, com sua persistência, tenacidade e força inabalável, realmente havia conquistado legitimamente esse reconhecimento. Tinha algo mais raro de se saborear, pois se trata de mulher, o que, no Brasil, país latino-americano acentuadamente machista, acrescenta mais pesos e dificuldades, que, além de tudo, não trocou favores para alcançar o merecido pódio, não foi alçada graças às bençãos, nem a "beijar anéis", tampouco ao relacionamento próximo com algum influente 'patriarca', ao contrário: foi subindo ao Olimpo dos juristas de degrau a degrau, de concurso em concurso, de livro em livro, construindo uma trajetória paulatina, constante, dedicada, rumo a um sucesso imperturbável, de reconhecimento eterno da maior mulher administrativista do País!

A história de amor que viveram foi tão próximo dos contos de fadas, que Walter tomou contato com Maria Sylvia em uma fila de concursos e nutriu pela amada o impactante amor à primeira vista, já intuindo, desde o primeiro contato, como uma mensagem do além-plano, de que com ela seria edificada uma vida, já desejando-a fortemente desde a primeira mirada. Permaneceu firme ao lado de Maria Sylvia, não "prevaricando" sequer em pensamento, pois se via em sua face a alegria de acompanhá-la.

Assim que Maria Sylvia se formou, ela se casou com Walter, que, naquele momento, não desejava que ela trabalhasse, mas que ficasse em casa. Mas ela, com o jeitinho persistente quem tem, foi levando-o "na conversa", disse que ia estudando para ser procuradora, sendo que o Walter aceitou, até, pelas dificuldades envolvidas, duvidando que ela iria passar...

E eis que ela passou, daí ele não queria que ela tomasse posse, mas ela o convenceu da seguinte maneira: vou trabalhar até a gente juntar o dinheiro para comprar um apartamento, depois paro... Mas, como Walter constatou o excelente ambiente de trabalho que havia na Procuradoria, ele acabou aceitando bem a ideia, conforme se constata do relato dado ao arquivo histórico do CPDOC:

> É, ele não queria que eu trabalhasse. Ele achava que eu tinha que ficar em casa. Mas eu fui levando na conversa. Eu falei: "Eu vou estudando". E ele achava que eu não ia passar, não é? E daí depois que eu passei, daí ele não queria que eu tomasse posse. Eu falei: "Não, eu vou trabalhar até a gente juntar dinheiro, conseguir comprar um apartamento, depois eu paro". E assim foi. Mas depois que eu comecei a trabalhar, que ele viu que o ambiente era bom, ele conhecia todos os colegas meus lá da Procuradoria, aí parou de falar e aceitou, não é?[3]

Ele não poderia sequer imaginar que diversas décadas após, Maria Sylvia, consagrada a maior administrativista, estaria em seu escritório no apartamento, aposentada do funcionalismo, já atuante como advogada, recebendo advogados relevantes para dar um conjunto

---

[3] Cf. DI PIETRO, *Depoimento 2012*, p. 17.

importantíssimo de pareceres sobre as mais intricadas e complexas questões de infraestrutura,[4] enquanto preparava um chá para o seu amado Walter.

Óbvio que, ao longo desse relacionamento tão exemplar, Walter enfrentou problemas de saúde, como todo ser humano, mas sempre foi amparado, acolhido e absolutamente cuidado por Maria Sylvia, que retribuía essa dedicação e também a paciência que Walter tinha por estar ao lado de uma grande jurista, com uma agenda repleta de compromissos, com viagens internacionais fascinantes, desde as mais românticas para Bélgica, Áustria, leste europeu e Itália, em contato com as origens italianas dos dois, até as mais aventureiras jornadas para a Antártida e locais inóspitos e ao mesmo tempo instigantes, que hoje são mais acessíveis, mas que, na época, eram similares a embarcar numa nave da *SpaceX* para acessar lugares impensáveis ao turismo dos mortais.

Na região Amazônica, por exemplo, Maria Sylvia e Walter fizeram um memorável e longo cruzeiro de catamarã que marcou o contato com a floresta e a necessidade de sua preservação, atravessando rios de Manaus a Belém, passando por Santarém, Parintins e Ilha de Marajó.[5]

Também tiravam tempos de lazer juntos, sobretudo no apartamento no Guarujá, que foi se transformando numa segunda residência, além dos apartamentos que moraram no bairro de Aclimação, em São Paulo, sendo também presença constante no Brasil todo, nas inúmeras atividades de Maria Sylvia, em que reservavam um tempinho para visitar todos os rincões do Brasil, aprendendo inclusive a dançar forró!

Foi marcante na história do casal a festa de bodas de ouro, milimetricamente organizada, com entusiasmo, por Maria Sylvia, num tradicional buffet de São Paulo, ocorrida na noite do dia 23 de setembro de 2017 (sendo que o casamento foi em 1967), em que este casal estava tão apaixonado, que foi impressionante sentir em uma festa de cinquenta anos de convívio o frescor do clima de alegria que só se sente em um momento inicial de casamento.

Os convidados se divertiram muito e ainda ficaram com dúvidas sobre se Maria Sylvia, tal qual uma noiva, teria propositadamente atrasado, para deixar o noivo ansioso... Só que o atraso da entrada, esclareceu depois a Professora, foi provocado pelo padre, que deixou

---

4 O conjunto de pareceres da professora é, em parte, publicado na obra: DI PIETRO, Maria Sylvia Zanella. *Pareceres*. Rio de Janeiro: Forense, 2015.

5 Maria Sylvia concede entrevista exclusiva à Jandeson da Costa Barbosa. Disponível em: https://www.youtube.com/watch?v=HD-z1XMaNy8. Acesso em: 27 jan. 2024.

esse suspense no ar e depois fez uma linda celebração daquela união tão sólida e duradoura, em face do testemunho de administrativistas de todo Brasil, muitos dos quais vieram de longe para São Paulo, vivenciar a mais bela "renovação de votos" de todos os tempos.

Walter faleceu 25 de novembro de 2020, de complicações de uma cirurgia, em meio à dramática pandemia, deixando a Professora profundamente abalada, pois ela estava tomando todos os cuidados com o isolamento do casal, tendo sido, então, suspensos diversos eventos adicionais de homenagem à Maria Sylvia, em respeito ao momento vivenciado. Certamente que os votos de estar um ao lado do outro, na alegria e na tristeza, na saúde e na doença, na riqueza e na pobreza, amando, respeitando e sendo fiel todos os dias, foi cumprido no caso desta exemplar união, diga-se, sem qualquer sacrifício, mas com o prazer e a devoção daqueles que verdadeiramente amam, e, para os que acreditam em amor transcendente, paira no ar a sensação de que ele ainda continua torcendo por sua amada, só que agora de um outro plano.

De qualquer forma, qualquer homenagem que se preze à Professora Maria Sylvia Zanella di Pietro não pode deixar de mencionar esse grande amor, que foi também um grande feito inspirador de devoção e carinho, dedicação e curtição, com o Walter, pois sem viver o amor, ainda que houvesse todos os feitos da ciência ou toda fé inabalável, transportando montes e revolucionando ideias, ainda assim não haveria um sentido mais profundo a inspirar e fortalecer uma vida.

Certamente que as gerações mais atuais, que vivem amores líquidos, jamais entenderão o que envolve a dimensão de solidez deste exemplar relacionamento, sendo algo a ser rememorado e visto com júbilo, pelo grande exemplo, nos seus alicerces amorosos de comprometimento, responsabilidade, compreensão e afeto, na certeza de amarem e serem amados. Então, pode-se dizer que as conquistas da Maria Sylvia, foram também produto da energia e do amor de Walter, apoiando e alavancando o sucesso de sua amada.

4 Trajetória na Procuradoria do Estado de São Paulo

O Direito Administrativo brasileiro deve o emergir desse talento de administrativista de Maria Sylvia Zanella di Pietro do contato que teve com a matéria das atividades desenvolvidas como Procuradora do Estado de São Paulo. Nos bancos acadêmicos Maria Sylvia apreciava bastante o processo civil, e inicialmente tinha inclinação para seguir a carreira da magistratura. Não obstante, na época os concursos da magistratura simplesmente não aprovavam mulheres, mas tão somente homens.[6] As inscrições eram até acessíveis, mas apenas os homens eram aprovados nos concursos.

Então, diante desta realidade, Maria Sylvia prestou concurso, em 1969, direto na Procuradoria Geral do Estado de São Paulo (PGESP) e, para a sorte do desenvolvimento do Direito Administrativo brasileiro, foi aprovada, em 1970, entre os primeiros classificados.

Apesar de não ter desenvolvido atribuições de juíza, sendo que a Professora é vocacionada para ponderações e por um juízo de equilíbrio, foi cogitada para o posto de primeira mulher no Supremo Tribunal Federal, na vaga do Ministro Octavio Gallotti, não demonstrando interesse em prosseguirem com a indicação, e depois, e continua sendo, árbitra de questões relevantes em contratos administrativos, podendo usar de suas habilidades em diversos casos atinentes à infraestrutura.

Aliás, ter optado pela pujante carreira da Procuradoria do Estado foi uma escolha que depois e revelou absolutamente favorável, pois era justamente da carreira da Procuradoria do Estado de São Paulo que emergiram os principais expoentes acadêmicos da época, a ocupar postos de destaque na Faculdade de Direito da USP, a exemplo de Fernanda Dias Menezes de Almeida, Anna Cândida da Cunha Ferraz, Elival da Silva Ramos, Edmir Netto de Araújo e Alaôr Caffé Alves, numa safra de publicistas naqueles momentos históricos de raro alinhamento de grandes cérebros em duas pujantes instituições.

Foi, de fato, nas atividades desenvolvidas na consultoria da Procuradoria que Maria Sylvia começou a desenvolver o interesse mais intenso pela disciplina a que se tornaria, futuramente, a principal doutrinadora do País.

Em entrevista, relatou di Pietro:

> Na época da faculdade, não tive grande envolvimento com o Direito Administrativo. Gostava muito de processo, com a maior parte dos estudantes, talvez em função dos professores. Fui aluna de Tomás

---

[6] Nas palavras da Professora: "naquela época não adiantava mulher querer fazer concurso para a magistratura ou Ministério Público porque não passava. Não havia *nenhuma* mulher. E na magistratura, eles diziam que não havia mulheres porque não conseguiam passar nos concursos. Até se inscreviam, não é? Mas, realmente, ninguém conseguia passar. E eu não quis passar por... "Por que eu vou fazer a inscrição, me sujeitar a ser discriminada, sabendo de antemão que eu vou ser reprovada?". Então, eu fui *direto* para a Procuradoria." Cf. DI PIETRO, *Depoimento 2012*, p. 16.

> Para Filho e José Ignacio Botelho de Mesquita. Gostava de Direito Comercial, Civil e parte do Direito de Família. Sempre digo que fui Procuradora do Estado e depois me preparei para ser professora de Direito Administrativo, porque a Procuradoria que me deu a base, o conhecimento e o interesse pela matéria.[7]

Ocupou diversos postos de destaque nos mais importantes órgãos da PGESP, tendo sido destacada a sua dedicação nas atividades de consultoria e assessoramento. Por cinco anos desenvolveu atividades na Consultoria Jurídica da Secretaria da Fazenda, depois, na Procuradoria Administrativa. Foi assessora de Michel Temer, quando Procurador-Geral do Estado, tendo também assessorado José Carlos Dias, quando Secretário de Justiça. Desenvolveu relevantes atribuições na Assessoria Técnico-Legislativa e foi Procuradora-Chefe da Consultoria Jurídica da Universidade de São Paulo, tendo sido este praticamente o último posto de exercício maior de atividades na PGE.

5 Departamento de Estado da Faculdade de Direito da Universidade de São Paulo e formação de gerações de administrativistas

A trajetória de Maria Sylvia Zanella di Pietro na USP começa nos bancos acadêmicos, antes mesmo dela ser professora. Na graduação, que cursou na Faculdade de Direito da USP, no Largo São Francisco, foi aluna de diversos professores consagrados, a exemplo de: Dalmo de Abreu Dallari, Silvio Rodrigues, Tomás Pará Filho (que foi, posteriormente, uma inspiração para a escolha de Maria Sylvia pela Procuradoria de São Paulo), José Ignácio Botelho de Mesquita, Miguel Reale, Silvio Rodrigues e José Cretella Júnior, que foi seu professor no quinto ano de graduação e depois lhe orientou na pós-graduação *stricto sensu*.

Maria Sylvia acabou cursando a primeira turma do mestrado da Faculdade de Direito da USP, tendo feito créditos em administrativo (com o Cretella Jr.), tributário (com Rui Barbosa Nogueira) e Teoria do Estado (com Dalmo de Abreu Dallari). Na época o exame de qualificação do mestrado consistia em uma lista de pontos para prova escrita sobre os temas das disciplinas cursadas e Maria Sylvia tirou férias da

[7] NOHARA, Irene Patrícia. Entrevista com a Professora Maria Sylvia Zanella Di Pietro. *Revista da Procuradoria Geral do Município de Santos*, v. 1, p. 17, 2005.

Procuradoria para se sair bem nesta etapa, que hoje constitui em qualificação de projeto de pesquisa.

Fora então estimulada a fazer seu mestrado em tema sugerido pelo Professor Dalmo de Abreu Dallari,[8] relacionado com o instituto da servidão administrativa, resultando na dissertação *regime jurídico da servidão administrativa*, publicada pela Editora Revista dos Tribunais em 1978. Ainda não era famosa na época, mas chegou a receber uma ligação de Hely Lopes Meirelles para parabenizá-la pela obra publicada, que ele lera integralmente.

Defendeu o Doutorado em 1982, no tema *Uso privativo de bem público por particular*, assunto de acentuada aplicação prática. Sua tese foi publicada em 1983 pela Editora Revista dos Tribunais e após muitos anos esgotada teve a segunda edição publicada pela Atlas, no ano de 2010, ocasião em que houve a inserção de institutos mais recentes, como a concessão especial para fins de moradia, o direito de superfície e a concessão florestal.

O orientador de di Pietro, tanto no Mestrado como no Doutorado, foi o Cretella Júnior, a quem ela dedica seu manual. A Professora reputa que teve um grande orientador, que emprestava livros, recebia na casa, incentivava-a a prosseguir nos concursos, fazia correções milimétricas nas teses, não apenas de português, mas até do latim.

Maria Sylvia começou a dar aulas pelo estímulo do professor Dalmo de Abreu Dallari, mas José Cretella Júnior fez o convite para que sua docência fosse no Direito Administrativo, iniciando a dar aula em 1984, quando já era Doutora, o que se constata do relato da própria Professora:

> Na realidade, embora eu fosse orientada pelo professor Cretella, não foi ele que tomou a iniciativa de me convidar para dar aula. Quem tomou a iniciativa foi o professor Dalmo, porque eu tinha feito as disciplinas todas com ele e daí ele me perguntou um dia se eu não queria... E eu comecei a..., na faculdade, trabalhando como monitora na disciplina do professor Dalmo. Não sei... Você foi aluno dele e deve saber que ele tinha aquela... dividia a turma em vários grupos e cada... e tinha os monitores e eu era... trabalhava lá como monitora, em teoria geral do Estado. Daí ele sugeriu para eu ser contratada... para eu passar para a

---

[8] A sugestão de Dalmo tinha até a ver com o contato que ele tinha com o tema, pois o Professor era advogado da Eletropaulo, e estimulou Maria Sylvia a pensar nessa temática ao perceber que não havia praticamente nada escrito, na época, acerca da servidão de energia elétrica. Cf. DI PIETRO, *Depoimento 2012*, p. 21.

área dele. Naquela época, não faziam concurso; a gente era contratada. E quando... ele chegou a propor a minha contratação, mas quando o professor Cretella viu que eu ia ser contratada em Teoria do Estado, daí ele sugeriu que eu fosse contratada em direito administrativo.[9]

Maria Sylvia sempre enfrentou com muita coragem e determinação os concursos internos de ascensão na carreira acadêmica da USP, o que lhe rendeu muitas conquistas e também a resiliência à tensão própria da esfera universitária e suas instâncias de poder internas, repleta de conspirações, ameaças e surpresas desconfortantes relacionadas com a politicagem própria dos conflitos de interesses velados e/ou abertos, sendo que o projeto pessoal de realizações significativas quase sempre, a partir de um certo patamar, esbarra em planos de grupos e indivíduos.

Assim, foi enfrentando a cada nova banca os desafios que iam deixando seu marido atônito, como, por exemplo, nos degradantes comentários de Amauri Mascaro Nascimento, que nem era da área de Direito Administrativo, mas que foi muito sarcástico e destrutivo e, ao final, atribuiu nota 9,0 à tese, mas sempre orgulhoso da forma com que se saía e atingia seus objetivos.

Para se preparar para a Livre-Docência, Maria Sylvia começou a preparação daquele que seria seu produto de maior sucesso na vida acadêmica, o seu manual *Direito Administrativo*, que atualmente já ultrapassa da trigésima edição, mas que foi elaborado a partir do labor de preparação dos pontos do concurso de Livre-Docente pela USP, transformando-se depois em um clássico da área. Maria Sylvia também ministrou aulas em cursinhos preparatórios para concurso, durante doze anos, e os alunos pediam para que ela fizesse uma obra tal qual explicava os institutos, com grande clareza.

E, ao se preparar para o concurso de livre-docente, aproveitou para verter num livro os conhecimentos que foi acumulando. Utilizava para seus escritos as obras do orientador Cretella Jr., bem como Hely Lopes Meirelles e Celso Antônio Bandeira de Mello. Eis que sequer imaginava que ela e o Celso Antônio seriam considerados pouco tempo depois a doutrina moderna do Direito Administrativo, a superar professores mais clássicos, ao imprimirem vida e sentido material aos institutos alinhados com o paradigma do Estado Democrático de Direito derivado da Constituição de 1988.

---

[9] Cf. DI PIETRO, *Depoimento 2012*, p. 26.

O concurso de Livre-Docente é constituído de diversas etapas, sendo uma delas a aula, outra, a prova escrita, análise e defesa de memorial e defesa da tese. O tema apresentado no concurso de Livre-Docente foi *Da aplicação do direito privado no Direito Administrativo*, em que Maria Sylvia analisou o grau de derrogação dos diversos institutos de direito privado aplicados ao Direito Administrativo, em função da tutela dos interesses públicos. A tese foi defendida em 1988 e o trabalho foi publicado pela Editora Atlas.

No ápice de sua trajetória acadêmica defendeu, em 1991, a tese *Discricionariedade Administrativa na Constituição de 1988*, em que abordou a restrição da discricionariedade pelos princípios constitucionais, dentro de uma perspectiva de reconquista da dimensão de validade dos princípios, presente no Estado Democrático de Direito, tendo se sagrado vencedora da disputada vaga de Professora Titular do Departamento de Direito do Estado da USP, que depois chefiou entre 2006-2009.

Mesmo com a aprovação no concurso, uma professora rival de Maria Sylvia entrou com recurso contra e fez com que a Congregação da Faculdade não homologasse seu concurso, daí Maria Sylvia[10] recorreu ao Conselho Universitário, e teve decisão favorável, com ampla margem de votos, daí a inconformada com o justo resultado impetrou mandado de segurança, requerendo suspender a posse de Maria Sylvia, perdeu em primeira instância, recorreu e só desistiu do recurso quando o Departamento abriu uma vaga, ela prestou o concurso e entrou, depois de dois anos no encalço.

No final da década de noventa, Maria Sylvia integrou a Comissão de Juristas, presidida por Caio Tácito, e designada pelo Ministério da Justiça, para elaborar um dos mais importantes diplomas normativos da Administração Pública federal: a Lei de Processo Administrativo, Lei nº 9.784/1999, que procurou ser propositadamente enxuta, dentro da visão de abertura da autonomia para que os procedimentos específicos tenham de suplementar essa disciplina mais geral, sendo o diploma o desdobramento de princípios constitucionais.

Antes desta colaboração, Maria Sylvia já houvera colaborado com a elaboração da Lei Orgânica da Procuradoria de São Paulo, depois, ainda também estadual, do importante e precursor Código de Defesa do Usuário do Serviço Público, realizada no âmbito da Secretaria da Justiça.

---

[10] *Ibidem*, p. 39.

Orientou cerca de vinte doutorandos(as) na USP, notadamente: Carlos Vinícius Alves Ribeiro, Eduardo Tognetti, Aline Lícia Klein, Rafael Walbach Schwind, Wilton Luis da Silva Gomes, Maria Adelaide de Campos França, Bernardo Strobel Guimaraes, Raul Miguel Freitas de Oliveira, Leandro Marins de Souza, Luis Paulo Allende Ribeiro, João Antunes dos Santos Neto, Irene Patrícia Nohara, Dora Maria de Oliveira Ramos, Wallace Paiva Martins Júnior, Ricardo André Garroux Gonçalves de Oliveira, Maria Paula Dallari Bucci, Débora de Carvalho Batista, Fernando Pimentel Cintra, João Batista Gonçalves e Édson Ricardo Saleme.

Quanto ao Mestrado, foram orientados por di Pietro na Faculdade de Direito da USP: Bruno Luis Amorim Pinto, Paulo de Tarso Bilard de Carvalho, Murilo Ruiz Ferro, Emanuel Pedro Fernandes Batista, Eduardo Tognetti, Carlos Vinícius Alves Ribeiro, Rafael Wallbach Schwind, Raul Felipe Borelli, Ricardo Augusto Negrini, Wilton Luís da Silva Gomes, Bernardo Strobel Guimarães, Raul Miguel Freitas de Oliveira, Adriano Cândido Stringhini, Thiago Marrara, Luciana Ferreira Leite Pinto, Miguel Thomaz di Pierro Júnior, Mônica Nicida Garcia, Irene Patrícia Nohara, Wallace Paiva Martins Junior, João Antunes dos Santos Neto, Ricardo André Garroux Gonçalves de Oliveira, Dora Maria de Oliveira Ramos, Marcos Augusto Perez, Vera Maria de Oliveira Nusdeo, Antonieta Rosa Gomes e Fernando Pimentel Cintra.

Foram disciplinas ministradas na Pós-Graduação *Stricto Sensu*: Atos Administrativos, Discricionariedade Administrativa e Discricionariedade Técnica, Intervenção do Estado na Propriedade Privada, Legalidade e Regulação, cujas inscrições extrapolaram o número possível de vagas, mas em que todos foram admitidos, Parcerias na Administração Pública e Temas Fundamentais de Direito Administrativo.

A professora Maria Sylvia aposentou-se da USP em 2013, ano em que foi lançada a obra *Direito e Administração Pública*, organizada por Floriano de Azevedo Marques Neto, Fernando Dias Menezes de Almeida, Irene Patrícia Nohara e Thiago Marrara, com mais de 60 coautores de artigos confeccionados por ex-alunos, colegas, Ministros e admiradores da Professora. Em 2014, assume como Membro da Comissão de Ética da Universidade de São Paulo.

Organizou, em 2015, um curso de verão na USP, sobre as transformações no Direito Administrativo, edição especial do PPGD e do Departamento de Direito do Estado, que foi um sucesso, trouxe pessoas do Brasil inteiro e ficou tão lotado o auditório reservado, que tiveram de abrir diversas outras classes para projetar as aulas do curso.

Quando Maria Sylvia Zanella di Pietro completou 80 anos, em maio de 2023, o Professor de Direito Administrativo da USP, Marcos Perez, que foi seu orientando no Mestrado, preparou uma festa em seu apartamento, convidando diversos dos ex-orientandos para celebrar o aniversário da Professora, que tocou piano, contou histórias em manifestações de alegria, jovialidade e também de amizade e carinho.

Logo depois, no mesmo ano, em 19 de outubro, houve, ainda, homenagem à professora ocorrida em Porto Alegre, pela Comissão da OAB em conjunto com a Procuradoria Geral do Município, regada a recital de piano de uma Conselheira do Tribunal de Contas e relatos emocionantes do quanto a Professora foi também influente no Estado do Rio Grande do Sul.

6 Pelo Brasil afora: marca pessoal de dedicação e de inspiração itinerante que a transformou na Professora de todos

Maria Sylvia Zanella di Pietro conta que se transformou numa espécie de professora itinerante, que transmitiu seu rico conhecimento pelo Brasil. Assim, para além do ensino que ministrou na Faculdade de Direito da USP, seja na graduação e na pós-graduação, também deu aulas em diversas especializações da área, em vários Estados da federação, e no cursinho preparatório, inicialmente no Êxito, depois, no Marcato, seu colega da USP, ministrando, ainda, palestras em variados eventos do Brasil todo.

Também lecionou aulas na Escola da Procuradoria Geral do Estado de São Paulo, na Escola da Magistratura e em diversas escolas de variadas carreiras públicas, sendo frequentemente convidada para eventos nas Procuradorias.

Como seu manual de *Direito Administrativo* se transformou num clássico da área, de indispensável conhecimento, então, viajava também a convite da Editora Atlas, com bastante frequência para eventos e divulgações em universidades e congressos, sendo recebida e ciceroneada, entre outros, pelo querido divulgador Robson Gomes (o 'Robinho').

O fundador da editora Atlas, Luiz Herrmann, que a recebia sempre, no antigo endereço da editora do bairro da Barra Funda, apoiava seus projetos editoriais. Quem levou a professora a conhecer a editora foi o Mirabete, que tinha livros de direito penal na Atlas, e dava aulas com ela no cursinho Êxito. Ela teve de *publishers* conhecidas: Marisa Harms, Roberta Densa e depois a Danielle Oliveira. Outrossim, mais a frente, muito depois do falecimento do Luiz Herrmann, Maria Sylvia transferiu sua obra para a Forense, que foi adquirida pelo Grupo GEN, que concentrou diversos selos editoriais.

Também teve participação nos eventos do Instituto Brasileiro de Direito Administrativo – IBDA, onde foi aos poucos consolidando a amizade com diversas gerações de administrativistas. Maria Sylvia integrou-se ao IBDA que, nos primórdios dos primeiros congressos realizados, contava com Celso Antônio Bandeira de Mello, Geraldo Ataliba, Sérgio Ferraz, Lafayette Pondé, Adilson Abreu Dallari, Lúcia Valle Figueiredo, Fernando Andrade de Oliveira, Odília Ferreira da Luz, Diogo de Figueiredo Moreira Neto, Almiro do Couto e Silva, Pedro Paulo de Almeida Dutra, José Nilo de Castro, Romeu Felipe Bacellar Filho, Márcio Cammarosano, Clovis Beznos, Carlos Ari Sundfeld e Diogenes Gasparini.[11]

Em 2018, o *XXXII Congresso Brasileiro de Direito Administrativo*, em Florianópolis, ocorrido entre 17 e 19 de setembro, foi inteiramente realizado em sua homenagem, tendo sido feito o magistral discurso de tributo à Maria Sylvia Zanella di Pietro por Rodrigo Vagas dos Santos,[12] atual vice-Presidente do Instituto e advogado culto, brilhante, tanto nas reflexões sobre o Direito Administrativo, como na impecável retórica, sendo dono, em conjunto com o Pedro Paulo de Almeida Dutra, de uma das vozes masculinas mais belas, com a entonação de verdadeiro locutor profissional, o que foi realizado sob a Presidência de Fabrício Motta, personalidade marcante e um grande amigo e apoiador de Maria Sylvia, que também fora outrora incumbido de fazer uma das atualizações da edição do seu manual, algo que Maria Sylvia sempre cometeu a pessoas mais próximas e de confiança dela.

Inclusive foi esse o vínculo, com Fabrício Motta, que levou Maria Sylvia a integrar, desde 2017, como colaboradora os quadros do Programa do Mestrado Profissional em Direito e Políticas Públicas

---

11 AMORIM, Victor Aguiar Jardim de. *Memórias do Instituto Brasileiro de Direito Administrativo*: Registro Histórico. São Paulo: IBDA, 2019. p. 10.

12 SANTOS, Rodrigo Valgas dos. Tributo à Maria Sylvia Zanella Di Pietro. Disponível em: http://www.direitodoestado.com.br/colunistas/rodrigo-valgas-dos-santos/tributo-a-maria-sylvia-zanella-di-pietro. Acesso em: 15 jan. 2024.

da Universidade Federal de Goiás (UFG). Em 2022, a UFG realizou entrega do título de Doutor Honoris Causa à professora Maria Sylvia, tendo sido a terceira mulher a ser agraciada pelo título no Estado, após a poetisa Ana Lins, conhecida por Cora Coralina, e Ana Primavesi, estudiosa de agroecologia.

Em 10 de dezembro de 2019 Maria Sylvia toma posse na *Academia Brasileira de Letras Jurídicas*, ocupando a cadeira 5 dos seletos postos das cinquenta personalidades de reconhecido valor no mundo do Direito. Ocupa atualmente cadeira já ocupada por José Augusto Meira Dantas, Sílvio Meira e Ada Pellegrini Grinover, tendo recordado, no discurso de posse, a trajetória de tais brilhantes juristas, externando, ainda, que nutre a esperança de que, quando substituída na Cadeira, aquele que a assumir preste igual tributo à sua pessoa, com a mesma alegria e orgulho que na data da posse ela homenageou os antecessores.

A "imortal" lembrou a origem da lenda do herói ateniense *Akademus* e como na *Akadémeia* se instalou, por volta de 387 a.C., a Academia de Platão. De uma escola de pensamento, o vocábulo academia se transformou para designar grupos universitários, cientistas, pesquisadores, passando a ter utilização ápice no Renascimento e hoje também engloba ala de escola de samba e local destinado a práticas esportivas. Maria Sylvia terminou seu emocionante discurso com a seguinte frase de Platão: "tente mover o mundo, mas comece movendo a si mesmo".[13]

Atualmente, também aceitou também o convite de ser patronesse dos cursos de direito público da especialização do CERS, contato ladeado por quem já fora sua *publisher* na Atlas e na Revista dos Tribunais: Marisa Harms.

Aliás, Maria Sylvia nutriu amizade com muitos professores e professoras de variadas instituições do Brasil, como: Edmir Netto de Araújo, colega de PGESP e de Departamento de Estado na USP, que sempre a chamou carinhosamente de *tout court* Sylvia; Dinorá Grotti, amiga, querida por todos e todas, unanimidade a unir administrativistas, que Maria Sylvia convidava com frequência para suas bancas; Paulo Modesto, que organizou o XIV Congresso Brasileiro de Direito do Estado, em Salvador, para homenagear a Maria Sylvia; Celso Antônio

[13] DI PIETRO, Maria Sylvia Zanella Di. Discurso de Posse na Academia Brasileira de Letras Jurídicas. Disponível em: http://www.direitodoestado.com.br/colunistas/maria-sylvia-zanella-di-pietro/discurso-de-posse-na-academia-brasileira-de-letras-juridicas. Acesso em 28 jan. 2024.

e Weida Zancaner, que sempre a acolheram e receberam, sendo anfitriões queridos e estimuladores das grandes biografias da área, também Márcio Cammarosano e Clóvis Beznos, da PUCSP; Sueli Dallari, esposa de Dalmo, que convidava Maria Sylvia para dar aulas de poder de polícia na Faculdade de Saúde Pública da USP; Romeu Bacellar e Regina Ferrari, do Paraná, e toda equipe espetacular de administrativistas em diversas gerações[14] estimuladas pelo Instituto Bacellar, como Emerson Gabardo e Daniel Hachem, que sempre receberam a professora com toda atenção, além de outra leva de jovens, inspirados por ela, como os geniais Thiago Marrara, Fabrício Motta e Carlos Vinícius, para quem Maria Sylvia foi ainda madrinha de casamento.

7 Direito Administrativo antes e depois de di Pietro: ousadia de renovar e deixar 'o' legado

Maria Sylvia Zanella di Pietro já desenvolveu um vasto legado de obras que moldaram o Direito Administrativo pós-Constituição de 1988, com contribuições significativas de sua doutrina para a área.

Assim, em primeiro lugar: de livro base, há o seu *Direito Administrativo*, já na 36ª edição, que é obra de consulta diária entre servidores, aplicadores do Direito Administrativo e alunos de graduação, cursos de capacitação e preparatórios para concursos públicos, tendo se transformado num clássico da área, por conta de sua grande capacidade de esclarecer conteúdos de forma didática, objetiva e sintética.

Depois, se destacam seus trabalhos dos diversos concursos de ascensão na carreira da USP, quais sejam: (1) o Mestrado: sobre *regime jurídico da servidão administrativa*, publicado pela Editora Revista dos Tribunais em 1978; (2) o Doutorado: sobre o *Uso privativo de bem público por particular*, publicado inicialmente pela Revista dos Tribunais e depois republicado pela Editora Atlas; (3) a Livre-Docência: *Da aplicação do direito privado no Direito Administrativo*; e (4) a tese *Discricionariedade*

---

[14] Aliás, do Paraná também Rodrigo Pironti, que observou que: assim como Roberto Carlos é rei na música popular brasileira, Maria Sylvia é a rainha do Direito Administrativo, pois os dois tinham participado de um evento no Tribunal de Contas, em Manaus, e Pironti constatou que Maria Sylvia era alguém que carregava multidões aos eventos, com pessoas de pé, num local imenso, e muitos nas fileiras que ultrapassavam escadarias, com os livros da Professora na mão, pedindo autógrafos, um fenômeno único da área. PIRONTI, Rodrigo. Gestão de riscos e programas de integridade. Disponível em: https://www.youtube.com/watch?v=3K5MM6sz130&list=PL3_hkW2GVvLnkZnF4EJ_mGSrploPNjFJy. Trecho 4min30seg.

Administrativa na Constituição de 1988, pela qual conquistou a disputada Titularidade.

No prefácio da obra discricionariedade administrativa José Cretella Neto enfatiza que Maria Sylvia foi colocada ao lado dos seis Catedráticos que a antecederam nos 135 anos, quais sejam: (1) Furtado de Mendonça (de 1856 a 1882); (2) Rubino de Oliveira (de 1882 a 1891); (3) Manoel Pedro Villaboim (de 1891 a 1917); (4) J. J. Cardoso de Mello Neto (de 1917 a 1927); (5) Mário Masagão (de 1927 a 1969) e (6) o próprio José Cretella Júnior (de 1969 a 1990), coroando com ousadia, grande competência e um trabalho completo e tecnicamente irretocável o tema da discricionariedade.

Na obra, transita pelo princípio da legalidade administrativa, sendo o sentido revisitado sobre o viés dos vários períodos históricos de transformação do Estado de Direito, mergulha, então, na discricionariedade do ponto de vista da teoria dos atos, em seus elementos, procurando dissecar as variadas apresentações e potencialidades, para depois analisar os conceitos jurídicos indeterminados e a noção de discricionariedade em diversos ordenamentos jurídicos. Os capítulos finais da tese apresentam a correlação da discricionariedade na sua restrição pela principiologia constitucional, passando pela moralidade, razoabilidade e, ao final, enfrentando a análise com a supremacia do interesse público.

E, por falar em supremacia do interesse público, foi marcante a liderança da professora a dar uma resposta doutrinária contra a tendência que se instalava sem tanta reflexão, bastante perigosa, aliás, de advogar a superação do princípio, distorcendo o que se falava sobre o princípio.

Assim, Maria Sylvia organizou, juntamente com Carlos Vinícius Alves Ribeiro, a obra *Supremacia do interesse público e outros temas relevantes do direito administrativo*, lançado pela Atlas em 2010, na qual enfrentou o argumento equivocado de que a supremacia colocaria em risco direitos individuais protegidos prioritariamente pela Constituição, buscando reunir grandes pesquisadores a abordar criticamente os impactos desse movimento, em resgate à uma análise ponderada do que efetivamente representa a aplicação do princípio da supremacia do interesse público.

Obra que também se tornou recorrente na estante daqueles que estudam as diversas formas de parceirização, foi a famosa *Parcerias na Administração Pública*, em que Maria Sylvia Zanella di Pietro analisa as principais modalidades de parcerias, como a concessão e a permissão de serviços públicos, as parcerias público-privadas, a franquia, a terceirização, os contratos de gestão, os convênios e consórcios, sem prescindir de abordar a regulação no Direito.

Nesta importante abordagem, a Professora não se restringe a descrever tecnicamente, mas tece importantes críticas aos subterfúgios utilizados a pretexto da eficiência, explicando como se prestam a flexibilizar o regime jurídico em detrimento de inúmeras garantias. É trabalho raro, pois transcende o mero descritivismo cético e descomprometido, como se os institutos pudessem ser utilizados como ferramentas distorcidas para todo e qualquer uso, mas também não se alia ao mero "denuncionismo", inflexível e carente de fundamentação.[15]

Da matéria lecionada de legalidade e regulação, no programa de pós-graduação da USP, que teve um recorde de procura, Maria Sylvia organizou a obra *Direito Regulatório*: temas polêmicos, publicada pela Editora Fórum. Ainda, possui obras conjuntas, seja com Fabrício Motta e Luciano Ferraz, como a obra de Servidores Públicos na Administração de 1988, seja com Thiago Marrara, com a obra de Lei Anticorrupção Comentada.

Em 2014, Maria Sylvia Zanella di Pietro coordena um conjunto de sete obras denominado Tratado de Direito Administrativo, incumbência recebida pela Editora Revista dos Tribunais, tendo os volumes sido escritos por ela e por uma seleta leva de administrativistas: Wallace Paiva Martins Júnior, Fabrício Motta, Thiago Marrara, Luciano Ferraz, Aline Lícia Klein, Floriano de Azevedo Marques Neto, Romeu Felipe Bacellar, Ricardo Marcondes Martins, Irene Patrícia Nohara, Jacintho Arruda Câmara, José dos Santos Carvalho Filho e Fernando Dias Menezes de Almeida.

Em 2017, destaca-se a organização de três volumes de mais de mil páginas cada para o ambicioso projeto editorial alavancado pela Revista dos Tribunais das *Teses Jurídicas dos Tribunais Superiores*, em que a Professora e Irene Nohara convidaram mais de 200 administrativistas a comentar uma a uma as centenas de teses da área do Direito Administrativo editadas pelo Superior Tribunal de Justiça.

São diversas obras, artigos, capítulos de livros, que podem ser acessados no lattes ou mesmo na própria obra Direito Administrativo, que contempla surpreende lista de produção de Maria Sylvia. Como

---

15 NOHARA, Irene Patrícia. Parcerias na Administração Pública: resenha. *Revista da Procuradoria Geral do Município de Santos*, v. 1, p. 236, 2005.

questões enfrentadas por um pensamento que sempre se orgulhou de ser livre, autônomo e só conformado pelo Direito, como se espera da atitude dos verdadeiros pareceristas,[16] se pode destacar: acirrada crítica à utilização das organizações sociais como subterfúgio para substituições do Estado; o avesso ao formalismo e à burocratização derivada dos excessos de exigências e minúcias legais; a restrição da discricionariedade administrativa pelos princípios; a priorização do direito material; o desprezo à desonestidade de diversos agentes políticos; a defesa do papel das procuradorias; a abertura aos novos instrumentos, sendo sim uma doutrinadora pronta para aceitar o que é novo, desde que compatível com o espírito constitucional, pois que, simultaneamente, não se rende às tendências estrangeiras como se fossem fetiche, pois sempre criticou a tendência de utilizar das novidades estrangeiras para distorcer institutos nacionais e a precisão técnica de quem entende a fundo de cada instituto do Direito Administrativo, tendo sido influente no desenvolvimento de vários deles.

8 Considerações finais

É difícil tentar reproduzir de forma mais fidedigna possível a vida e a obra de uma pessoa tão ilustre e que é um ícone da área. Como se percebe, apesar de Maria Sylvia não ter planejado de forma antecipada tudo o que seria, ao longo da sólida trajetória, ainda assim o resultado foi absolutamente magistral, como se houvesse um destino a tecer os caminhos de uma estrela.

Seu sucesso é alvo de grande alegria para todos e todas, pois se percebe que foi produto de tanto esforço, força de vontade, talento, dedicação, vocação, que só pode ser celebrado socialmente. Trata-se, como já observou Rodrigo Pironti, da rainha: a formar filas de quase

---

[16] A Professora procura manter a mesma atitude que sempre teve enquanto parecerista da Procuradoria na sua atividade de advogada parecerista, pois ela analisa bem o caso e procura aceitar somente os pareceres que entendem terem substrato jurídico e serem justos, pouco importa o valor da proposta, e todos sabem que quando ela aceita o encargo, que passou pelo seu crivo, ela está agindo de forma técnica e mais imparcial possível, pois ela sempre buscou se guiar pela justiça, o que atribui ainda mais credibilidade aos seus importantes trabalhos, fazendo com que os proponentes celebrem quando há o aceite de algum parecer por parte de Maria Sylvia, diferentemente de muitas pessoas que são capazes de utilizar das mais absurdas distorções retóricas em nome da importância da causa/do cliente. Já Maria Sylvia recusa muitos pareceres, aceita os que entende que têm causas com as quais concorda. Cf. DI PIETRO, *Depoimento 2012*, p. 41.

uma centena de metros de pessoas com seus livros nas mãos, a lotar auditórios, inspirar gerações e gerações.

Ela inspira mulheres (e homens) da área jurídica a prosseguirem mirando o céu, e mesmo diante do brilho tão elevado, ainda assim se comporta de forma acolhedora, fazendo com que todos sintam uma presença muito tranquila, humilde e verdadeira. Continua do alto de seus oitenta anos absolutamente vivaz, lúcida, segue estudando, com inteligência impecável, atualiza livros, participa de eventos e é homenageada a cada ano nos diversos rincões do País.

Mesmo aqueles que não tiveram aula diretamente com ela, mas que assistiram alguma palestra ou conversaram com Maria Sylvia, sentem-se imediatamente seus alunos e alunas, diante dos valores que ela transmite. Maria Sylvia não se constrange diante dos novos assuntos, muito pelo contrário: os enfrenta com critério e curiosidade. Foi e segue sendo a maior mulher administrativista a conformar os novos institutos da área.

Com tudo o que já fez, o reconhecimento que já teve, pode-se dizer, para os que a conhecem, que o que mais deixa as pessoas encantadas é justamente o seu jeito humano, a preocupação que tem, o quanto ela acaba lembrando de todos e todas, não deixando o seu ego, mesmo em face de tamanho sucesso, anuviar o ser humano incrível que é, que é capaz de dizer de suas dificuldades do passado, de falar dos desafios que ainda procura enfrentar e de deixar as pessoas absolutamente encantadas.

Faz jus às alcunhas de ícone, lenda, diva, e ao mesmo tempo de ser humano, doce e firme, que sabe escolher as coisas retas e sólidas na vida, que não se ilude com o poder e não ilude os outros, sendo realmente alguém a se admirar: nos escritos, nas palestras, no convívio e pela vida que edificou e que ainda segue vivendo com a autenticidade de uma jurista exemplar.

9 Referências

AMORIM, Victor Aguiar Jardim de. *Memórias do Instituto Brasileiro de Direito Administrativo*: Registro Histórico. São Paulo: IBDA, 2019.

DI PIETRO, Maria Sylvia Zanella. Discurso de posse na Academia Brasileira de Letras Jurídicas. *Direito do Estado*, Rio de Janeiro, 10 dez. 2019. Disponível em: https://www.direitodoestado.com.br/colunistas/maria-sylvia-zanella-di-pietro/discurso-de-posse-na-academia-brasileira-de-letras-juridicas. Acesso em: 28 jan. 2024

DI PIETRO, Maria Sylvia Zanella. *Pareceres*. Rio de Janeiro: Forense, 2015.

GROSS, Clarissa Piterman; SOARES, Muriel; QUEIROZ, Rafael Mafei Rabelo. *Depoimento Maria Sylvia Zanella di Pietro 2012*. Rio de Janeiro: CPDOC/FGV, 2012.

MARQUES NETO, Floriano de Azevedo; ALMEIDA, Fernando Dias Menezes de; NOHARA, Irene Patrícia; MARRARA, Thiago (Org.). *Direito e Administração Pública*: estudos em homenagem a Maria Sylvia Zanella di Pietro. São Paulo: Atlas, 2013.

NOHARA, Irene Patrícia. Entrevista com a Professora Maria Sylvia Zanella di Pietro. *Revista da Procuradoria Geral do Município de Santos*, v. 1, p. 17-24, 2005.

NOHARA, Irene Patrícia. Parcerias na Administração Pública: resenha. *Revista da Procuradoria Geral do Município de Santos*, v. 1, p. 235-236, 2005.

SANTOS, Rodrigo Valgas dos. Tributo à Maria Sylvia Zanella di Pietro. *Direito do Estado*, Florianópolis, 15 out. 2018. Disponível em: https://www.direitodoestado.com.br/colunistas/rodrigo-valgas-dos-santos/tributo-a-maria-sylvia-zanella-di-pietro. Acesso em: 15 jan. 2024.

EM DEFESA DE UM DIREITO ADMINISTRATIVO MODERNO E EM EVOLUÇÃO: A TRAJETÓRIA E OBRA DA PROFESSORA ODETE MEDAUAR

Patrícia Baptista
Leonardo Antoun

1 Introdução: as bandeirantes do direito administrativo brasileiro

Sendo por essência conectado ao exercício do poder e à autoridade estatal, assim como à dimensão pública da vida em sociedade – esferas interditadas às mulheres até há muito pouco tempo na história –, o direito administrativo foi refratário à presença feminina em seu primeiro século de vida. Não chega a surpreender, portanto, a dificuldade de se achar registros de mulheres na docência ou na produção doutrinária do direito administrativo brasileiro até, pelo menos, os anos 1970.[1] [2] Antes disso era raro inclusive encontrar alguma atuação profissional

[1] Tomam-se como referências aqui as pesquisas do Professor Walter Guandalini Jr. da Universidade Federal do Paraná – UFPR sobre a história do direito administrativo do Brasil no século XIX e as primeiras décadas do século XX, *v. g.*: GUANDALINI JR., Walter. A Tradução do Conceito de Direito Administrativo pela Cultura Jurídica Brasileira do Séc. XIX. *Rev. Fac. Direito UFMG*, Belo Horizonte, n. 74, p. 473–498, jan./jun. 2019; TEIXEIRA, Lívia Solana Pfuetzenreiter de Lima; GUANDALINI JUNIOR, Walter. Um Direito Administrativo de Transição: o conceito de direito administrativo na cultura jurídica da Primeira República Brasileira (1889-1930). *Direito, Estado e Sociedade. Ahead of Print*, n. XX mês/mês 2020. E, ainda, as referências de BENTO, Juliane Sant'Ana; ENGELMANN, Fabiano; PENNA, Luciana Rodrigues. Doutrinadores, políticos e "direito administrativo" no Brasil. Florianópolis: *Política & Sociedade*, volume 16, número 37, setembro/dezembro 2017; SUNDFELD, Carlos Ari. *Direito administrativo para céticos*. 2. ed. São Paulo: Malheiros Editores, 2014; e MENEZES DE ALMEIDA, Fernando Dias. *Formação da teoria do direito administrativo no Brasil*. São Paulo: Quartier Latin, 2015.

[2] Embora o texto refira particularmente à realidade brasileira, o quadro não parece muito distinto ao se tomar em conta contextos estrangeiros, europeus e de direito anglo-saxão, em que são raras para não dizer praticamente ausentes, as referências acadêmicas de autoras e professoras mulheres no âmbito do direito administrativo anteriores aos anos 1970/1980.

feminina na área, na advocacia ou em carreira pública jurídica (os concursos públicos, que nem tão eram frequentes, registravam então pouquíssimas mulheres aprovadas[3]).

No âmbito das publicações do ramo, o cenário encontrado revela verdadeira ausência de referências femininas até o último quartel do século vinte.

Tome-se, como exemplo, em primeiro lugar, a *Revista de Direito Administrativo* – RDA que é editada, sob o patrocínio da Fundação Getúlio Vargas, ininterruptamente desde 1945[4] e que pode listada entre as principais e mais antigas publicações voltadas à difusão de conteúdo da disciplina no país.[5] Neste periódico, todavia, o primeiro

---

[3] Nos três concursos para Procurador do Estado realizados, na Guanabara, entre os anos de 1960-1970, foram aprovadas, respectivamente, 1 mulher (de 43 aprovados) no 1º concurso em 1962-3; 3 mulheres (de 18 aprovados) no 2º concurso em 1966; e 1 mulher (de 18 aprovados) no 3º concurso em 1970; o que resultou, portanto, em um total de 5 mulheres para 74 homens. Fonte: Revista de Direito da Procuradoria Geral do Estado do Rio de Janeiro, vols. 11 (1963), 15 (1966), 24 (1971). Disponível em: https://pge.rj.gov.br/revista-de-direito. Então, mesmo nas carreiras jurídicas públicas, a presença feminina foi bastante tímida até os anos 1980 (no 4º concurso, realizado em 1984, para a já então Procuradoria Geral do Estado do Rio de Janeiro, foram 17 mulheres de 42 candidatos aprovados, situação já bem distinta. Fonte: Revista de Direito da Procuradoria Geral do Estado do Rio de Janeiro, vol. 37, 1985).

[4] FALCÃO, Joaquim; GUERRA, Sérgio (Ed.). *Revista de Direito Administrativo*. Edição Comemorativa, 2014. Rio de Janeiro: FGV, dez. 2013.

[5] Registra-se, desde logo, que a *Revista de Direito Administrativo – RDA*, assim como a *Revista da Procuradoria Geral do Estado do Rio de Janeiro*, mencionada adiante no texto, são tomadas, neste artigo, apenas como referências exemplificativas de ocorrência que, com razoável probabilidade, acredita ser replicada, em maior ou menor grau, na quase totalidade das publicações jurídicas nacionais no âmbito do direito administrativo. O que se pretende, na realidade, é pôr em evidência o espírito do tempo, de escassa presença feminina nesta disciplina, cenário que apenas começou a se alterar no último quartel do século vinte. Os limites do presente trabalho não comportam, todavia, um exame mais aprofundado da multiplicidade de causas que concorreram para a baixa representatividade feminina na disciplina até então. Não obstante, parece oportuna a ressalva de que o relato contido no texto não pretendeu fazer, nem contém qualquer crítica específica a nenhuma das duas publicações mencionadas, que, como dito, acredita-se apenas refletirem a realidade existente no recorte temporal eleito para a pesquisa. Na verdade, a eleição das referidas publicações para pesquisa decorreu do preenchimento dos seguintes critérios objetivos: (1) publicações específicas da área de direito público, com ênfase em direito administrativo; (2) publicações ininterruptas há mais de seis décadas; (3) o conteúdo de todos os volumes se acha digitalizado e aberto a consulta pública na internet, o que permitiu o acesso a todos os números desde o primeiro e as comparações necessárias aos achados relatados. Com esses elementos foi possível fazer as inferências postas no texto, em que pese, claro, a amostragem limitada. Cabe, ainda, o registro de que, ao menos nos últimos vinte e cinco anos (tempo de docência da coautora em direito administrativo), ambas as publicações sempre se mostraram receptivas à publicação de seus artigos, com destaque. Os coautores deste trabalho nunca observaram nas políticas editoriais das referidas publicações qualquer viés de gênero, muito pelo contrário (a coautora deste texto tem seus artigos publicados, com grande aceitação e regularidade, na RDA, desde o ano 2000, e na RPGE, desde o ano 2003).

texto de autoria de uma mulher somente foi publicado trinta anos depois da edição do primeiro volume. Em 1976, o volume 126, na seção *Notas e Comentários* (a última da revista, localizada no final da publicação), trouxe a público um trabalho sobre fundações de autoria da Professora Alice González Borges, apresentado no I Simpósio Jurídico de Procuradores do Estado da Bahia, em agosto de 1976, instituição a cujos quadros pertenceu a celebrada administrativista.[6]

Nos anos seguintes, continuaram contando-se nos dedos os textos de autoria de mulheres publicados na RDA. Em 1977, no volume 127, ainda na seção *Notas e Comentários*, foi publicada a tese apresentada ao 2º Congresso Brasileiro de Direito Administrativo, por Maria da Conceição do Amaral Monch, tendo como tema o controle e responsabilidade em empresas públicas e sociedades de economia mista[7]. No volume 130, também de 1977, na mesma seção, encontra-se estudo sobre isenções fiscais concedidas a empresas públicas de autoria de Thereza Helena Souza de Miranda Lima, então consultora da União e professora em Brasília.[8] Em 1978, no volume 131, ocorreu a publicação do trabalho apresentado também no 2º Congresso Brasileiro de Direito Administrativo, de Norma Jonssen Parente, sobre a natureza jurídica da subsidiária da sociedade de economia mista.[9] Norma Parente viria, alguns anos depois, a se tornar procuradora do Estado do Rio de Janeiro e professora de direito societário. Ainda em 1978, no volume 133, é publicado, na seção de Jurisprudência Administrativa, um parecer da procuradora do Estado de São Paulo Vera de Almeida Novelli sobre aposentadoria especial de servidor público,[10] e, mais uma vez em *Notas e Comentários*, de Thereza Helena Souza de Miranda Lima, estudo sobre fundações criadas pelo Poder Judiciário.[11] Em 1979,

---

6 GONZÁLEZ BORGES, A. M. (1976). Fundações. *Revista De Direito Administrativo*, 126, p. 573–587. DOI: https://doi.org/10.12660/rda.v126.1976.42098.

7 MONCH, M. da C. do A. (1977). As sociedades de economia mista e as empresas públicas: controle e responsabilidade. *Revista De Direito Administrativo*, 127, p. 569–614. DOI: https://doi.org/10.12660/rda.v127.1977.42193

8 LIMA, T. H. S. de M. (1977). Isenções fiscais concedidas a empresas públicas. *Revista De Direito Administrativo*, 130, p. 407–424. DOI: https://doi.org/10.12660/rda.v130.1977.42631

9 Parente, N. J. (1978). Natureza jurídica da subsidiária da sociedade de economia mista. *Revista De Direito Administrativo*, *131*, p. 324–335. DOI: https://doi.org/10.12660/rda.v131.1978.42699

10 NOVELLI, V. de A. (1978). Funcionário público - Aposentadoria especial. *Revista De Direito Administrativo*, 133, p. 237–251. DOI: https://doi.org/10.12660/rda.v133.1978.42800

11 LIMA, T. H. S. de M. (1978). Fundações criadas pelo poder judiciário - Natureza jurídica: posições da doutrina. *Revista De Direito Administrativo*, 133, p. 366–377. DOI: https://doi.org/10.12660/rda.v133.1978.42817

na seção dedicada ao Tribunal de Contas, publicou-se parecer da então inspetora geral do Tribunal de Contas da União – TCU, Margarida de Freitas Soares Pinto, tendo como tema os limites à aposentadoria de servidor público.[12]

Na RDA, a primeira vez em que um texto de autoria feminina deixou os fundos da revista para passar à seção *Doutrina*, a que abre a publicação, foi somente em 1981, no volume 145. Essa primazia coube a artigo sobre licenças urbanísticas da professora da PUC-SP e juíza federal, Lucia Valle Figueiredo.[13] As mulheres levaram trinta e seis anos para alcançar o status de *doutrinadoras*.

A frequência da publicação de textos de mulheres na RDA apenas aumentou a partir da década de 1990. Neste momento, além dos artigos das já citadas professoras precursoras. Alice González e Lúcia Valle, passaram a ser publicadas com alguma regularidade também as já então professoras de direito administrativo da Faculdade de Direito da USP, Maria Sylvia Di Pietro (1993) e Odete Medauar (1992), , a professora da PUC-MG, Carmen Lúcia Antunes Rocha (1996), dentre outras professoras de direito administrativo, que começaram a despontar na década de 1980.

O que se passou na RDA está longe de representar um caso isolado (na verdade, acredita-se que o exemplo ilustra o padrão da época, embora não se tenha condições, nos limites deste trabalho, de uma prova empírica exaustiva[14]). Algo muito similar ocorreu na *Revista de Direito da Procuradoria Geral do Estado do Rio de Janeiro*, outra publicação tradicional voltada a temas de direito público, publicada há sessenta e nove anos (desde 1955), sem interrupção, alcançando, na atualidade, 81 volumes.[15]

Neste periódico, só em 1977, no volume 31, vinte e dois anos depois do primeiro número, ocorreu a publicação do primeiro artigo de autoria feminina. Foi a mesma tese de Maria da Conceição do Amaral Monch, então ex-estagiária da Procuradoria Geral do Estado,

---

[12] PINTO, M. de F. S. (1979). Funcionário público - Aposentadoria - Limite. *Revista De Direito Administrativo*, 138, p. 246–255. DOI: https://doi.org/10.12660/rda.v138.1979.43111

[13] FIGUEIREDO, L. V. (1981). Licenças urbanísticas. *Revista De Direito Administrativo, 145*, p. 21–33. DOI: https://doi.org/10.12660/rda.v145.1981.43388

[14] Vide notas 4, 5 e 7, *supra*. Vale recordar que, de início, nem havia mulheres no direito administrativo, de tal forma que sequer havia mesmo produção feminina a ser publicada. Esse cenário apenas começou a se alterar a partir dos anos 1970/1980.

[15] Disponível em: https://pge.rj.gov.br/revista-de-direito/. Acesso em: ago. 2025.

publicada naquele ano também no volume 127 da RDA.[16] No mesmo volume, acha-se publicado ainda um parecer da já citada professora e procuradora Alice González Borges sobre contratação de pessoal no serviço público em período eleitoral.[17] Como se vê, nem sequer havia variedade de textos ou de autoras.

Dali em diante, as publicações de pareceres e textos de autoria, sobretudo das poucas procuradoras mulheres, seguiram aparecendo de forma rarefeita na revista, mas com frequência havia volumes inteiros sem qualquer texto de autoria feminina publicado. A presença de textos de autoras mulheres na Revista da PGE apenas se torna mais comum a partir dos anos 1990 e realmente corriqueira somente no século XXI.

Aliás, o que as primeiras publicações de administrativistas mulheres revelam é que a entrada delas no mundo do direito administrativo quase sempre se deu pela via das carreiras jurídicas públicas. Com o ingresso no serviço público, em sua maioria por concurso, as então novas gerações de procuradoras, juízas, auditoras e outras integrantes da alta burocracia estatal viram-se compelidas, como seus colegas homens, a lidar com temas de direito administrativo para resolver os problemas cotidianos da Administração Pública. As novas *Publicistas* – pegando emprestado a alcunha dada por Sundfeld –,[18] com o destaque alcançado na burocracia estatal, avançaram também para a academia jurídica. Daí para a docência foi um caminho natural, tantas vezes antes trilhado por seus pares do sexo oposto. Enfim, mais de um século depois, as mulheres chegaram ao direito administrativo e, embora não tenham sido muitas no início, ocuparam um importante espaço e abriram as portas para as gerações seguintes de administrativistas mulheres que hoje se multiplicam![19]

---

16 MONCH, Maria da Conceição do Amaral. As sociedades de economia mista e as empresas públicas: controle e responsabilidade. *Revista de Direito da Procuradoria Geral do Estado do Rio de Janeiro,* Rio de Janeiro, v. 31, p. 1-51, 1977.

17 GONZÁLEZ BORGES, Alice. Parecer: Eleições Municipais — Período anterior — Admissão de pessoal — Possibilidade — Constituição estadual e Lei Federal 6.091/74 — Inaplicabilidade — Parecer da Assistente do Procurador Geral da Bahia, *Revista de Direito da Procuradoria Geral do Estado do Rio de Janeiro,* Rio de Janeiro, v. 31, p. 262-6, 1977.

18 SUNDFELD, Carlos Ari. Direito administrativo para céticos. São Paulo: Malheiros Editores, 2ª ed. 2014, p. 73 e ss. que, aliás, ao cunhá-lo, praticamente, só se referiu a homens, com exceção de breves menções a Lucia Valle Figueiredo, Dinorá Grotti, Weida Zancaner – estas identificadas por ele como integrantes da Turma das Perdizes, da PUC-SP –, de Flávia Piovesan e de Maria Sylvia Di Pietro, da USP.

19 Parece possível afirmar que, sobretudo, nas últimas duas ou três décadas, com o crescimento da advocacia privada na área do direito administrativo, a partir do desenvolvimento do mercado de infraestrutura, concessões e parcerias entre a Administração Pública e o setor

Dentre as desbravadoras desses primeiros tempos, bandeirantes que abriram veredas e serviram de inspiração para as muitas de nós que viemos em seguida, destaca-se a Professora Odete Medauar, Professora Titular aposentada de Direito Administrativo da Faculdade de Direito do Largo de São Francisco, cuja trajetória e obra este texto pretende celebrar.

2 A trajetória acadêmica e profissional da Professora Odete Medauar

Odete Medauar é um dos expoentes da geração de professores de direito administrativo responsável por sua reelaboração a partir dos novos influxos da Constituição Federal de 1988 e do fenômeno mais abrangente da constitucionalização do direito. Logo na apresentação à primeira edição de sua obra "Direito Administrativo Moderno", que em 2023 se encontra na vigésima terceira edição, já destacava que "o direito administrativo não pode ser estudado fora do cenário sociopolítico-econômico do Estado, nem ficar alheio à realidade social". E, mais adiante, registra que um de seus objetivos era "imprimir a ideia de que o direito administrativo [...] deve preocupar-se em elaborar fórmulas para a efetivação de direitos sociais, econômicos, coletivos e difusos, que exigem prestações positivas, e em elaborar fórmulas para dotar a Administração de mais transparência e agilidade".[20]

Professora Odete sempre buscou enxergar o direito administrativo de forma inovadora, em um contexto, ao menos até 1988, em que a pesquisa se pretendia neutra e excessivamente dogmática. Como aponta Fernando Dias Menezes de Almeida, dos anos 1930 a 1980, a postura acadêmica mais frequente era a de produção de "obras ensejadoras de formulações teóricas que visam a uma neutralidade científica, transitando por um acervo de conhecimentos que se supõe de caráter universal".[21] Tal neutralidade, é bom que se diga, explicita certa aco-

privado, é que se ampliou o espaço para o desenvolvimento de administrativistas mulheres sem conexão direta com o serviço público.

[20] MEDAUAR, Odete. Direito Administrativo Moderno. 23. ed. Belo Horizonte: Fórum, 2023, p. 25–26.

[21] O professor ressalva que a análise de "posturas" da academia foi feita de forma retrospectiva e sem necessariamente vincular de forma pessoal, tal ou qual autor, a apenas uma delas (DE ALMEIDA, Fernando Dias Menezes. Formação da teoria do direito administrativo no Brasil. São Paulo: Quartier Latin, 2015. p. 250).

modação em torno das batalhas políticas hegemônicas que cercam o direito administrativo – como ciência social aplicada – em cada momento histórico[22]. De certa forma, escapar do discurso de pretenso tecnicismo puro é desafio necessário para o desenvolvimento de um olhar mais crítico – e menos neutro – sobre o próprio direito administrativo e seus potenciais papéis.

Graduada em Direito no ano de 1967, pela Universidade de São Paulo, a Profa. Odete Medauar desenvolveu seu mestrado e doutorado entre 1972 e 1978, na Faculdade de Direito do Largo de São Francisco. Justamente nesse período, a Universidade de São Paulo experimentava sensível expansão da pesquisa acadêmica, por meio da produção de dissertações de mestrado e de teses de doutorado, que passaram a ser exigidas pelo sistema de pós-graduação a partir do Parecer n.º 977/1965[23] aprovado pelo Conselho de Ensino Superior. Ainda assim, segundo Fernando Menezes de Almeida, "nessas duas décadas (1970 e 1980), mantém-se a tendência da elaboração de teses preponderantemente voltadas para a consolidação do direito administrativo como ciência autônoma e menos como instrumento de ação político-social".[24]

Sob a orientação de José Cretella Júnior, a professora Odete Medauar desenvolveu,[25] em seu mestrado, o trabalho de dissertação "Da Tutela Administrativa", em 1975, e, em seu doutoramento, a tese "Da Retroatividade do Ato Administrativo", em 1978. Na sequência, em 1981, apresentou tese para concurso de livre-docência "Da Destinação dos Bens Expropriados". Entre os anos de 1978 e 1994 atuou como

---

22 "Nesta pequena troca morfológica está contida a controvérsia que remonta ao debate dos publicitas do Império iniciado por Visconde do Uruguai e Tavares Bastos, e que perpassa a história social e política brasileira: a de se cabe ao "Direito Administrativo" a regulação de suas prerrogativas em institutos para poder realizar sua competência de organizar e estruturar o exercício do poder ou se, ao contrário, toca à matéria a tarefa de limitar o exercício do poder público pelos governantes para que as liberdades individuais não sejam ofendidas por um braço do Estado dotado de exagerada força. E por mais que os juristas façam essas controvérsias parecerem escolhas técnicas e neutras que eventualmente são tomadas, na verdade elas são o produto de batalhas políticas que se hegemonizam no dado momento" (BENTO, Juliane Sant'Ana; ENGELMANN, Fabiano; PENNA, Luciana Rodrigues. Doutrinadores, políticos e "direito administrativo" no Brasil. *Política & Sociedade*, Florianópolis, v. 16, n. 37, setembro/dezembro 2017).

23 MENEZES DE ALMEIDA, *op. cit.*, p.315.

24 *Ibidem*, p.322.

25 Registra-se que a citação mais detalhada feita neste texto aos trabalhos acadêmicos da professora Odete Medauar e de seus orientandos a partir dos anos 1980 se vale em grande parte da pesquisa de fôlego e paradigmática desenvolvida por Fernando Dias MENEZES DE ALMEIDA em sua obra "Formação da Teoria do Direito Administrativo no Brasil", no ano de 2015, que aqui será referida diversas vezes.

assistente de José Afonso da Silva na disciplina Direito Urbanístico, tendo a assumido permanentemente em 1987 e 1988 e, de forma definitiva, em 1995. A partir de 1981, passou a ministrar aulas de Direito Administrativo no curso de graduação, e em 1983 é credenciada como professora e orientadora no curso de pós-graduação da disciplina, prosseguindo na docência na Faculdade de Direito do Largo de São Francisco até 2013, ano de sua aposentadoria.

Considerando os mais de trinta anos de exercício do magistério, sua trajetória acadêmica, pois, acabou por se entrelaçar com a própria história da Faculdade de Direito da Universidade de São Paulo e auxiliou na expansão institucional de um viés mais liberal na atualidade[26]. A tradição e o capital simbólico da instituição de ensino construídos ao longo das décadas, para além do perfil de formação de classe dirigente da faculdade,[27] são originadas de sua capacidade de incorporar, e promover a convivência, de professores com visões distintas sobre o direito administrativo.[28] E a professora Odete Medauar representava, nesse contexto, linha mais crítica à perspectiva excessivamente dogmática e neutra do pensamento jurídico, depositando confiança na capacidade transformativa da realidade dos cidadãos, a ser desempenhada pelo

---

[26] "Esse viés liberal que marca o início da própria Faculdade de Direito será uma marca no direito administrativo produzido pela escola da USP. É certo que, como afirmou Menezes de Almeida não se está a afirmar que sendo esse um valor da escola da USP esse valor seria uma unanimidade entre os seus administrativistas. Mas, trata-se de uma forte tendência, como se verificará a partir da trajetória dos administrativistas da USP. " (DE SOUZA, Sâmela Cristina. Formação e transformação do espaço do direito administrativo brasileiro a partir da teoria de Pierre Bourdieu. Dissertação de Mestrado – Faculdade de Direito de Vitória. Vitória, 2017. p.142)

[27] "A USP forma professores de direito administrativo detentores de um capital simbólico relevante por gerações diversas. A Universidade em si é capaz de transferir esse capital diante do seu perfil de formação de classe dirigente. É possível destacar na geração que concluiu a graduação na USP, na década de 1960 Odete Medauar, Maria Sylvia Zanella Di Pietro e Adilson Dallari. De uma geração mais recente, já da década de 90 é possível destacar Floriano de Azevedo Marques Neto e Fernando Dias Menezes de Almeida. A USP, entre as faculdades que mais aparecem como formadoras de administrativistas analisados, é aquela que mais se manteve regular no cenário nacional do direito administrativo brasileiro." (*Ibidem*, p. 146)

[28] "O fato de ser possível enxergar na USP visões diferentes do direito administrativo faz com que ela seja uma instituição "utilizável" a qualquer momento. Outro fator importante foi a institucionalização do Programa de Pós-Graduação na década de 1970. Nessa mesma década de criação do Programa, Di Pietro e Medauar já cursavam o programa. Assim, na década de 80, com a constituinte, a USP conseguia colocar suas visões do direito administrativo em jogo. " (*Ibidem*, p.158)

direito administrativo, por meio da efetivação dos direitos individuais e sociais que ganhavam protagonismo em 1988.[29]

As digitais dessa perspectiva mais moderna que a professora Odete Medauar sempre buscou atribuir ao estudo do direito administrativo foram, realmente, sentidas ao longo das últimas décadas. Dentre seus alunos, a professora é reconhecida pelo protagonismo no estudo mais crítico e refletido da disciplina. Fernando Dias Menezes de Almeida destaca que "Odete, progressivamente, foi sendo muito inovadora no Direito Administrativo" e que "sempre estimulou a nós, orientandos dela, pensarmos coisas criticamente".[30] Floriano de Azevedo Marques Neto, igualmente, reconhece que "a pessoa que talvez mais me influenciou foi a Odete Medauar pela característica dela de olhar o direito administrativo fora dos cânones, fora dos dogmas".[31]

Pouco mais de um ano após o seu ingresso na instituição, foi credenciada como professora e orientadora em disciplinas de Direito Administrativo no curso de pós-graduação. Ainda nos anos 1980, surgem os primeiros trabalhos sob orientação da professora Odete Medauar na Universidade de São Paulo: a dissertação de mestrado "Do Poder Discricionário" de autoria de Marcelo Pereira em 1987, e a dissertação de mestrado "O Ombudsman e o Controle da Administração" de autoria de Marcos Jordão Teixeira do Amaral Filho em 1988. Os temas escolhidos pelos orientandos já permitem inferir, de forma ainda tímida nos anos 1980, a perspectiva mais finalística-valorativa que a professora Odete Medauar empreenderia na universidade, ligada "a valores inerentes

---

[29] "O capital da instituição tende a ser transferido aos seus professores e alunos. A professora Odete Medauar exerceu grande influência nos posteriores administrativistas da faculdade. Não é possível identificar uma mesma escola de pensamento nas administrativistas USPianas da mesma geração – Medauar e Di Pietro. Di Pietro sofreu influência da PUC-SP e rende maiores homenagens ao seu orientador Cretella. Diferente é o perfil de Medauar que procurou "modernizar" o estudo do direito administrativo. [...] Apesar do reconhecimento de Di Pietro por meio da utilização de suas obras nos planos de ensino das graduações em direito esse mesmo capital não pode ser sentido dentro do próprio programa de pós-graduação da USP na área de direito administrativo. É possível perceber por meio do quadro de professores do programa e seus orientadores que Di Pietro aparece em apenas uma das trajetórias e, ainda assim apenas de mestrado. Essa constatação pode ser explicada diante da maior adequação de Medauar a uma postura liberal no direito administrativo-postura essa que tende a ser preponderante na escola da USP desde a criação início dessa Instituição" (*Ibidem*, p. 146–147).

[30] Excerto de entrevista extraído de dissertação de mestrado apresentada ao Programa de Pós-graduação Stricto Sensu em Direitos e Garantias Fundamentais da Faculdade de Direito de Vitória (*Ibidem.*, p. 149-150).

[31] *Ibidem*, p. 147-148.

aos modelos da legalidade e da justicialidade, envolvendo controle da administração".[32]

Em 1990, já sob a égide da Constituição de 1988, escreve sua tese para concurso de professor titular "O Direito Administrativo em evolução". Anos mais tarde, em 1993, em novo concurso de professor titular, desenvolve a tese "A processualidade no direito administrativo". No ano de 1994, em seu discurso de posse como professora titular na Faculdade de Direito do Largo de São Francisco, enaltece a relevância dos professores Manoel Gonçalves Ferreira Filho e José Afonso da Silva em sua trajetória acadêmica, bem como reforça o seu compromisso, no estudo, na pesquisa e no ensino, com "[...] a mudança na atuação das estruturas administrativas públicas, para as quais o Direito Administrativo deverá estar preparado, oferecendo soluções e mecanismos afinados com a época presente e com as aspirações da população como um todo".[33]

Ao longo desse sólido percurso acadêmico publicou trabalhos e orientou dissertações e teses que ajudaram a pavimentar a construção de um direito administrativo oxigenado pelo processo de redemocratização e pelo advento da Constituição Federal de 1988. Nos anos 1990 orienta dissertações de mestrado e teses de doutorado, na Universidade de São Paulo, sobre temas muito conectados com essa transição vivida à época pelo Brasil: (i) "O serviço público na atualidade" (1993), (ii) "Privatização no Estado contemporâneo" (1994), (iii) "O princípio da publicidade no direito administrativo" (1995), (iv) "Responsabilidade do Estado em face do dano ambiental" (1999), (v) "Licença urbanística" (1999), (vi) "Contornos modernos da teoria do processo administrativo" (1999) e (vii) "O princípio da impessoalidade" (2000).

Já nos anos 2000, o perfil dos trabalhos orientados pela professora Odete Medauar, em sua maioria, guarda relação com os limites dos poderes administrativos face aos direitos individuais e sociais de particulares: (i) "Concepção dos contratos administrativos" (2001), (ii) "Responsabilidade civil extracontratual por omissão do Estado" (2002), (iii) "Responsabilidade do Estado nas ocupações ilícitas" (2002), (iv) "Responsabilidade pública por atividade judiciária" (2002),

---

32 MENEZES DE ALMEIDA, *op. cit.*, p.324.

33 MEDAUAR, Odete. A nova titular, professora Odete Medauar, profere seu discurso de posse. *Revista Da Faculdade De Direito, Universidade De São Paulo*, volume 89, 1994, p. 380-381. Recuperado de https://www.revistas.usp.br/rfdusp/article/view/67265 (Último acesso em 18.02.2024).

(v) "O exercício do poder de polícia no direito ambiental" (2002), (vi) "Novos parâmetros de atuação da administração pública" (2003), (vii) "Teoria das nulidades do ato administrativo" (2004), (viii) "A dimensão e o papel dos serviços públicos no Estado democrático" (2005), (ix) "O contrato de gestão na administração pública brasileira" (2005), (x) "O risco no contrato de concessão de serviços públicos" (2005), (xi) "Acordos ambientais" (2005), (xii) "Segurança jurídica e proteção da confiança legítima no direito brasileiro – análise sistemática e critérios de aplicação no direito administrativo brasileiro (2006), (xiii) "O poder normativo do Conselho Nacional do Meio Ambiente – CONAMA" (2006), (xiv) "A função normativa da administração pública no Brasil" (2007), (xv) "Estatuto dos serviços de televisão por radiodifusão" (2007), (xvi) "Participação privada na prestação de serviços públicos de saúde" (2009), (xvii) "As garantias dadas ao particular nas parcerias público-privadas" (2009), e (xviii) "Controle das parcerias entre o Estado e o terceiro setor pelos tribunais de contas" (2009).

Em seus últimos anos em atividade na docência da Faculdade de Direito do Largo de São Francisco, antes da aposentadoria ocorrida em 2013, orientou trabalhos sobre temas inovadores que desafiam as administrações públicas no século XXI, como fomento, operações urbanas consorciadas e governo digital. Foram essas as dissertações de mestrado e as teses de doutorado sob a sua orientação nos anos 2010: (i) "O convênio administrativo colaborativo para transferência de recursos públicos a entidades privadas sem fins lucrativos como instrumento dos mecanismos diretos do fomento público (2010), (ii) "Princípio da continuidade do serviço público" (2011), (iii) "Operação Urbana Consorciada" (2011), (iv) "Governo eletrônico e direito administrativo" (2012), e (v) "A competência fiscalizatória prévia do tribunal de contas nas licitações públicas" (2012).

Em seu trabalho de catalogação dos trabalhos acadêmicos apresentados na Faculdade de Direito do Largo de São Francisco desde o seu nascedouro, Fernando Dias Menezes de Almeida destaca[34] quatro linhas principais de tendências do estudo do direito administrativo após o advento da Constituição de 1988, as quais dialogam com – e são influenciadas pelas - posições de Odete Medauar. Para o autor, foram essas as quatro linhas principais de mudança em relação ao período anterior: (i) a tendência de análise crítica do conjunto normativo e do

---

34 MENEZES DE ALMEIDA, *op. cit.*, p. 390–393.

conjunto de ideias construídos pelo direito administrativo ao longo de sua evolução histórica; (ii) a tendência de fundamentar temas típicos de direito administrativo, com base diretamente na Constituição Federal de 1988; (iii) a tendência de concentrar esforços no estudo dos princípios constitucionais da administração pública e nos direitos fundamentais como vetores da ação administrativa ; e (iv) a tendência à transversalidade temática que o direito administrativo gozaria em relação a outros ramos jurídicos, como o direito urbanístico, o direito ambiental, o direito econômico e o direito processual.

Ainda em sua análise sobre a produção acadêmica na Universidade de São Paulo, Fernando Dias Menezes de Almeida aponta[35] seis blocos temáticos que também, em grande medida, permitem inferir o papel da professora Odete Medauar no espaço acadêmico do direito administrativo da Faculdade de Direito do Largo de São Francisco: (i) a atuação processualizada das administrações públicas; (ii) os controles sobre a ação administrativa e a responsabilidade civil extracontratual do Estado; (iii) os serviços públicos e a expansão das agências reguladoras; (iv) a contratualização das administrações públicas; (v) as parcerias estabelecidas com o "terceiro setor"; e (vi) a introdução das políticas públicas como parte da agenda do direito administrativo.

Além da abordagem das linhas de pesquisa desenvolvidas pela professora Odete Medauar e por seus orientandos, também é possível depreender a sua grande influência na formação de novos docentes na Faculdade de Direito do Largo de São Francisco e fora dela. De um lado, foi orientadora de doutorado de alunos que posteriormente se tornariam docentes da Universidade de São Paulo, tais como o próprio Fernando Dias Menezes de Almeida, Marcos Augusto Perez, Carlos Bastide Horbach e Gustavo Justino de Oliveira. De outro lado, também orientou a tese de doutorado de Alexandre Santos de Aragão e da coautora deste trabalho, integrantes dos quadros da Universidade do Estado do Rio de Janeiro na qualidade de professores de direito administrativo. Além destes, orientou ainda o doutoramento de Fabrício Macedo Motta, professor da Universidade Federal de Goiás, e o mestrado e doutorado de Tarcísio Vieira de Carvalho Neto, professor da Universidade de Brasília.

Aliás, uma das marcas da trajetória acadêmica da Professora Odete foi justamente a abertura ao diálogo com outras instituições de

[35] *Ibidem*, p. 393–395.

ensino superior que impactaram e foram impactadas pela sua atuação.[36] Foram inúmeros os convites de participações em bancas de dissertação de mestrado e de doutorado de outras instituições: 50% (cinquenta por cento) dos participantes de bancas em que Odete Medauar atuou como orientadora são da própria Universidade de São Paulo, mas 12% (doze por cento) advieram da Fundação Armando Alvares Penteado – FAAP, 6% (seis por cento) da Universidade Estadual Paulista – UNESP, 6% (seis por cento) do Mackenzie, 8% (oito por cento) da Universidade do Estado do Rio de Janeiro – UERJ e 4% (quatro por cento) da PUC-SP.[37] No plano internacional, na primeira metade dos anos 2000, Odete Medauar também foi professora visitante da Universidade de Paris (Panthéon-Sorbonne), instituição com a qual manteve laços estreitos e parcerias acadêmicas relevantes, em especial com a Professora Jacqueline Morand-Deviller.

Para além da docência, é comum na realidade brasileira do direito administrativo a sua cumulação com atividades de advocacia pública ou privada.[38] Essa cumulação peculiar da realidade brasileira tem como virtude permitir que à perspectiva acadêmica se conjugue uma visão mais prática, arejada e operacional da disciplina, o que ajuda, em parte, a explicar que alguns docentes assumam muitas vezes posturas críticas a certas abordagens que lhes pareçam excessivamente dogmáticas ou teóricas e, dessa forma, descoladas da realidade. A professora Odete Medauar está inserida neste contexto, tendo exercido o cargo de procuradora do Município de São Paulo entre 1972 e 1989, após aprovação em concurso público. A atuação em diversas posições de assessoramento

---

36 "Dessa análise de currículos também é possível perceber a influência da USP por meio de Medauar na Universidade do Estado do Rio de Janeiro. Essa aliança de capitais fortalece essas instituições e os que passam por ela e geram uma tendência a aquisição de maior capital simbólico por essas faculdades. Por isso, a tendência de serem chamados, serem ouvidos, serem lembrados. Essa transferência de capital se faz como uma rede- da escola do rio para a FGV, da FGV para a escola do rio, da escola do rio para a USP, da USP para a escola do rio e assim essas instituições vão se fortalecendo e dificultando a resistência apresentada por outras instituições aos seus modelos, teorias e métodos. Outro fator que deve ser observado é a unanimidade de procuradores na docência em administrativo na UERJ, o que vai à contramão de uma tendência observada em São Paulo de uma dedicação exclusiva a advocacia privada. " (DE SOUZA, *op. cit.*, p. 169)

37 Ibidem, p. 151–152.

38 "As profissões que mais se destacaram nessas trajetórias foram a Advocacia Privada e as Procuradorias, sendo muito comum ainda a cumulação de ambas e, com isso o acúmulo de capitais de campos diversos- o econômico e o estatal. Essa inclusive é uma característica que marca o direito administrativo brasileiro como espaço de interseção entre diversos campos. " (DE SOUZA, *op. cit.*, p. 111)

jurídico da Administração Pública municipal – Odete Medauar, por exemplo, oficiou por muito tempo na Diretoria do Departamento de Desapropriação da Prefeitura de São Paulo – permitiu um contato menos hermético e dogmático com o dia a dia das administrações públicas e, por consequência, do próprio direito administrativo. E, certamente, esta vivência prática contribuiu para a consolidada trajetória acadêmica da professora Odete Medauar.

Como se pretendeu demonstrar neste tópico, a análise da trajetória profissional de um docente, na sala de aula ou fora dela, revela importantes atributos e tendências pessoais que, por vezes, escapam nas entrelinhas de sua produção bibliográfica. Os trabalhos de autoria da professora Odete Medauar, porém, são também bastante reveladores de suas posições, compilando importantes reflexões que certamente contribuíram para a atual configuração do direito administrativo no Brasil.[39] Por essa razão, as próximas linhas serão destinadas a apresentar, sem pretensão de esgotamento, o extenso acervo de obras da professora que influenciou – e segue influenciando – sucessivas gerações de estudiosos da disciplina.

3 A produção bibliográfica

Seguindo nos passos de Fernando Dias Menezes de Almeida, a produção bibliográfica de Odete Medauar pode ser classificada a partir de "três grandes eixos"[40] estruturantes: o eixo evolutivo, o eixo contemporâneo e o eixo finalisticamente voltado à proteção do indivíduo.

---

[39] "O direito administrativo, nessa perspectiva será analisado como um espaço de negociação entre Estado e sociedade, espaço de concretização ou negação de direitos e garantias fundamentais. A Constituição estabelece quais direitos e deveres o Estado brasileiro deve prestar, mas é o direito administrativo que cria mecanismos para essa prestação. Daí porque é estratégico ocupar o direito administrativo, pois, decerta forma ele configura a própria ação do Estado." (*Ibidem*, p. 24–25)

[40] A proposição, com a qual se concorda, de divisão da produção bibliográfica em três eixos é do professor Fernando Dias Menezes de Almeida, para quem: "Não se trata de percorrer pontualmente o posicionamento doutrinário adotado por Odete Medauar, autora que cobre todos os temas do Direito Administrativo, o que seria inviável e mesmo indesejável, pondo a perder as virtudes da formulação original da professora. Em lugar disso, gostaria de mencionar três grandes eixos que me parecem estruturantes de sua obra: (i) uma visão evolutiva; (ii) uma visão contemporânea; (iii) uma visão finalisticamente voltada à proteção do indivíduo" (MENEZES DE ALMEIDA, Fernando Dias Menezes. Odete Medauar: a visão de um discípulo. *In*: MENEZES DE ALMEIDA, Fernando Dias; MARQUES NETO, Floriano de Azevedo; MIGUEL, Luiz Felipe Hadlich; SCHIRATO, Vitor Rhein (Coord.). Direito público em evolução: estudos em homenagem à Professora Odete Medauar. Belo Horizonte: Fórum, 2013, p. 24).

Desenvolvendo esta ideia, o autor explicita exatamente as dimensões em que a obra da professora se tornou importante bússola para aqueles que estudam e lecionam o direito administrativo: a perspectiva, amparada pelo novo contexto então inaugurado pela Constituição Federal de 1988, da centralidade dos direitos fundamentais, que não mais admitiria a validação presumida de atos unilaterais do Estado brasileiro. A processualização e o próprio controle dos atos praticados pelas administrações públicas do país encontraram ressonância em seus livros e artigos científicos.

Nesse sentido, o trabalho de maior repercussão da Professora Odete seria o "Direito Administrativo Moderno", com registro de publicação pela primeira vez em 1996[41] pela Editora Revista dos Tribunais, e que, em 2023, já se encontra em sua vigésima terceira edição pela Editora Fórum. A obra, segundo dito pela própria autora, destinada basicamente aos alunos de graduação em direito, reflete visão mais doutrinária da professora sobre a disciplina e percorre as suas principais áreas de interesse: (i) Premissas político-institucionais do estudo do Direito Administrativo; (ii) O Direito Administrativo; (iii) Administração pública: noções básicas; (iv) Administração direta; (v) Administração indireta; (vi) Atividades e poderes da Administração pública; (vii) Princípios do Direito Administrativo; (viii) Ato administrativo; (ix) Processo administrativo; (x) Licitação; (xi) Contratos celebrados pela administração; (xii) Bens públicos; (xiii) Servidores públicos; (xiv) Serviço público; (xv) Poder de polícia; (xvi) Limitações ao Direito de propriedade; (xvii) Responsabilidade civil do Estado; e (xviii) Controle da Administração pública.

Outros livros de destaque de Odete Medauar foram voltados a temas mais específicos do direito administrativo, e foram paradigmáticos na reflexão crítica sobre a disciplina, como "Retroatividade do ato administrativo" e "A processualidade no direito administrativo". Este último, publicado pela primeira vez em 1993, e já em sua 3ª edição, revista e atualizada (2021), pode ser considerado um livro precursor no tema. Se, hoje, a defesa da processualidade no direito administrativo pode parecer um lugar até certo ponto comum, em 1993, esse era tema ainda inexplorado por aqui. Aliás, na esteira dessa obra e de toda a sua defesa em favor do desenvolvimento do tema, vale registrar a atuação

---

41 MEDAUAR, Odete. Direito administrativo moderno. São Paulo: Ed. Revista dos Tribunais, 1996.

destacada da Professora Odete como relatora do anteprojeto elaborado pela Comissão de Juristas, que resultou afinal na aprovação da Lei do processo administrativo federal, Lei Federal n.º 9.784/99, em vigor há quase vinte e cinco anos e que goza de grande prestígio na comunidade jurídica, como uma lei de reconhecida qualidade técnica.[42]

A relação de obras da Professora Odete não estaria completa sem a menção ao favorito da primeira coautora e que teve grande impacto na sua formação na disciplina: "O direito administrativo em evolução"[43], publicado pela primeira vez em 1992, também atualmente em sua 3ª edição, revista e atualizada (2017). A sua leitura, em meados dos anos 1990, foi um divisor de águas para alguém que tinha sido formada em e estava habituada aos rigores sistemáticos da visão de Hely Lopes Meirelles e seus discípulos em direito administrativo, mas ao mesmo tempo achava que aquelas perspectivas tradicionais não eram mais capazes de dar as respostas necessárias para os problemas da Administração Pública brasileira do final do século XX. Contendo um panorama geral das linhas de transformação do direito administrativo – do tipo *de onde eu vim e para onde eu vou* – *"O direito administrativo em evolução"* trouxe novas abordagens, temas que estavam sendo debatidos no direito europeu, e, seguramente, foi inspirador para a dissertação de mestrado que produzi um par de anos adiante. Nas duas edições que se seguiram à primeira, a Professora Odete continuou incorporando à obra as evoluções posteriores, percebidas no Brasil e no exterior, demonstrando uma invejável capacidade de se manter atualizada e de percepção dos caminhos para os quais se move a nossa disciplina, característica que, por sinal, partilhava com seu amigo, o Professor Diogo de Figueiredo Moreira Neto, que também assim se manteve até o final.

No ano de aposentadoria da Professora Odete, em 2013, em celebração de sua trajetória, foi publicada obra coletiva coordenada por Fernando Dias Menezes de Almeida, Floriano de Azevedo Marques Neto, Luiz Felipe Hadlich Miguel, e Vitor Rhein Schirato, cujo título faz alusão ao citado livro seminal *"Direito público em evolução: estudos em homenagem à Professora Odete Medauar"* da Editora Fórum. A obra coletiva conta com quase 50 artigos, de autoria de colegas professores, brasileiros e estrangeiros, ministros do Supremo Tribunal Federal,

---

[42] JOBIM, N. A. (1996). Projeto de lei sobre processo administrativo. *Revista De Direito Administrativo*, 205, p. 350–357. DOI: https://doi.org/10.12660/rda.v205.1996.46852

[43] MEDAUAR, Odete. *O direito administrativo em evolução*. 3. ed. Brasília: Gazeta Jurídica: 2017.

ex-orientandos, todos prestando homenagem à trajetória dos quase 40 anos de docência da Professora Odete.

Para além disso, em consulta à plataforma Lattes,[44] é possível identificar artigos publicados em periódicos que dialogam com temas enfrentados em seus livros. Mais recentemente, nos anos 2000, são registrados os seguintes trabalhos publicados: (i) "O florescimento de novas figuras contratuais", Revista do Advogado, volume 29, 2009; (ii) "Administração pública: do ato ao processo". Fórum Administrativo, volume 9, 2009; (iii) "Constituição de 1988: catalisadora da evolução do Direito Administrativo?", Revista do Advogado, volume 99, 2008; (iv) "Parceria Judiciário-Privado?", Tribuna do Direito, volume 12, número 141, 2005; (v) "Responsabilidade civil da Administração Pública", Boletim de Direito Administrativo, volume 1, 2004; (vi) "Desvio de poder (parecer)", Revista de Direito Administrativo, volume 228, número 228, 2002; (vii) "Regulação e auto regulação", Revista de Direito Administrativo, volume 228, número 228, 2002; (viii) "Caracteres do Direito Urbanístico", Revista de Direitos Difusos, volume 2, 2000.

No campo acadêmico, a professora também expandiu sua produção bibliográfica por meio da criação e do incentivo ao Centro de Estudos de Direito Administrativo, Ambiental e Urbanístico – CEDAU, fundado em parceria com alunos orientandos em 1995. Fernando Dias Menezes de Almeida[45], que compõe a diretoria da iniciativa desde o seu nascedouro, destaca a importância do instituto para reuniões de estudos acadêmicos, seminários abertos e ao público em geral, e atividades de pesquisa, inclusive por meio de cooperação internacional. Dentre as suas publicações, registra os seguintes trabalhos de mais impacto: (i) "Os caminhos do ato administrativo", organizado em conjunto com o professor Vitor Rhein Schirato, Editora Revista dos Tribunais, 2011; (ii) "Atuais rumos do processo administrativo", organizado em conjunto com o professor Vitor Rhein Schirato, Editora Revista dos Tribunais, 2010; (iii) "Estatuto da Cidade: Lei nº 10.257, de 10.07.2001: comentários", organizado em conjunto com o professor Fernando Dias Menezes de Almeida, Editora Revista dos Tribunais, 2002; (iv) "Licitações e contratos administrativos", Editora NDJ, 1998; (v) "Processo administrativo:

---

44 Disponível em: https://buscatextual.cnpq.br/buscatextual/visualizacv.do (Acesso em: 25 fev. 2024).

45 DE ALMEIDA, *op. cit.*, 2013, p. 23.

aspectos atuais", Editora Cultural Paulista, 1998; (vi) "Concessão de Serviço Público", Editora Revista dos Tribunais, 1995.

A vasta produção acadêmica da professora Odete Medauar, percorrida brevemente neste tópico, associada à sua trajetória profissional na Faculdade de Direito do Largo de São Francisco e na Procuradoria Geral do Município de São Paulo, discutida no tópico antecedente, impactaram, e ainda impactam, muitos estudiosos do direito administrativo, de diversas gerações[46]. A pavimentação dos caminhos de um "direito público moderno", vocalizado e praticado por Odete Medauar desde os anos 1980, é projeto ainda em curso, que segue sendo levado adiante na atualidade não apenas por ela, mas também por muitos de seus alunos[47], seja na sala de aula, seja nos corredores dos tribunais.

4 Uma professora em seus alunos

O bom professor tem uma força catalisadora, capaz de inspirar e extrair o melhor dos seus alunos. O exame da extensa lista de ex-orientandos da Professora Odete Medauar, que pode ser consultada na plataforma Lattes, vários deles citados acima, é prova eloquente das suas virtudes como docente rigorosa, mas ao mesmo tempo capaz de gerar um ambiente acadêmico profícuo de ideias e de gentil camaradagem. A Professora Odete sempre inspirou o pensamento crítico em

---

46 "É possível, a partir da teoria de Bourdieu, identificar escolas do direito administrativo que influenciaram/influenciam, transformaram/transformam esse direito. Acontece que tal análise não se prenderá apenas à faculdade que os autores de referência desse ramo se formaram. Trata-se de analisar também a geração desses autores e sua história. Significa dizer que o pensamento de Bourdieu sobre escola não se restringe a identificar as faculdades que foram importantes para influenciar a formação e transformação do direito administrativo, como a USP, a PUC, FGV ou a UERJ, por exemplo. É preciso analisar ainda as gerações e a identidade de histórias. " (DE SOUZA, *op. cit.*, p. 53).

47 Aqui, uma vez mais, é inevitável a referência à entrevista de Fernando Dias Menezes de Almeida: "No caso da relação professor aluno e orientador e orientando percebe-se na fala de Menezes de Almeida a importância dada a essas relações que também são relações capazes de transferir capitais acadêmicos, mas principalmente sociais e políticos: F. D. M. A : Pois bem, a minha professora na graduação foi a professora Odete Medauar, que foi também a minha orientadora de doutorado. Depois que eu entrei como professor na faculdade, eu fui assistente dela por muito tempo, como informalmente eu era ao tempo de doutorando, porque aí existem certas atividades de monitoria. Mas também já fui assistente da professora Maria Sylvia, com quem tenho uma ótima relação também, e enfim... hoje, já com a aposentadorias delas, eu mantenho um bom contato, inclusive acadêmico, elas têm certas atividades, mas posso te dizer, portanto, que convivi muito proximamente com ambas tendo contato mais direto, mais intenso com a professora Odete." (DE SOUZA, *Ibidem*, p. 100)

seus alunos. A variedade de temas que orientou revela a abertura e receptividade para as ideias que lhe eram trazidas.

Existem professores que desejam seguidores e uniformidade de ideias. Essa nunca foi a Professora Odete, que não pautava seus alunos. Tinha, sim, uma expectativa grande de comprometimento, de rigor acadêmico, e de qualidade da produção da parte deles. E se, como se diz por aí, o bom atrai o bom, a sua seriedade acadêmica atraiu para si alunos e orientandos interessados em conteúdo de qualidade e em um direito administrativo arejado. Essa conjugação foi capaz de gerar, por décadas, um círculo virtuoso em disciplinas com alunos interessados e comprometidos com um debate de ideias ao mesmo tempo profundo e inovador. Esses alunos, como visto acima, acham-se hoje país afora, na academia e na prática jurídica, replicando esse direito administrativo mais liberal e transformador que a Professora Odete defendeu ao longo da sua trajetória.

E a docente rigorosa, uma vez inserida no ambiente acadêmico que ela própria semeava e percebendo discentes comprometidos com as suas premissas, transformava-se em uma pessoa divertida, gentil e generosa. Os semestres acadêmicos, assim conduzidos, invariavelmente terminavam em pizza nas deliciosas casas paulistas. E, para os que tiveram essa sorte, na oportunidade de comer a mais deliciosa comida árabe cozinhada pela própria. E é nesse ponto que a professora e orientadora se transforma em amiga. Que é o que vida acadêmica saudável e profícua deve gerar, além de conhecimento e ideias, amizades.

5 Referências

BENTO, Juliane Sant'Ana; ENGELMANN, Fabiano; PENNA, Luciana Rodrigues. Doutrinadores, políticos e "direito administrativo" no Brasil. *Política & Sociedade*, Florianópolis, v. 16, n. 37, p. 1–25, set./dez. 2017.

DE ALMEIDA, Fernando Dias Menezes. Odete Medauar: a visão de um discípulo. *In:* DE ALMEIDA, Fernando Dias Menezes de; MARQUES NETO, Floriano de Azevedo; MIGUEL, Luiz Felipe Hadlich; SCHIRATO, Vitor Rhein (Coord.). *Direito público em evolução: estudos em homenagem à Professora Odete Medauar*. Belo Horizonte: Fórum, 2013.

DE ALMEIDA, Fernando Dias Menezes. *Formação da teoria do direito administrativo no Brasil*. São Paulo: Quartier Latin, 2015.

DE SOUZA, Sâmela Cristina. *Formação e transformação do espaço do Direito Administrativo brasileiro a partir da teoria de Pierre Bourdieu*. 2021. Dissertação (Mestrado em Direito) – Faculdade de Direito de Vitória, Programa de Pós-graduação Stricto Sensu em Direitos e Garantias Fundamentais, Vitória.

FALCÃO, Joaquim; GUERRA, Sérgio (eds.). *Revista de Direito Administrativo*. Edição comemorativa, Rio de Janeiro: FGV, dez. 2013.

FIGUEIREDO, Lúcia Valle. Licenças urbanísticas. *Revista de Direito Administrativo*, Rio de Janeiro, v. 145, p. 21–33, 1981. Disponível em: https://doi.org/10.12660/rda.v145.1981.43388. Acesso em: 1 set. 2025.

GONZÁLEZ BORGES, A. M. Fundações. *Revista de Direito Administrativo*, Rio de Janeiro, v. 126, p. 573–587, 1976. Disponível em: https://doi.org/10.12660/rda.v126.1976.42098. Acesso em: 1 set. 2025.

GONZÁLEZ BORGES, A. M. Parecer: Eleições Municipais — Período anterior — Admissão de pessoal — Possibilidade — Constituição estadual e Lei Federal 6.091/74 — Inaplicabilidade — Parecer da Assistente do Procurador Geral da Bahia. *Revista de Direito da Procuradoria Geral do Estado do Rio de Janeiro*, Rio de Janeiro, v. 31, p. 262–266, 1977.

GUANDALINI JR., Walter. A tradução do conceito de direito administrativo pela cultura jurídica brasileira do século XIX. *Revista da Faculdade de Direito da UFMG*, Belo Horizonte, n. 74, p. 473–498, jan./jun. 2019.

GUANDALINI JR., Walter; TEIXEIRA, Livia Solana Pfuetzenreiter de Lima. Um direito administrativo de transição: o conceito de direito administrativo na cultura jurídica da Primeira República Brasileira (1889–1930). *Direito, Estado e Sociedade*, Rio de Janeiro, Ahead of Print, 2020.

JOBIM, Nelson A. Projeto de lei sobre processo administrativo. *Revista de Direito Administrativo*, Rio de Janeiro, v. 205, p. 350–357, 1996. Disponível em: https://doi.org/10.12660/rda.v205.1996.46852. Acesso em: 1 set. 2025.

LIMA, Thereza H. S. de M. Isenções fiscais concedidas a empresas públicas. *Revista de Direito Administrativo*, Rio de Janeiro, v. 130, p. 407–424, 1977. Disponível em: https://doi.org/10.12660/rda.v130.1977.42631. Acesso em: 1 set. 2025.

LIMA, Thereza H. S. de M. Fundações criadas pelo poder judiciário – Natureza jurídica: posições da doutrina. *Revista de Direito Administrativo*, Rio de Janeiro, v. 133, p. 366–377, 1978. Disponível em: https://doi.org/10.12660/rda.v133.1978.42817. Acesso em: 1 set. 2025.

MEDAUAR, Odete. A nova titular, professora Odete Medauar, profere seu discurso de posse. *Revista da Faculdade de Direito da Universidade de São Paulo*, São Paulo, v. 89, p. 380–381, 1994. Disponível em: https://www.revistas.usp.br/rfdusp/article/view/67265. Acesso em: 18 fev. 2024.

MEDAUAR, Odete. *O Direito Administrativo em evolução*. 3. ed. Brasília: Gazeta Jurídica, 2017.

MEDAUAR, Odete. *Direito Administrativo moderno*. 23. ed. Belo Horizonte: Fórum, 2023.

MONCH, Maria da Conceição do Amaral. As sociedades de economia mista e as empresas públicas: controle e responsabilidade. *Revista de Direito Administrativo*, Rio de Janeiro, v. 127, p. 569–614, 1977. Disponível em: https://doi.org/10.12660/rda.v127.1977.42193. Acesso em: 1 set. 2025.

MONCH, Maria da Conceição do Amaral. *Revista de Direito da Procuradoria Geral do Estado do Rio de Janeiro*, Rio de Janeiro, v. 31, p. 1–51, 1977.

NOVELLI, Vera de Araújo. Funcionário público – Aposentadoria especial. *Revista de Direito Administrativo*, Rio de Janeiro, v. 133, p. 237–251, 1978. Disponível em: https://doi.org/10.12660/rda.v133.1978.42800. Acesso em: 1 set. 2025.

PARENTE, Norma Jonssen. Natureza jurídica da subsidiária da sociedade de economia mista. *Revista de Direito Administrativo*, Rio de Janeiro, v. 131, p. 324–335, 1978. Disponível em: https://doi.org/10.12660/rda.v131.1978.42699. Acesso em: 1 set. 2025.

PINTO, Margarida de Freitas Soares. Funcionário público – Aposentadoria – Limite. *Revista de Direito Administrativo*, Rio de Janeiro, v. 138, p. 246–255, 1979. Disponível em: https://doi.org/10.12660/rda.v138.1979.43111. Acesso em: 1 set. 2025.

SUNDFELD, Carlos Ari. *Direito administrativo para céticos*. 2. ed. São Paulo: Malheiros Editores, 2014.

Adilson Abreu Dallari
Professor Titular de Direito Administrativo pela Faculdade de Direito da PUC-SP; membro do Conselho Superior de Estudos Nacionais e Política (COSENP), da FIESP; membro do Conselho Superior de Direito da FECOMÉRCIO.

André Cyrino
Professor Adjunto de Direito Administrativo da UERJ. Master of Laws pela Yale Law School (EUA). Doutor e Mestre em Direito Público pela UERJ.

Carolina Zancaner Zockun
Professora de Direito Administrativo da PUC-SP. Mestre e Doutora em Direito Administrativo pela PUC-SP. Pós-Doutora em Democracia e Direitos Humanos pelo Centro de Direitos Humanos da Universidade de Coimbra. Procuradora da Fazenda Nacional.

Felipe Salathé
Mestre em Direito Público pela UERJ.

Gustavo Binenbojm
Professor Titular de Direito Administrativo da Faculdade de Direito da Universidade do Estado do Rio de Janeiro (UERJ). Doutor e Mestre em Direito Público pela UERJ. Master of Laws (LL.M.) pela Yale Law School. Procurador do Estado do Rio de Janeiro e Advogado. Membro da Academia Brasileira de Letras Jurídicas (ABLJ).

Irene Patrícia Nohara
Livre-Docente, Doutora e Mestre em Direito do Estado pela USP, Professora-Pesquisadora do Programa de Direito Político e Econômico da Universidade Presbiteriana Mackenzie. Ex-orientanda da Prof. di Pietro, desde a Iniciação Científica, Mestrado e Doutorado.

Jessé Torres Pereira Junior
Desembargador aposentado. Conferencista emérito da Escola da Magistratura do Estado do Rio de Janeiro e presidente de seu Fórum Permanente de Gestão Pública Sustentável; professor convidado da Escola de Administração Judiciária, da Escola Superior de Advocacia da OAB/RJ, membro honorário do Instituto dos Advogados Brasileiros.

José Vicente Santos de Mendonça
Professor Associado de Direito Administrativo da UERJ. Master of Laws pela Harvard Law School (EUA). Doutor e Mestre em Direito Público pela UERJ.

Juliano Heinen
Doutor e Pós-doutor em Direito Público pela UFRGS; Professor de Direito Administrativo de Graduação e Pós-Graduação em diversas universidades e instituições. Procurador do Estado do Rio Grande do Sul.
Leonardo Antoun
Mestre em Direito Público pela Universidade do Estado do Rio de Janeiro (UERJ). Procurador do Estado do Rio de Janeiro.

Maria Sylvia Zanella di Pietro
É Professora Titular aposentada de Direito Administrativo na Faculdade de Direito da Universidade de São Paulo. Procuradora do Estado de São Paulo aposentada. Doutora honoris causa pela Faculdade de Direito da Universidade Federal de Goiás. Membro da Academia Brasileira de Letras Jurídicas. Autora dos livros Direito Administrativo; Discricionariedade administrativa na Constituição de 1988; Parcerias na Administração Pública; Direito Administrativo – Pareceres; e Uso privativo de bem público por particular. Coautora de Servidores públicos na Constituição de 1988, e coordenadora de Supremacia do interesse público e de Licitações e Contratos Administrativos.

Maurício Zockun
Professor de Direito Administrativo da PUC-SP. Livre-Docente e Doutor em Direito Administrativo pela PUC-SP. Mestre em Direito Tributário pela PUC-SP. Advogado.

Patrícia Baptista
Professora Associada de Direito Administrativo da Faculdade de Direito da UERJ. Pós-doutoranda pela Universidade de Coimbra. Doutora em Direito do Estado pela Universidade de São Paulo (USP). Mestre em Direito Público pela Universidade do Estado do Rio de Janeiro (UERJ). Procuradora do Estado do Rio de Janeiro.

Rafael Maffini
Mestre e Doutor em Direito pela Universidade Federal do Rio Grande do Sul (UFRGS); Professor Adjunto de Direito Administrativo do Departamento de Direito Público e Filosofia do Direito da UFRGS; Professor Permanente do Programa de Pós-Graduação em Direito da UFRGS; Juiz Substituto do Tribunal Regional Eleitoral do Rio Grande do Sul, em vaga destinada a advogados para os biênios 2016/2018 e 2018/2020; Advogado em Porto Alegre e em São Paulo; Sócio Diretor do escritório Rossi, Maffini, Milman & Grando Advogados.

Thaís Marçal
Doutoranda, Mestre e bacharel em Direito pela UERJ. Membro efetivo do Instituto dos Advogados Brasileiros (IAB). Membro do Instituto de Direito Administrativo Sancionador brasileiro (IDASAN). Coordenadora de Pós-graduação Lato Sensu da FGV Direito Rio. Advogada.

Thiago Araújo
Doutor e Mestre pela UERJ. Professor da EPGE. Procurador do Estado do Rio de Janeiro. Advogado.

Weida Zancaner
Professora aposentada de Direito Administrativo da PUC-SP. Especialista e Mestre em Direito Administrativo pela PUC-SP. Procuradora aposentada do Tribunal de Contas do Estado de São Paulo. Advogada.

Esta obra foi composta em fonte Palatino Linotype, corpo 10
e impressa em papel Pólen Bold 70g (miolo) e Supremo 250g (capa)
pela Gráfica Star7, em Belo Horizonte/MG.